X.media.press

Henrik Arndt

Integrierte Informationsarchitektur

Die erfolgreiche Konzeption professioneller Websites

Mit 93 Abbildungen

Henrik Arndt
henrik.arndt@yahoo.de

Bibliografische Information der Deutschen Bibliothek
Die Deutsche Bibliothek verzeichnet diese Publikation in der Deutschen
Nationalbibliografie; detaillierte bibliografische Daten sind im Internet über
http://dnb.ddb.de abrufbar.

ISSN 1439-3107
ISBN 978-3-540-24074-7 Springer Berlin Heidelberg New York

Dieses Werk ist urheberrechtlich geschützt. Die dadurch begründeten Rechte, insbesondere die der Übersetzung, des Nachdrucks, des Vortrags, der Entnahme von Abbildungen und Tabellen, der Funksendung, der Mikroverfilmung oder der Vervielfältigung auf anderen Wegen und der Speicherung in Datenverarbeitungsanlagen, bleiben, auch bei nur auszugsweiser Verwertung, vorbehalten. Eine Vervielfältigung dieses Werkes oder von Teilen dieses Werkes ist auch im Einzelfall nur in den Grenzen der gesetzlichen Bestimmungen des Urheberrechtsgesetzes der Bundesrepublik Deutschland vom 9. September 1965 in der jeweils geltenden Fassung zulässig. Sie ist grundsätzlich vergütungspflichtig. Zuwiderhandlungen unterliegen den Strafbestimmungen des Urheberrechtsgesetzes.

Springer ist ein Unternehmen von Springer Science+Business Media
springer.de

© Springer-Verlag Berlin Heidelberg 2006

Die Wiedergabe von Gebrauchsnamen, Handelsnamen, Warenbezeichnungen usw. in diesem Werk berechtigt auch ohne besondere Kennzeichnung nicht zu der Annahme, dass solche Namen im Sinne der Warenzeichen- und Markenschutz-Gesetzgebung als frei zu betrachten wären und daher von jedermann benutzt werden dürften. Text und Abbildungen wurden mit größter Sorgfalt erarbeitet. Verlag und Autor können jedoch für eventuell verbliebene fehlerhafte Angaben und deren Folgen weder eine juristische Verantwortung noch irgendeine Haftung übernehmen.

Satz: Druckfertige Daten des Autors
Herstellung: LE-TEX, Jelonek, Schmidt & Vöckler GbR, Leipzig
Umschlaggestaltung: KünkelLopka Werbeagentur, Heidelberg
Gedruckt auf säurefreiem Papier   33/3100 YL – 5 4 3 2 1 0

Für Sabine und Lotte

Inhalt

Einleitung 13

Denken 17

   Zeichen 19
      Ferdinand de Saussure 19
      Charles Sanders Peirce 19
      Charles William Morris 21

   Metaphern 23
      Max Black 24
      Georg Lakoff und Mark Johnson 24
      Louis Rosenfeld und Peter Morville 25
      Metaphern interaktiver Anwendungen 26
      Xerox Star 8010 27
      Apple Macintosh 29
      Modell der Systemmetapher 29
      Alternative Betriebssystemmetaphern 31
      Website-Metaphern 37
      Erweitertes Metaphernmodell 40
      Abstraktionsgrad von Metaphern 41
      Nutzen von Metaphern 43

   Mentale Modelle 59

User Experience 63

    Produktfunktionen 65

    Elemente der User Experience 77
        Nutzbarkeit (Usability) 82
        Nutzen (Utility) 83
        Nutzungsfreude (Joy of Use) 86

Richtlinien 89

    Standards 91

    Prinzipien 101

    Regeln 105

    Normen 109

Analyse 115

    Businessanforderungen 117

    Nutzeranforderungen 121

    Marktbetrachtung 127

Strukturierung 131

   Hierarchien 137
      Monohierarchie 137
      Polyhierarchie 138
      Generische Relation 140
      Partitive Relation 140
      Strukturbreite und Strukturtiefe 140
      Vor- und Nachteile von Hierarchien 144

   Hypertext 149
      Memex 149
      Xanadu 151
      World Wide Web 152
      Probleme von Hypertextstrukturen 154

   Facetten und Tags 159
      Facettenklassifikationen 159
      Tagging 160
      Vereinheitlichte Auszeichnung 165
      Geschlossene Auszeichnung 170
      Verschiedene Formen des Tagging 172

   Multiple Strukturen 175

Interaktionscharakter 179

Visualisierung 187

    Listen 191

    Radial Tree Layouts 195

    Cone Tree Layouts 199

    Hyperbolische Projektionen 203

    Force-directed Layouts 211

    Linsen 217

    Treemaps 213

    Ebenen-Navigation 229

    Breadcrumbs 237

    Vergleich der Visualisierungsmethoden 243

Evaluation — 247

Analytische Methoden — 249
- Heuristische Evaluation — 250
- Cognitive Walkthrough — 251

Empirische Methoden — 255
- Lautes Denken (Think aloud) — 256
- Retrospective Testing — 257
- Constructive Interaction — 257
- Teaching Method — 258
- Coaching Method — 258
- Blickbewegungsmessung (Eye-Tracking) — 258

Zukunft — 263

Autonome webbasierte Anwendungen — 265

Ubiquitous Computing / Persuasive Computing — 275
- Smart Homes — 276
- Interactive Clothing — 277
- RFID — 279

Konvergenz und Mobilität — 285

Anhang — 289

Quellen — 291

Einleitung

Die grundsätzliche Idee, dass die für den Menschen möglichst optimale Nutzbarkeit von digitalen Informationen durch einen Entwicklungsprozess gewährleistet werden kann, der dem aus der Architektur bekannten Entwurfsprozess sehr ähnlich ist, entsteht zu Beginn der 1970er Jahre. So formuliert Peter McColough, der damalige CEO von Xerox, anlässlich der Gründung des Xerox Palo Alto Research Center (Xerox PARC) im Juli 1970 in Kalifornien die Mission „to create the architecture of information". (Palo Alto Weekly 1999)

Als Berufsbezeichnung wird *Information Architect* das erste Mal im Jahr 1975 von Richard Saul Wurman verwendet, zunächst einmal für sich selbst. Die Bezeichnung entwickelt er während der Vorbereitung einer Konferenz des *American Institute of Architecture (AIA)*, die er im Jahr 1976 leitet. Wurman, der einen Bachelor und einen Master of Architecture der University of Pennsylvania hält und mehrere Jahre in dem Studio von Louis I. Kahn als Architekt tätig ist, erkennt während seiner Arbeit das Potential der von Architekten für den Entwurf von Gebäuden genutzten Prozesse für die Entwicklung von Informationsdarstellungen. Im Jahr 1981 gründet er den Verlag *Access Press* und veröffentlicht eine Reihe von sehr erfolgreichen Städteführern und Sachbüchern. Nach der Arbeit an mehreren Telefonbüchern und Flugplänen schreibt Wurman sein bisher meistverkauftes Buch *Information Anxiety*, das 1989 erscheint. Eine Definition der Aufgaben von *Information Architect*s kann man seinem gleichnamigen Buch entnehmen, das 1996 veröffentlicht wird: „I mean architect as in the creating of systemic, structural, and orderly principles to make something work – the thoughtful making of either artifact, or idea, or policy that informs because it is clear." (Wurman u. Bradford 1996)

Einen konkreten Bezug dieser Disziplin zum World Wide Web stellen die beiden Bibliothekare Louis Rosenfeld und Peter Morville mit ihrem Buch *Information Architecture for the World Wide Web* her, das 1998 in der ersten Auflage erscheint. Während für Wurman die Präsentation von Informationen im Mittelpunkt der Arbeit eines Informationsarchitekten steht, betonen Rosenfeld und Morville mit ihrer Definition der Informationsarchitektur besonders die Strukturierung von Information. „Information Architecture: 1. The combination of organization, labeling, and navigation schemes within an information system. 2. The structural space of an information space. [...] 3. The art and science of structuring and classifying web sites and intranets to help people find and manage information. 4. An emerging discipline [...] focused on bringing principles of design and architecture to the digital landscape." (Rosenfeld u. Morville 2002) Gegenüber den anderen, am Entwicklungsprozess einer Website beteiligten Disziplinen grenzen sie die Informationsarchitektur deutlich ab. Auch wenn Rosenfeld und Morville darauf hinweisen, dass es in der Praxis Grauzonen („gray areas") gibt, in denen sich die Aufgaben der einzelnen Disziplinen unter Umständen überschneiden, so stellen sie doch klar: „Graphic design is not information architecture. Software development is not information architecture. Usability engineering is not information architecture." (Rosenfeld u. Morville 2002)

Wird das World Wide Web bis vor wenigen Jahren vor allem als ein Informationsmedium genutzt, so wächst der Anteil an Websites, die dem Nutzer primär interaktive, so genannte Webservices anbieten, immer stärker. Nutzer konfigurieren mittlerweile online zahlreiche Produkte nach ihren ganz spezifischen Wünschen und haben dabei zum Teil Zugriff auf mehrere Millionen von Einzelteilen. Ebenso umfangreich sind ausschließlich im WWW existente soziale Netze, die mit Hilfe von verschiedenen Websites online gespannt werden. Für viele Nutzer ist es heute alltäglich, erhebliche Finanztransaktionen auf einer Website vorzunehmen. Entsprechend erweitern sich die Aufgaben aller Disziplinen, die an der Entwicklung einer Website mitwirken, besonders aber die des Informationsarchitekten. Besteht seine Arbeit bis vor kurzem vor allem darin, statische Informationen innerhalb einer Website zu strukturieren und zu benennen, so gehört mittlerweile auch die Konzeption und Definition von Regelwerken dazu, nach denen dynamische Inhalte in einem Content Management System sortiert und gefiltert werden. Ist ein Informationsarchitekt bisher vor allem dafür verantwortlich, dass die Nutzer ihren Weg durch die eindeutig definierte Struktur einer Website zu den von ihnen gesuchten Informationen finden, so konzipiert und definiert er mittlerweile auch umfangreiche interaktive Abläufe, die zahlreiche alternative Teilprozesse beinhalten und die es dem Nutzer beispielsweise ermöglichen, auf einer Website Produkte zu bestellen oder zu versteigern.

Diese erweiterten Aufgaben sind nur dann erfolgreich zu lösen, wenn die Informationsarchitektur als fachliche Schnittstelle zwischen allen an der Entwicklung beteiligten Disziplinen und nicht zuletzt dem Kunden agiert. Die von Rosenfeld und Morville erwähnten Grauzonen sind dabei das Metier des Informationsarchitekten. Die Informationsarchitektur ist hier nicht der unter der Wasseroberfläche unsichtbare Teil des Eisbergs, so wie Rosenfeld und Morville es in ihrem Buch darstellen. Die Informationsarchitektur ist in allen Phasen und Disziplinen des Entwicklungsprozesses einer interaktiven Anwendung integriert. Grafikdesign ist nicht Informationsarchitektur. Aber die Informationsarchitektur beeinflusst das Grafikdesign entscheidend, wie auch umgekehrt. Softwareentwicklung ist nicht Informationsarchitektur. Aber die Informationsarchitektur beeinflusst die Softwareentwicklung entscheidend, wie auch umgekehrt. Usability engineering ist nicht Informationsarchitektur. Aber die Informationsarchitektur beeinflusst das Usability engineering entscheidend, wie auch umgekehrt.

Dieses Buch wendet sich daher an alle schon heute oder in Zukunft in irgendeiner Form an der Entwicklung interaktiver Anwendungen beteiligten Personen. Zur Veranschaulichung der einzelnen Themen werden verschiedene Websites als Beispiele herangezogen. Fast immer lassen sich diese aber auch auf andere Formen interaktiver Anwendungen übertragen. In diesem Buch werden keine schlechten Websites kritisiert, vor allem zeigt dieses Buch keine Verbesserungsvorschläge bestehender Anwendungen. Schlechte Beispiele liefern lediglich Hinweise darauf, wie man es besser nicht machen sollte, verdeutlichen aber nicht, welche guten Lösungsmöglichkeiten es gibt. Vorschläge zur Verbesserung bestehender Websites, die von Personen entwickelt werden, denen die zugrunde liegenden, in der Regel sehr komplexen Anforderungen und Voraussetzungen nicht bekannt sind, zeugen lediglich von Unkenntnis des Entwicklungsprozesses interaktiver Anwendungen, sind aber als gute Beispiele wenig geeignet. Stattdessen präsentiert dieses Buch daher ausgewählte, erfolgreiche Umsetzungen und erklärt die dahinter bestehenden Konzepte. Und schließlich ist dieses Buch auch keine Anleitung und liefert keine Regeln für die Konzeption einer interaktiven Anwendung oder die Erstellung einer Informationsarchitektur. Stattdessen zeigt es, wie begrenzt der Nutzen von solchen Regeln ist. Es hilft dabei, ein umfassendes Verständnis von aktuellen und zukünftigen Anforderungen an interaktive Anwendungen zu erlangen, und zeigt, wie man diesen mit einer integrierten Informationsarchitektur erfolgreich begegnen kann.

Denken

Bekanntermaßen ist die Idee der nutzerzentrierten Konzeption und Gestaltung von interaktiven Anwendungen nicht, den Nutzer körperlich in das Zentrum einer Applikationen zu stellen, so wie es beispielsweise beim Industrial Design üblich ist. Es geht viel mehr darum, seine geistigen Prozesse, die Art, wie er denkt, zum Mittelpunkt eines Entwicklungsprozesses zu machen. Was zunächst einmal banal und selbstverständlich klingt, lässt aber schnell die Frage aufkommen, woher man denn zu Beginn der Entwicklung einer interaktiven Anwendung wissen kann, wie ein Mensch denkt. Und wie man zwischendurch oder zum Abschluss feststellen kann, ob die entwickelte Applikation das Denken eines Menschen auf die richtige Weise unterstützt oder ob sie das Denken behindert. Beim Industrial Design ist es möglich, am Anfang eines Entwurfs auf Datensammlungen zurückzugreifen, aus denen sich beispielsweise die durchschnittliche Größe eines Menschen in einem bestimmten Alter auf den Millimeter genau ableiten lässt. Daraus kann man ein Modell erstellen. Wird beispielsweise ein Auto entworfen, weiß man dadurch bereits bei den ersten Skizzen, wie hoch zum Beispiel das Dach sein muss. Und liegt später ein sogar ein Prototyp vor, kann einfach ein realer Mensch mit entsprechenden Modellmaßen darin Platz nehmen. Ob das Dach zu niedrig ist, oder nicht, ist ohne weiteres mit einem kurzen Blick zu erkennen. Ganz so einfach ist es bei der Konzeption und Gestaltung von interaktiven Anwendungen leider nicht. Doch auch hier stehen Modelle zur Verfügung, auch wenn sie nicht millimetergenau sind. Denn wie Menschen denken, wird bereits so lange untersucht, wie sich die Menschen dessen bewusst sind. Mittlerweile sind daraus zahlreiche, zum Teil höchst komplexe psychologische Theorien entstanden. Einige davon wurden jedoch so formuliert, dass sie auch für Menschen ohne intensive psychologische Ausbildung nachvollziehbar sind und sich daher als Modelle bei der Entwicklung interaktiver Anwendungen sehr gut eignen.

Zeichen

Die Lehre von den Zeichen und Zeichensystemen und Zeichenprozessen wird Semiotik genannt. Ihre Ursprünge hat sie bereits in der Antike. So liegen zahlreiche Schriften des griechischen Philosophen Diogenes von Babylon vor, in denen er die Grundlage der Semiotik legt. Als die wichtigsten Begründer der modernen Semiotik werden der schweizerische Sprachwissenschaftler Ferdinand de Saussure sowie die amerikanischen Philosophen Charles Sanders Peirce und Charles William Morris genannt.

Ferdinand de Saussure

In seinem Buch *Cours de linguistique générale* (dt. Ausgabe: Grundfragen der allgemeinen Sprachwissenschaft, 1967), einer Kompilation seiner gesammelten Werke, die von seinen Schülern Charles Bally und Albert Sechehaye 1916, drei Jahre nach seinem Tod, veröffentlicht wird, schreibt de Saussure: „Das sprachliche Zeichen vereinigt in sich nicht einen Namen und eine Sache, sondern eine Vorstellung und ein Lautbild", wobei das Lautbild nicht den Laut an sich, sondern den psychischen Eindruck des Lautes meint. Er definiert weiter, „dass die im sprachlichen Zeichen enthaltenen Bestandteile alle beide psychisch sind, und dass sie in unserm Gehirn durch das Band der Assoziation verknüpft sind." (de Saussure 1967) Zeichen haften nicht den Dingen oder Sachverhalten der Realität an. Die Verknüpfung eines Zeichens mit einem Objekt oder einer Situation geschieht ausschließlich gedanklich.

Charles Sanders Peirce

Dem bilateralen Modell von de Saussure stellen Peirce und später auch Morris eine triadische Relation der Zeichenbestandteile gegenüber. Dabei basiert auch nach Peirce alles Denken des Menschen auf Zeichen: „Alles Denken muss […] ein Denken in Zeichen sein. […] Aus der These, dass jeder Gedanke ein Zeichen ist, folgt, dass jeder Gedanke sich an einen anderen wenden muss, denn das ist das Wesen eines Zeichens. […] Dass das Denken nicht in einem Zeitpunkt zustande kommen kann, sondern eine Zeit verlangt, heißt daher nur, dass jeder Gedanke durch einen anderen interpretiert werden muss oder dass alles Denken in Zeichen geschieht." (Peirce 1991) Peirce verwendet für das Zeichen auch den Begriff des Repräsentamen: „Ein Zeichen, oder Repräsentamen, ist etwas, das für jemanden in einer gewissen Hinsicht oder Fähigkeit für etwas steht. Es richtet sich an jemanden, d.h., es erzeugt im Bewusstsein jener Person ein äquivalentes oder vielleicht ein weiter entwickeltes Zeichen. Das Zeichen, welches es erzeugt, nenne ich den Interpretanten des ersten Zeichens. Das Zeichen steht für etwas, sein Objekt. Es steht für das Objekt nicht in jeder Hinsicht, sondern in Bezug auf eine Art von Idee, die ich manchmal den Grund des Repräsentamens genannt habe." (Peirce 1983) Da das Denken ebenso wie das Interpretieren für Peirce einen Zeichenprozess darstellt, lässt sich ein Zeichen nur durch ein weiteres Zeichen bestimmen. Dadurch ist ein Interpretant gleichzeitig auch immer ein Zeichen für einen weiteren Interpretanten. Beispielsweise wird das Wort *Hund* als wachsames, bellendes Säugetier interpretiert, das wiederum als nützlicher, treuer Kamerad verstanden wird. Dadurch entsteht ein theoretisch unendlicher semiotischer Prozess: „Ein Zeichen ist irgendein Ding, das auf ein zweites Ding, sein Objekt, in Hinsicht auf seine Qualität in der Weise bezogen ist, dass es ein drittes Ding, seinen Interpretanten, in eine Relation zu demselben Objekt bringt, und zwar in der Weise, dass dieses dritte ein viertes Ding in derselben Form auf das Objekt bezieht, ad infinitum." (Peirce 2000A)

In der weiteren Definition unterteilt Peirce die drei Bestandteile des Zeichensystems weiter in so genannte Trichotomien. Ein Objekt kann demnach indexikalisch, ikonisch oder symbolisch in die triadische Relation eingebunden sein. Ein Indize ist ein reiner Verweis auf ein Objekt, ohne dieses zu beschreiben, so wie ein Finger auf etwas zeigt, ohne etwas Inhaltliches zu vermitteln, außer der Existenz des Objekts. Ein Ikon verweist durch seine Ähnlichkeit auf das Objekt. Diese Ähnlichkeit kann bildlich sein, aber beispielsweise auch akustisch. Peirce unterscheidet mehrere Stufen der Ähnlichkeit des Ikons mit dem Objekt. Die größte Ähnlichkeit weisen demnach Bilder, beispielsweise Fotografien oder Zeichnungen, auf. Wenn sich vor allem die Struktur des Ikons und des Objekts ähneln, also die Beziehung einzelner Teile zueinander, spricht Peirce von Diagrammen, zum Beispiel bei Lageplänen. Auf der letzten Stufe befinden sich nach der Definition von Peirce die Metaphern, bei denen die Ähnlichkeit in dem Charakter von Ikon und Objekt besteht, dieser sich aber in etwas völlig anderem als dem Objekt zeigen kann, beispielsweise die Schlauheit eines Fuchses in einem Menschen: „Jene, die einfache Qualitäten haben [...], sind Bilder; jene, die hauptsächlich dyadische Relationen der Teile eines Dinges durch analoge Relationen ihrer eigenen Teile darstellen oder so aufgefasst werden, sind Diagramme; jene, welche die repräsentierenden Eigenschaften eines Repräsentamens durch einen Parallelismus mit etwas anderem darstellen, sind Metaphern." (Peirce 1983) Später wird dieser Grad der Ähnlichkeit des Ikons mit dem

Objekt als Ikonizität bezeichnet. Bei einem Symbol schließlich besteht der Verweis lediglich aufgrund von Konventionen und kann daher völlig willkürlich sein: „Unter einem Symbol verstehe ich ein Zeichen, dessen Verbindung mit seinem Objekt einfach in der Tatsache besteht, dass es so interpretiert wird, dass es sich auf dieses Objekt bezieht, und nicht darin besteht, dass es irgendeine tatsächliche Verbindung mit seinem Objekt hat oder ihm ähnlich ist. […] Das Symbol hat selbst das Wesen einer Gewohnheit oder allgemeinen Regel." (Peirce 2000b) Eine Unterscheidung zwischen den drei Objektrelationen ist oft nicht eindeutig vorzunehmen, besonders zwischen der ikonischen und der symbolischen Relation. Daher sind sie auch weniger als eine Klassifizierung denn als mögliche Eigenschaften zu verstehen. Grundsätzlich können Zeichen zwar ein Objekt darstellen, es selbst oder Eigenschaften davon aber nicht vermitteln. So dient in einer Metapher laut der Definition von Peirce selbst die Schlauheit des Fuchses nur als Verweis auf einen schlauen Menschen, nicht aber auf seine Schlauheit.

Charles William Morris

In Anlehnung an dieses Modell hat Morris die Einteilung der Semiotik in die Gebiete Syntaktik, Semantik und Pragmatik entwickelt, die bis heute in der Linguistik und teilweise in der Designtheorie grundlegend ist. Die Syntaktik betrifft die Beziehung der Zeichen zueinander, die Semantik beschreibt die Beziehung zwischen Zeichen und Objekt, und die Pragmatik die Beziehung zwischen Zeichen und Interpretanten.

Metaphern

Metaphern bilden heute den Mittelpunkt der User Interfaces aller gängigen Computer-Betriebssysteme und werden in fast allen interaktiven Anwendungen und auf zahlreichen Websites verwendet, um deren Bedienung so einfach und angenehm wie möglich zu gestalten. Doch wie ist eigentlich die Idee entstanden, dem Nutzer eines Computerprogramms dessen Funktionen mit der Hilfe von Abbildungen alltäglicher Gegenstände zu erklären? Und werden Metaphern auch bei zukünftigen User Interfaces eine so zentrale Rolle spielen?

Der Ausdruck Metapher geht zurück auf das griechische *metaphora*, dass sich aus *meta* (dt. *über*) und *pherein* (dt. *tragen*) zusammensetzt. Wörtlich übersetzt handelt es sich bei einer Metapher also um eine Übertragung. Bereits in der Antike werden Metaphern beschrieben. Aristoteles definiert in seiner *Poetik*: „Metaphora de estin onomatos allotriou epiphora." (dt. „Die Metapher ist die Übertragung eines fremden Nomens.") Auch wenn Aristoteles eine ganze Reihe verschiedener Metapherarten unterscheidet, ist in dem klassischen Verständnis eine Metapher ein rein sprachliches und stilistisches Phänomen. Dabei wird das eigentlich gemeinte Wort aus rein dekorativem Grund durch einen uneigentlichen metaphorischen Begriff ersetzt. Der deutsche Philosoph Max Bense definiert, dass das Verständnis von der sprachlichen Metapher „in der Übertragung eines Wortes aus einem gewissen natürlichen (gewohnten, hochfrequenten) Zusammenhang in einen künstlichen (weniger gewohnten, weniger frequenten) Zusammenhang besteht." (Bense 1969) Die Metapher wird äquivalent zu dem eigentlichen Begriff verwendet; ihre Bedeutung erhält sie aus dem Kontext, in dem sie genutzt wird. Heute wird dieses Verständnis von Metaphern als *Substitutionstheorie* bezeichnet. Seit der Antike wird aber auch immer wieder bemängelt, dass diese Theorie nicht ausreichend beschreibt, wie Metaphern tatsächlich von Menschen verwendet werden. Immer wieder gibt es Ansätze zu alternativen Theorien, doch erst im 20. Jhd. setzt sich ein neues, umfassenderes Metaphernverständnis durch, die *Interaktionstheorie*.

Max Black

Einer der wichtigsten Vertreter der *Interaktionstheorie* ist der Philosoph Max Black. Er beschreibt eine Metapher als eine Verbindung von zwei Systemen von Dingen („systems of things"), die einen Teil des Wissens über das eine System auf das andere System projiziert. Über die Interaktion miteinander lassen die beiden Systeme eine neue Bedeutung entstehen, die weder der Bedeutung des eigentlichen, noch dem des gemeinten Systems entspricht. (Black 1954)

Georg Lakoff und Mark Johnson

Große Aufmerksamkeit erzeugt das im Jahr 1980 erstmals veröffentlichte Buch *Metaphors we live by* (dt. Ausgabe: *Leben in Metaphern*, 1997) von den Linguisten Georg Lakoff und Mark Johnson. Obwohl es bereits vorher einige ähnliche Ansätze gibt, setzt sich mit diesem Werk schließlich eine Erweiterung des Metaphernbegriffs auf konzeptionelle Zusammenhänge durch. „Das Wesen der Metapher besteht darin, dass wir durch sie eine Sache oder einen Vorgang in Begriffen einer anderen Sache bzw. eines anderen Vorgangs verstehen und erfahren können." (Johnson u. Lakoff 1997) Lakoff und Johnson zufolge wird nicht nur ein Begriff oder die Eigenschaften eines Systems, sondern ein ganzes Konzept übertragen. Damit ist ausdrücklich nicht nur Sprache gemeint: „Unsere bis jetzt wichtigste Aussage ist die, dass die Metapher nicht nur eine Frage von Sprache ist, also von Worten allein. Wir werden sogar beweisen, dass die menschlichen Denkprozesse weitgehend metaphorisch ablaufen. Das meinen wir, wenn wir sagen, dass das menschliche Konzeptsystem metaphorisch strukturiert ist und definiert ist. […] Deshalb ist, wann immer wir in diesem Buch von Metaphern […] sprechen, das so zu verstehen, dass mit dem Begriff Metapher ein metaphorisches Konzept gemeint ist." (Johnson u. Lakoff 1997) Dennoch gehen Lakoff und Johnson mit ihren Beispielen wenig auf nicht-sprachliche Metaphern ein: „Der größte Teil unseres Anschauungsmaterials stammt aus dem Bereich der Sprache – aus den Bedeutungen von Wörtern und Wendungen […]." (Johnson u. Lakoff 1997) In loser Folge und ohne sie besonders zueinander in Beziehung zu setzen, definieren Lakoff und Johnson dann zahlreiche verschiedene Arten von Metaphern, von denen hier die wichtigsten beschrieben werden.

Strukturmetapher

Diese Metaphernform bildet die Basis für den Metaphernbegriff von Lakoff und Johnson. Sie wird recht unkonkret formuliert: „Damit meinen wir Fälle, in denen ein Konzept von einem anderen Konzept her metaphorisch strukturiert wird." Als Beispiel nennen sie das Konzept *Theorien sind Gebäude*, von dem Metaphern wie *solide, muss besser untermauert werden, auf Sand gebaut* und *fiel in sich zusammen* stammen.

Orientierungsmetapher

Eine spezielle Form der *Strukturmetapher* ist die *Orientierungsmetapher*. Sie gibt dem Konzept eine räumliche Beziehung, wie *oben – unten, vorne –*

hinten, zentral – peripher, nah – fern. So führt zum Beispiel das Konzept *glücklich sein ist oben* im Gegensatz zu *traurig sein ist unten* zu einer Metapher wie *ich fühle mich heute obenauf*.

Gefäßmetapher
Eine bestimmte Art von O*rientierungsmetapher* heben Lakoff und Johnson ganz besonders hervor, die *Gefäßmetapher*. Sie gehen davon aus, dass ein Mensch alle Objekte seiner Welt als „Gefäße mit einer Innenseite und einer Außenseite" konzeptualisiert. (Johnson u. Lakoff 1997) So entstehen Metaphern wie *mir ging mitten im Rennen der Sprit aus* oder *er ist jetzt aus dem Rennen*.

Ontologische Metaphern
Besonders vielfältig sind *Ontologische Metaphern*. Sie basieren auf Erfahrungen mit physischen Objekten. Eines der zahlreichen Beispiele von Lakoff und Johnson ist die Metapher *er kann mit dem Tempo der heutigen Zeit nicht mehr Schritt halten*.

Die von Black bereits erwähnte Fokussierung auf bestimmte Eigenschaften des Zielbereichs durch sprachliche Metaphern findet laut Lakoff und Johnson auch durch konzeptuelle Metaphern statt. Sie nennen diesen Vorgang „Beleuchten und Verbergen". „Die Systematik, aufgrund derer wir den einen Aspekt eines Konzepts in Bildern eines anderen Konzepts erfassen können […], verbirgt zwangsläufig die anderen Aspekte dieses Konzeptes. Indem ein metaphorisches Konzept uns erlaubt, dass wir uns auf einen bestimmten Aspekt dieses Konzeptes […] konzentrieren, kann es uns davon abhalten, dass wir uns auf andere Aspekte dieses Konzepts konzentrieren, die mit dieser Metapher nicht konsistent sind." (Johnson u. Lakoff 1997) Später führen Lakoff und Johnson in diesem Zusammenhang die Begriffe *Ursprungsbereich* („source domain") und des *Zielbereichs* („target domain") ein, wobei der Zielbereich das Konzept meint, auf das das Konzept des Ursprungsbereichs übertragen wird. (Lakoff 1987; Johnson 1987)

Louis Rosenfeld und Peter Morville
Die beiden Autoren des damals wegbereitenden Buches *Information Architecture for the World Wide Web*, Louis Rosenfeld und Peter Morville, beschreiben darin die drei Metapherarten, die ihrer Ansicht nach bei der Konzeption von Websites besonders wichtig sind. Sie weisen aber gleichzeitig darauf hin, dass noch zahlreiche weitere Arten von Metaphern bei der Websitekonzeption eine Rolle spielen. Im Gegensatz zu Lakoff und Johnson, deren Theorie zwar explizit von der Existenz nicht-sprachlicher Metaphern ausgeht, die aber dennoch nur sprachliche Beispiele präsentieren, erklären Rosenfeld und Morville ihre Überlegungen anhand nicht-sprachlicher Beispiele.

Organizational metaphors
Mit einer organisatorischen Metapher wird die Organisation eines bekannten Systems auf ein anderes, unbekanntes übertragen. So kann zum Beispiel die Website eines Autohändlers in der gleichen Form organisiert sein wie ein tatsächlicher

Verkaufsraum, mit je einem eigenen Bereich für Neufahrzeuge, Gebrauchtwagen und einem Servicebereich.

Functional metaphors
Durchfunktionale Metaphern werden einzelne, abgeschlossene Aufgaben aus einer alltäglichen Situation auf eine Website übertragen. Bei einer Bibliothek ist das zum Beispiel das Stöbern zwischen den Regalen, die gezielte Suche in einem Katalog und das Stellen einer Frage an einen Bibliothekar.

Visual metaphors
Zu den visuellen Metaphern zählen Rosenfeld und Morville alle grafischen Elemente wie Bilder, Icons und Farben. Wird bei einem Branchenverzeichnis im WWW beispielsweise die Farbe Gelb als Hintergrund verwendet, so verweist das auf die auf gelbem Papier gedruckten *Gelbe Seiten*. (Morville u. Rosenfeld 2002)

Metaphern interaktiver Anwendungen

Die bei interaktiven Anwendungen verwendeten Metaphern lassen sich ohne weiteres vollständig definieren. Dies gilt besonders in Bezug auf ihre Verwendung innerhalb von Websites, da hier nach wie vor grundsätzliche technische und konzeptionelle Einschränkungen bestehen.

Strukturelle Metapher
Eine *strukturelle Metapher* überträgt eine dem Nutzer aus seinem Alltag bekannte physikalische, soziale oder kulturelle Struktur auf eine interaktive Anwendung. Bei einer Website zu einer Kunstausstellung kann das die Architektur des Museums sein. Bei der Website einer Partei sind es möglicherweise die Verantwortlichkeiten und Zuständigkeiten der jeweiligen Personen und Posten. Bei einer Celebrity-Website können es bestimmte Werte wie die Beliebtheit von Personen sein, deren Struktur übertragen wird.

Visuelle Metapher
Mit einer *visuellen Metapher* wird ein visuelles Konzept eines bekannten Systems auf eine interaktive Anwendung übertragen. Das kann zum Beispiel ein Firmenlogo sein oder eine so genannte Hausfarbe, eine interaktive, dreidimensionale Animation eines Produkts oder einfach dessen Oberflächenstruktur, das Layoutraster einer Zeitung, oder ein bestimmter Grad an Symmetrie.

Verbale Metapher
Mit einer verbalen Metapher werden Eigenschaften, die die Sprache betreffen, aus einem bekannten Umfeld auf eine interaktive Anwendung übertragen. Das kann eine konkrete Bedeutung eines Begriffs sein, aber auch ein Slang oder ein Dialekt.

Auditive Metapher
Eine *auditive Metapher* überträgt mit dem Hörsinn wahrnehmbare Eigenschaften eines bekannten Systems auf eine interaktive Anwendung: zum Beispiel die Live-Version eines Songs einer Band, die auf einer Website ihre Tournee ankündigt, oder

das Klicken eines Schalters, wenn ein so genannter Radio-Button ausgewählt wird.

Interaktionsmetapher

Eine *Interaktionsmetapher* überträgt eine aus dem Alltag bekannte Beziehung von Aktion und Reaktion auf eine interaktive Anwendung. Das kann eine bestimmte Reihenfolge von Aktionen und Reaktionen sein, zum Beispiel wenn in einem Online-Shop wie in einem realen Kaufhaus zuerst die Waren ausgewählt und dann die Kreditkartendaten angegeben werden. Es kann aber auch die Menge der Dateneingaben betreffen, die bis zu einer gewünschten Reaktion notwendig sind. Dies gilt beispielsweise, wenn beim Online-Banking in einem einzelnen Schritt genau die Daten abgefragt werden, die auch auf einem Überweisungsformular aus Papier eingetragen werden müssen.

Taktile Metapher

Taktile Metaphern übertragen Eigenschaften, die mit dem Tastsinn wahrzunehmen sind, von einem bekannten auf ein unbekanntes, interaktives System. Ein Beispiel ist das so genannte *drag 'n' drop*, mit dem Elemente auf einer Website verschoben werden, aber auch physikalische Gegenstände in der realen Welt; oder das Drücken der Enter-Taste für das Auslösen eines *Bestellung*-Buttons in einem Online-Shop.

Xerox Star 8010

In der Entwicklung von grafischen Computer-Interfaces kommt der konzeptuellen Metapher eine Schlüsselrolle zu. Anfang der 1980er Jahre beschränkt sich die Interaktion zwischen einem Menschen und einem Computer auf die Eingabe von textlichen Befehlen in einer abstrakten Programmiersprache durch den Menschen und die Ausgabe entsprechenden Codes durch den Computer. Um einen Computer in dieser Form bedienen zu können, ist eine relativ umfangreiche Ausbildung erforderlich. Im Entwicklungszentrum der kalifornischen Firma Xerox wird zu dieser Zeit erforscht, wie Computer gestaltet werden müssen, so dass sie auch von unerfahrenen Nutzern ohne größeren Lernaufwand bedient werden können. Für die Entwicklung eines Computerbetriebssystems bis dahin einmalig, wird dafür eine umfangreiche Analyse der Nutzeranforderungen vorgenommen. Wenn auch nach heutigen Maßstäben wenig systematisch und recht unvollständig durchgeführt, ist dies einer der ersten nutzerzentrierten Designprozesse für ein Computersystem, der tatsächlich angewendet wurde. Im Rahmen dieses Prozesses wird eine konkrete Zielgruppe definiert. Das neue System soll sich vor allem an Manager und an deren Sekretärinnen wenden, die einen Computer nur hin und wieder für bestimmte Aufgaben im Büro einsetzen. Diese Form der Computernutzung ist zu dieser Zeit völlig unüblich. Bis dahin gibt es in der Regel nur Menschen, die Computer entweder täglich nutzen, vor allem in Forschungseinrichtungen, oder aber solche, die das überhaupt nicht tun. Im April 1981 wird der Öffentlichkeit der *Xerox Star 8010* als Ergebnis dieses bislang ein-

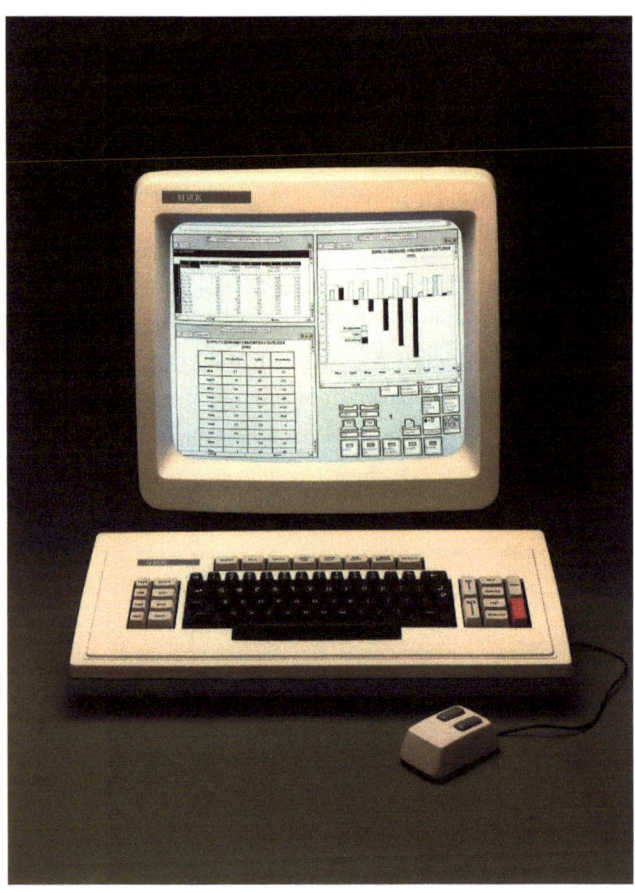

Xerox Star 8010

maligen Designprozesses vorgestellt und damit ein neues Kapitel der Interaktion zwischen Mensch und Computer eingeleitet. Der *Xerox Star 8010* ist der erste Personal Computer mit einem grafischen User Interface. Mehrere verschiedene Anwendungen können gleichzeitig in sich überlappenden Fenstern genutzt werden, Programme und Dokumente werden durch Icons dargestellt, die Befehle für die Bearbeitung von Dokumenten werden aus Menü-Listen ausgewählt und es wird die direkte Manipulation durch eine Mouse unterstützt. Auf diesem *WIMP* (*Windows, Icons, Menus, Pointer*) genannten Prinzip basieren heute alle gängigen Betriebssysteme für Desktop-Computer. Wegweisend aber ist vor allem die am Xerox PARC entwickelte Metapher für das Interface des Systems. Da vorgesehen ist, dass der *Xerox Star 8010* primär für Büroarbeiten genutzt wird, bildet das *Star*-Betriebssystem den aus dem Büro bekannten Schreibtisch ab. Alle dort abgebildeten Objekte stammen ursprünglich aus der Arbeitswelt des Nutzers. Dokumente werden in Form eines Blatt Papiers dargestellt und können in Ablagen und Ordnern gesammelt werden, und es stehen Hilfsmittel wie ein Taschenrechner zur Verfügung. In den Programmen des *Xerox Star* werden Dokumente nach dem Prinzip *WYSIWYG* (*What You See Is What You Get*) dargestellt und bearbeitet. Ein Briefbogen beispielsweise wird auf dem Monitor in nahezu der gleichen Form präsentiert, wie er später als Ausdruck vorliegt. Kommerziell ist der *Xerox Star 8010* kein Erfolg. Dafür werden gleich mehrere Gründe angeführt. Sein Preis von etwa US$ 16.000 ist für Menschen, die von den Vorteilen eines Computers zunächst noch überzeugt werden müssen, viel zu hoch. Außerdem wird die Entwicklung zusätzlicher Softwarekomponenten von Drittanbietern durch die geschlossene Systemarchitektur des *Star*-Computers verhindert. Dadurch existiert lange Zeit kein Tabellenkalkulationsprogramm. Zudem werden vor allem die Vorzüge des *Xerox Star 8010* als Netzwerksystem beworben. Denn als erster Rechner verfügt er über die ebenfalls am Xerox PARC völlig neu entwickelte Ethernet-Schnittstelle. Seine Möglichkeiten als Einzelplatzrechner und die Vorteile des grafischen Interfaces werden dagegen nicht ausreichend kommuniziert.

Apple Macintosh

Bereits 1979 besucht Steve Jobs, der Mitbegründer und heutiger CEO von Apple Computers, das Xerox PARC und lässt sich den *Star 8010* präsentieren. Er ist begeistert von dem Interface des *Star*-Betriebssystems und ist überzeugt, dass die dafür verwendete Metapher den Erfolg von Personal Computern entscheidend beeinflussen kann. Jobs lässt daher die Schreibtischmetapher auch in dem zu dieser Zeit in der Entwicklung befindlichen Apple-Computer *Lisa* umsetzen. Denn die von Jobs angestrebte Zielgruppe ist die gleiche wie bei Xerox. Der für einen Personal Computer immer noch sehr hohe Preis von etwa US$ 10.000 verhindert aber auch bei *Lisa* den Verkauf von größeren Stückzahlen, trotz zahlreicher Weiterentwicklungen gegenüber dem *Xerox Star 8010*. Jedoch reichen die von Apple angegebenen 45 Minuten Einarbeitungszeit auch für das *Lisa*-System bei den meisten Nutzern nicht aus. Jobs zieht sich schließlich aus dem Projekt zurück und beteiligt sich an der Entwicklung eines weiteren Computers, der nach der Lieblingsapfelsorte des damaligen Projektleiters Jef Raskin benannt ist, wenngleich er aus rechtlichen Gründen etwas anders geschrieben wird: der *Apple Macintosh*. Der Apfel an sich entstammt dem ursprünglichen Logo von Apple Computers, das Isaac Newton unter einem Apfelbaum sitzend zeigt. Zwischen Raskin und Jobs kommt es bereits nach kurzer Zeit vermehrt zu Meinungsverschiedenheiten bezüglich entscheidender Merkmale der Hardware und des Betriebssystems des Computers. Raskin verlässt daraufhin im Jahr 1982 Apple Computers. Der *Apple Macintosh* wird unter der Leitung von Jobs zu Ende entwickelt und schließlich im Jahr 1984 zu einem Preis von US$ 2.500 mit großem Erfolg am Markt eingeführt. Er ist der erste Computer mit der Schreibtischmetapher im User Interface, der in nennenswerten Stückzahlen verkauft wird und sich relativ stark verbreitet.

Modell der Systemmetapher

Um die Verwendung von Metaphern innerhalb der grafischen User Interfaces interaktiver Anwendungen detaillierter zu betrachten, ist eine genaue Definition notwendig. Die zentrale konzeptuelle Metapher einer interaktiven Anwendung nenne ich Systemmetapher. Innerhalb einer Systemmetapher lassen sich mehrere eigenständige Metaphern

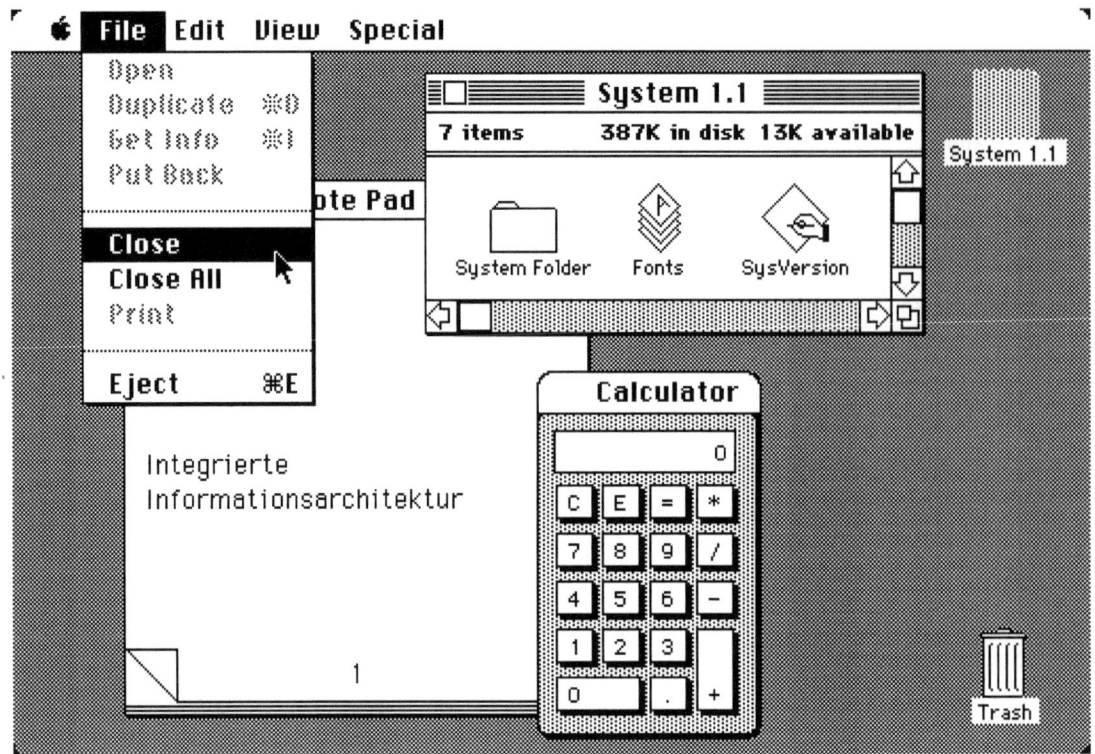

Das Betriebssystem des ersten Apple Macintosh Computers in der Version 1.1. Damit beginnt die erfolgreiche Verbreitung der Schreibtischmetapher in fast allen heute gängigen Betriebssystemen.

identifizieren, die aber dem Konzept der Systemmetapher entsprechen. Diese Metaphern nenne ich Einzelmetaphern. In einem grafischen User Interface werden zusätzlich Einzelmetaphern verwendet, die der Systemmetapher widersprechen. Daher unterscheide ich bei den Einzelmetaphern noch einmal zwischen integrierender Einzelmetapher, die der Systemmetapher konzeptionell folgt, und autarker Einzelmetapher, die keinen Bezug zur der Systemmetapher hat und unabhängig davon funktioniert. Ein Beispiel für eine Systemmetapher ist der Schreibtisch, der in den meisten Betriebssystemen verwendet wird. Eine in Bezug auf den Schreibtisch integrierende Einzelmetapher is beispielsweise die Bezeichnung *Dokument* für eine digitale Datei, oder die Abbildung eines Ordners, in dem die Dokumente abgelegt werden. Eine gegenüber dem Schreibtisch autarke Einzelmetapher ist zum Beispiel der Mediaplayer, der seinen Ursprung nicht im Büro, sondern im Hifi– und TV-Bereich hat, oder die Bezeichnung *Menü* für aufrufbare Auflistungen der Programmbefehle, die sich von dem englischen Begriff *menu* ableitet, mit dem die Speisekarte in einem Restaurant bezeichnet wird.

Alternative Betriebssystemmetaphern

Nach wie vor wird die Schreibtischmetapher als Ursache für die mittlerweile sehr breite gesellschaftliche Akzeptanz einer an sich hochkomplexen Schnittstelle angesehen. Sie hat sich nicht nur bei Desktop-Computern, sondern sogar bei vielen Betriebssystemen von PDAs und Handys etabliert – mobile Geräte, die zum tatsächlichen Schreibtisch fast keinen Bezug mehr haben. Doch ist der Schreibtisch tatsächlich die am besten geeignete Systemmetapher für Computer? Und funktioniert diese Metapher auch heute noch so gut wie bei ihrer Einführung vor 25 Jahren? An alternativen Vorschlägen mangelt es nicht. So beschreibt zum Beispiel die amerikanische Theaterwissenschaftlerin und Screendesignerin Brenda Laurel im Jahr 1990 im Katalog der *ars electronica* und später in ihrem Buch *Computer as Theater* die von ihr beobachteten Ähnlichkeiten zwischen einer interaktiven Anwendung und einem Theaterstück: „Computer sind Theater. Interaktive Technologie bietet ebenso wie das Drama eine Bühne für die Darstellung von kohärenten Wirklichkeiten, in denen die Agierenden Handlungen mit kognitiven, emotionalen und produktiven Eigenschaften setzen." (Laurel 1990) Theaterstücke sind zudem als stark metaphorische Darstellungsform bekannt und allgemein akzeptiert.

Im März 1995 veröffentlicht Microsoft eines der wenigen Betriebssysteme, die eine andere Systemmetapher nutzen, als den Schreibtisch. Der Anlass ist, dass die bis 1994 verkaufte Version 3.1 des Microsoft-Betriebssystems Windows besonders für Computer-Neulinge nur sehr schwer zu bedienen ist. Die Projektmanagerin Melinda French, die heute den Nachnamen Gates trägt und mit dem Chairman und Chief Software Architect Bill Gates verheiratet ist, möchte vor allem der damals recht großen Zahl dieser Nutzer mit wenig Erfahrung an einem Computer den Zugang zu einem

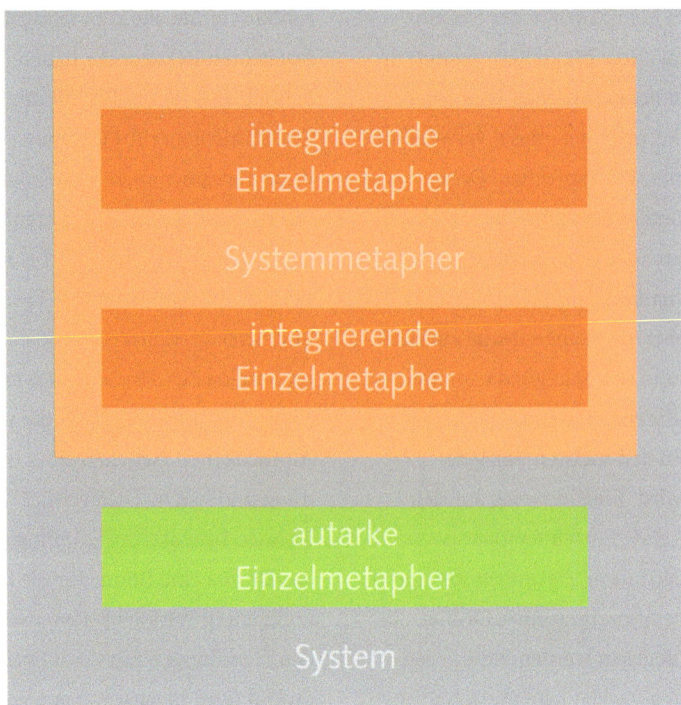

Das Modell der Systemmetapher zeigt, dass sich innerhalb der zentralen konzeptuellen Metapher einer interaktiven Anwendung mehrere integrierende Einzelmetaphern identifizieren lassen, die dem Konzept der Systemmetapher entsprechen. Zusätzlich werden einige Bereiche des Systems mit autarken Einzelmetaphern vermittelt, die der Systemmetapher widersprechen.

Windows-Computer erleichtern und lässt dazu das Programm *Bob* entwickeln. Auch wenn es sich bei *Bob* nicht wirklich um ein Betriebssystem, sondern um eine Erweiterung von Windows handelt, präsentiert es sich dem Nutzer als ein solches, besonders, wenn in den Einstellungen festgelegt wird, dass *Bob* sich bei jedem Computerstart automatisch lädt. Bei *Bob* wird als Systemmetapher ein Haus verwendet. Nachdem der Nutzer durch die Eingangstür eingetreten ist, kann er wählen, in welchem der zahlreichen, in einem dreidimensionalen Comicstil visualisierten Räume er arbeiten möchte. Im Grunde genommen ist diese Auswahl ohne Belang, da in jedem Raum die gleichen Standardprogramme zur Verfügung stehen. Neben einem Schreibprogramm, einem Kalender und einem Email-Client gibt es vor allem Applikationen für die Verwaltung verschiedener Arten von Listen. Sie sind alle auf wenige Grundfunktionen beschränkt. Jedes dieser Programme wird durch eine Einzelmetapher dargestellt, in den meisten Fällen sind es unterschiedlich anmutende Bücher. Auch bei einer geöffneten Applikation wird der Comicstil beibehalten. Neben diesem Visualisierungsstil ist der hohe Grad der Personalisierbarkeit der Darstellungsformen am auffälligsten. Neben den verschiedenen Räumen kann der Nutzer einen der zur Verfügung stehenden Gestaltungsstile wählen. Ist er mit dem Aussehen einzelner, häufig animierter Objekte, beispielsweise einer Uhr oder einem Tisch, unzufrieden, kann er jedem einzelnen eine andere Gestaltung zuweisen. Der Nutzer kann auch beliebige Objekte verschieben, löschen oder neu hinzufügen. Sehr verwirrend dabei ist, dass nur einige der editierbaren Objekte für ausführbare Programme stehen, die meisten der Objekte lediglich der Dekoration dienen, ohne dass das anhand der Gestaltung des Objekts zu erkennen ist. So muss der Nutzer erst auf ein Objekt klicken, um eine entsprechende Meldung angezeigt zu bekommen, dass es sich bei dem ausgewählten Buch lediglich um ein dekoratives Objekt handelt, während das direkt daneben liegende Buch beispielsweise den Haushaltsmanager startet. Die Kombination verschiedener Objekte ist in keiner Weise eingeschränkt, so dass es ohne weiteres möglich ist, mitten in der Küche einen ganzen Wald zu pflanzen und auf dem Dachboden eine Sportwagenflotte zu parken. Wenn der Nutzer Hilfe benötigt, kann er den Comic-Hund *Rover* anklicken, der sich jederzeit in der rechten unteren Ecke des Bildschirms befindet und dann mit Rat zur Seite steht. Und selbst der hilfsbereite Hund lässt sich je nach persönlichem Geschmack des Nutzers durch verschiedene andere Geschöpfe mit allerdings identischer Funktion austauschen, zum Beispiel durch die Gitarre spielende Ratte *Scuzz* oder das Lolli lutschende Häschen *Hopper*. *Bob* ist für Microsoft wirtschaftlich ein Misserfolg. Nach fast ausschließlich negativen Rezensionen in der Presse wird *Bob* nach nur einem Jahr vom Markt genommen. Dafür, dass sich die Software so schlecht verkauft und so schlecht bewertet wird, werden mehrere Gründe angeführt. Grundsätzlich hat das diesem System zugrunde liegende Konzept in vielen Teilen erhebliche Schwächen, so dass es dem

Das von Microsoft als alternatives Betriebssystem für Windows-Computer entwickelte Programm Bob. Es basiert auf einer Darstellung mit Vektoren; dadurch führen hohe Monitorauflösungen tatsächlich zu einer besseren Qualität der Abbildung (das Beispiel zeigt eine Auflösung von 768 x 1024 Pixeln). Alle Objekte lassen sich beliebig skalieren und positionieren. Für den Nutzer ist es jedoch nur schwer nachzuvollziehen, welche der Objekte Einzelmetaphern für ausführbare Programme sind, und welche Objekte lediglich der Dekoration dienen. Während beispielsweise der Computer in der linken unteren Ecke auf dem roten Tisch nur ein dekoratives Objekt ist, ruft der Computer auf dem Regal rechts neben dem Kamin das Lernprogramm GeoSafari Quiz auf, die Bücher auf den beiden Tischen im Vordergrund sind jeweils Metaphern für ein bestimmtes Programm, die Bücher auf dem Bord und dem Regal im Hintergrund sind Dekoration.

Computer-Anfänger die erhoffte Erleichterung nicht bietet. Die fehlende Unterscheidbarkeit von funktionalen und dekorativen Elementen ist dabei sicherlich maßgeblich, ebenso die eingeschränkte Funktionalität, die schon nach kurzer Zeit wieder den Umstieg auf das Windows-System notwendig macht. Die für *Bob* damals verlangten US$ 99 erscheinen daher vielen Nutzern der angestrebten Zielgruppe zu hoch, zumal sie es gewöhnt sind, dass das Betriebssystem beim Kauf der Hardware bereits mit im Preis enthalten ist. In der zum großen Teil negativen Berichterstattung über *Bob* wird allerdings übersehen, dass diese Anwendung zu dieser Zeit in einiger Hinsicht sehr fortschrittlich ist. Alle Darstellungen in *Bob* sind als Vektorgrafiken umgesetzt. Dadurch kann der Nutzer die Größe von jedem einzelnen Objekt individuell bestimmen, um so zum Beispiel wichtige und weniger wichtige, häufig und weniger häufig genutzte Programme zu unterscheiden. Bis heute bietet kein anderes Betriebssystem solch eine Funktion. Zum andern unterstützt *Bob* dadurch jede beliebige Monitorauflösung, ohne dass sich die Objekte gegeneinander verschieben oder die Größenverhältnisse zueinander verändern. Die daraus resultierenden Mindestvoraussetzungen für die Hardware (486/66-Prozessor, 8 MB RAM und 32 MB Festplattenspeicher) sind zwar für heutige Verhältnisse ziemlich gering, bei der Einführung von *Bob* werden sie aber nur von sehr hochwertigen und damit teuren Computern erfüllt. Daher sind die technischen Mindestvoraussetzungen ein weiterer Grund, warum sich viele Nutzer gegen das Produkt entscheiden. Nicht alle Entwicklungen im Zusammenhang mit *Bob* werden verworfen. Einige der Charaktere aus *Bob* finden in aktuellen Windows-Versionen weitere Verwendung. So steht beispielsweise der Hund *Rover* heute unter dem Namen *Fredo* dem Nutzer der Suchfunktion von Windows XP zur Seite.

Eine der sicherlich spektakulärsten Systemmetaphern eines Betriebssystem entwickelt der Amerikaner Dennis Chao im Jahr 2000. Die recht blutrünstigen verbalen Metaphern, mit denen viele Systemadministratoren von UNIX Systemen ihre Arbeit beschreiben, bringen ihn auf die Idee, ein Kriegsszenario als Metapher zu verwenden und dieses ähnlich einem First-Person-Shooter darzustellen. „People who need to manage processes on a UNIX system think about the *daemons* spawning children that may need to be *killed* or *blown away*. This violent language suggests a metaphor for process management: a first person shooter game." (Chao 2001) Für die Implementierung des Systems wählt Chao das Spiel *Doom*, weil es zu dieser Zeit bei den meisten Systemadministratoren bekannt ist, als Namen verwendet er *PSDoom*, nach dem ps-Kommando, das in UNIX die laufenden Prozesse auflistet. Nach dem Start des Systems werden alle laufenden Prozesse als Monster in einer dreidimensional dargestellten Umgebung präsentiert. Die Namen und die IDs der Prozesse sind auf den einzelnen Darstellungen der „process monsters" zu lesen. Der Nutzer kann einzelne Prozesse beenden, indem er, wie in einem First-Person-Shooter üblich, die sie repräsentierenden Monster erschießt.

Für das von ihm modifizierte Process Manager System von UNIX verwendet Dennis Chao als Systemmetapher ein Kriegsszenario, dass er in Form des First-Person-Shooters Doom darstellt. Um bestimmte Prozesse zu beenden, müssen die sie repräsentierenden Monster erschossen werden. (Chao 2001)

Wechselt er zu einer kleineren Waffe, werden die Monster nur verletzt und die entsprechenden Prozesse lediglich verlangsamt. Eine zusätzliche Herausforderung für den Systemadministrator besteht darin, dass auch seine eigene Person in diesem System von einem der Prozesse eliminiert werden kann. Chao plant für weitere Realeases, die detaillierten Eigenschaften der Prozesse durch verschiedene Ausformungen der Monster abzubilden. Zum Beispiel soll ein Monster um so breiter dargestellt werden, je mehr Arbeitsspeicher von dem entsprechenden Prozess beansprucht wird, und um so höher, je stärker die Beanspruchung der CPU durch den Prozess ist. Die Rechteverwaltung soll über die zur Verfügung stehenden Waffen vorgenommen werden. Administratoren mit sehr umfangreichen Rechten erhalten große und effektive Waffen, mit denen sie relativ schnell auch umfangreiche Prozesse beenden können, Nutzer mit weniger Rechten erhalten kleinere Waffen, mit denen nur weniger wichtige Prozesse gestoppt werden können. Mittlerweile hat Chao die Entwicklung von PSDoom jedoch eingestellt.

Website-Metaphern

Anders als bei den gängigen Betriebssystemen von Computern hat sich für Websites bisher keine einheitliche Systemmetapher durchgesetzt. Zwar tritt bei Websites vielfach eine Buchmetapher zutage. Sie zeigt sich aber selten als visuelle Metapher, sondern vielmehr in der Strukturierung der Website, in der Art der Interaktion und als verbale Metapher. So wird von einer *Seite* oder *Page* einer Website gesprochen, wenn die gleichzeitig auf dem Monitor dargestellten Inhalte gemeint sind, beispielsweise von der *Homepage* als Titelblatt der Website. Besonders zu Beginn des World Wide Web gibt es immer wieder Versuche, die Buchmetapher mit der Hilfe von entsprechenden Web-Browsern als Systemmetapher zu etablieren; zum Beispiel durch Stuart K. Card, George G. Robertson und William York, die im Jahr 1996 am Xerox PARC das *WebBook* veröffentlichen, einen Web-Browser, der Websites mittels 3D-Grafik in einem virtuellen Buch präsentiert. Bookmarks erscheinen als kleine Zettel, die zwischen die Seiten geklemmt werden, das Blättern zwischen den Seiten ist dreidimensional animiert. (Card et al. 1996) In dieser konsequenten Form wird die Buchmetapher als Bild heute nur auf sehr wenigen Websites verwendet, in der Regel nur dann, wenn eine direkte Verbindung zu einer existierenden Hardcopy erzeugt werden soll, wie einer Zeitung oder einem Katalog.

In der Gesellschaft einheitlich verwendet werden heute vor allem verbale Metaphern für das World Wide Web. Bis auf wenige Ausnahmen wie das Buch, den Chatroom oder auch die Theaterbühne, die in der Bezeichnung *Internet-Auftritt* genauso vorhanden ist, wie in der von Laurel empfohlenen Visualisierung eines Interfaces, sind die meisten verbalen Metaphern von Websites nicht weiter konzeptionell umgesetzt. So auch beispielsweise das 1962 von Marshall McLuhan in seinem Buch *The Gutenberg Galaxy* (dt. Ausgabe: *Die Gutenberg-Galaxis,* 1995) das erste Mal erwähnte *Global Village* (dt. *Globales Dorf*), mit dem

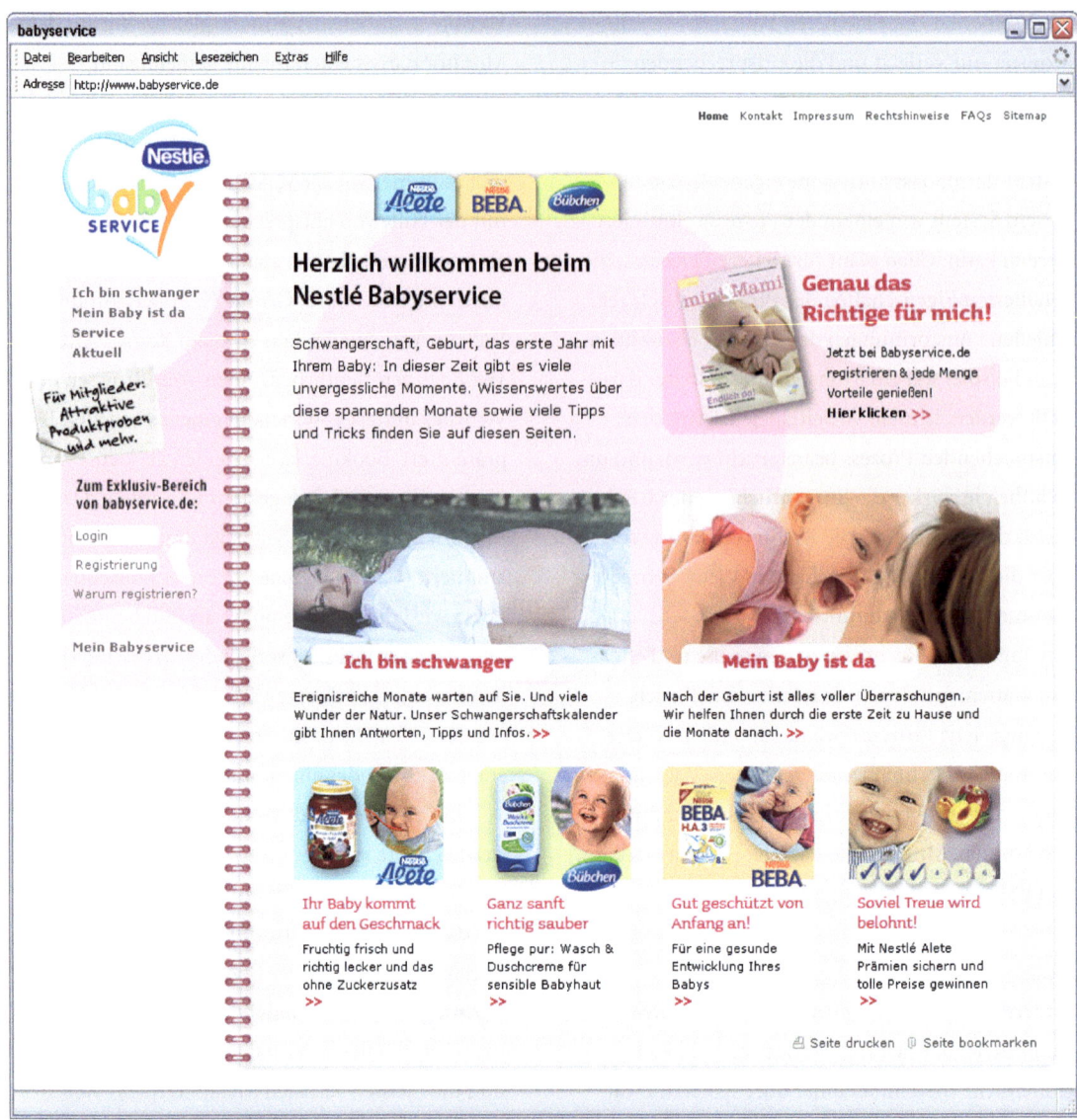

Die Website für die Babynahrungsmarken der Firma Nestlé nutzt die Buchmetapher. Jede Marke ist ein eigenes Kapitel in dem Buch, auf das über Reiter zugegriffen werden kann.

er das Ende des Buchzeitalters zugunsten der globalen Vernetzung der Gesellschaft vorhersagt. Ebenso der von dem ehemaligen Vizepräsidenten der USA, Al Gore, im Jahr 1993 geprägte Begriff *Information Highway* (dt. *Datenautobahn*). Und auch die im Zusammenhang mit dem WWW wohl am häufigsten benutzte Metapher, das *Internet Surfing*, existiert ausschließlich verbal. Sie wird auf den im Juni 1992 im *Wilson Library Bulletin* veröffentlichten Artikel *Surfing the Internet* von Jean Armour Polly zurückgeführt. Der Artikel ist eine Einführung in die Benutzung des World Wide Web. Die Autorin, eine amerikanische Bibliothekarin, beschreibt die Entstehung der in der Überschrift verwendeten Metapher auf ihrer Website: „In casting about for a title for the article, I weighed many possible metaphors. I wanted something that expressed the fun I had using the Internet, as well as hit on the skill, and yes, endurance necessary to use it well. I also needed something that would evoke a sense of randomness, chaos, and even danger. I wanted something fishy, net-like, nautical." (Polly 2004) Ebenfalls aus der Nautik stammt auch die Navigationsmetapher, die im Word Wide Web sehr häufig genutzt wird. Sie wird beispielsweise als Bezeichnung für die Auflistung auswählbarer Sektionen einer Website verwendet und ist im Namen des Webbrowsers der Firma Netscape enthalten.

Die Auswahl an konzeptuellen Systemmetaphern, die heute für Websites verwendet werden, ist äußerst vielfältig. Die meisten davon erfüllen ihre Aufgabe sehr gut. Eng mit der Buchmetapher verwandt ist beispielsweise die Pinnwandmetapher, die der Bierhersteller Hasseröder nutzt. Auch hier werden einzelne Sektionen als Papierblätter dargestellt, auf denen sich textliche Informationen befinden. Neben den Papieren hängen Fotos mit den Abbildungen zu den Texten. Auch die von Brenda Laurel favorisierte Theatermetapher findet sich beispielsweise auf der Website des Sängers Beck wieder, wenn auch in, gegenüber ihrer ursprünglichen Beschreibung, stark reduzierter Form. Dort sind alle Funktionen und Inhalte der Website in Form von Theaterkulissen umgesetzt. Der Getränkehersteller Nestea wiederum hat eine Insel als Systemmetapher gewählt. Buchten, Täler und Lichtungen auf der dicht bewaldeten Insel dienen als Sektionen, in denen der Nutzer virtuell Tee anpflanzen, ein Hamam besuchen oder Beachvolleyball spielen kann. Dagegen haben die Biermarken Heineken und Astra einen Musikclub in Amsterdam und die Kneipen auf dem Hamburger Kiez als reale Welt ihrer Zielgruppen identifiziert, deren Eigenschaften sie auf die Website übertragen. Die gewünschten Informationen erhält der Nutzer, indem er die abgebildeten Personen in textlicher Form anspricht und in ein möglichst ausführliches Gespräch verwickelt. Chatrooms, die zu den wenigen Metaphern zählen, die sich sowohl in sprachlicher als auch in bildlicher und struktureller Form weitgehend durchgesetzt haben, werden fast immer in Form von mehreren Räumen in einem einzelnen Gebäude oder einer ganzen Stadt dargestellt. Diese können von mehr oder weniger menschlich anmutenden Figuren betreten und wieder verlassen werden (Coke Studios, Disney's Toontown, Dubit Chat, Habbo Hotel, mokitown, Playdo, Virtual Ibiza, Virtual Magic Kingdom). An den genannten Beispielen wird besonders deutlich, dass das Bestreben, für Websites eine einheitliche Systemmetapher durchzusetzen, aus Sicht des Nutzers wenig sinnvoll ist. Das lässt nicht nur schon allein die Vielzahl der im World Wide Web über viele Jahre erfolgreich verwendeten Systemmetaphern vermuten. Es wird auch dadurch bestätigt, dass sich zwar nicht für Websites allgemein, sehr wohl aber für bestimmte Applikationen, Inhalte und Zielgruppen einheitliche Systemmetaphern durchsetzen. Denn je nachdem, für welchen Zweck und von welchen Personen eine Website genutzt wird, eignen sich jeweils ganz unterschiedliche Systemmetaphern besonders gut. Insofern die Verwendung einer Systemmetapher für eine Website vorgesehen ist, stellt deren sorgfältige Auswahl einen der wichtigsten Schritte bei der Konzeption einer Website dar.

Erweitertes Metaphernmodell

Lakoff und Johnson beschreiben in ihrer Theorie der konzeptionellen Metapher, dass ein Zielbereich Eigenschaften besitzen kann, die durch eine Metapher nicht abgebildet werden. Ist die Metapher entsprechend sorgfältig gewählt, führt das zu einem durchaus erwünschten Fokussierungseffekt und dadurch häufig zu einer Komplexitätsreduzierung. Ein großer Teil der Prozesse des Computersystems bleibt unsichtbar und der Nutzer kann sich auf wenige für ihn relevante Prozesse konzentrieren.

Jedoch ist es unmöglich, eine Systemmetapher zu finden, die alle benötigten und erwünschten Eigenschaften einer Computer-Applikation abbildet. Nicht nur, weil die meisten Anwendungen so komplex sind, dass in der realen Welt keine Entsprechung dafür besteht. Sondern weil eine computerbasierte Anwendung nur dann sinnvoll ist, wenn ein Nutzer mit ihr Aufgaben lösen kann, die in der realen Welt ohne die Anwendung gar nicht, oder nur mit sehr viel höherem Aufwand zu lösen wären. Menschen nutzen Computer gerade wegen ihres Unterschieds zur realen Welt. Das Bestreben, die Realität vollständig virtuell abzubilden, also die perfekte Virtual Reality, ist von vornherein zum Scheitern verurteilt, da es tatsächlich unmöglich ist. Denn eine Metapher, die alle Eigenschaften des eigentlichen Konzepts abbildet, kann nicht existieren. „Wäre nämlich die Strukturierung eine totale, dann wäre das Konzept identisch mit dem anderen […]." (Johnson u. Lakoff 1998) Selbst wenn bei der Konzeption eines interaktiven Systems eine ideale Systemmetapher gefunden wird, kann sie immer nur einen Ausschnitt der Eigenschaften des Systems abbilden. Für einen bestimmten Teil der Systemeigenschaften muss daher immer eine zusätzliche, von der Systemmetapher unabhängige Darstellung gefunden werden. In der Regel werden dazu autarke Einzelmetaphern genutzt. Teilweise werden auch mehrere Systemmetaphern miteinander kombiniert, oder es werden, wenn man davon ausgeht, dass das möglich ist, überhaupt keine Metaphern genutzt. Randall B. Smith, der heute als Berater bei Sun Microsystems arbeitet, prägte mit einer Arbeit am

Xerox PARC die Begriffe *literal features* als Bezeichnung für die Eigenschaften eines Systems, die durch die Systemmetapher übertragen werden, und *magic features* für diejenigen, die dadurch nicht übertragen werden, aber dennoch in dem System enthalten sind: „Literal features are defined to be those that are true to the interface's metaphor. […] Magical features are defined to be those capabilities that deliberately violate the metaphor in order to provide enhanced functionality." (Smith 1987) Da *wortgetreu* als die direkte Übersetzung von *literal* im Deutschen sehr viel enger gedeutet wird als im Englischen, übersetze ich zum besseren Verständnis die *literal features* mit *konzeptgetreue Eigenschaften*, die *magic features* jedoch sdirekt als *magische Eigenschaften*.

Die sicher populärste integrierende Einzelmetapher mit einer magischen Eigenschaft ist der Papierkorb innerhalb der Schreibtischmetapher des MacOS. Menschen, die dieses Betriebssystem das erste Mal nutzen, verstehen zwar in der Regel, dass der Papierkorb dem Löschen von Dokumenten dient. Sie erkennen aber in den meisten Fällen nicht, dass portable Laufwerke, wie beispielsweise eine Diskette, durch das Ziehen auf den Papierkorb automatisch aus dem Laufwerksschacht ausgeworfen werden. Diese magische Eigenschaft des MacOS-Papierkorbs zeigt noch ein weiteres, häufig auftretendes Problem von *magic features*. Denn oft überschreiten sie nicht bloß die Grenzen der Metapher, und verlieren ihre Nachvollziehbarkeit, sondern sie widersprechen ihr sogar. Selbst, nachdem ihnen die Funktion des Papierkorbs erklärt wurde, befürchten daher einige Nutzer des MacOS weiterhin, dass ihre Daten auf einem Wechsellaufwerk durch das Ziehen der Laufwerksabbildung auf den Papierkorb gelöscht werden, da das durch die Metapher impliziert wird.

Der den *magic features* entgegengesetzte Fall bleibt in der Betrachtung von Smith völlig unbeachtet. In der Praxis kommt es häufig vor, dass eine Metapher Eigenschaften ihres Ursprungsbereichs auf einem Zielbereich projiziert, die dort real gar nicht vorhanden sind. Dem Nutzer eines solchen Systems werden damit unter Umständen Funktionen kommuniziert, die in Wirklichkeit nicht bestehen. Seine entsprechenden Erwartungen an das System werden dadurch nicht erfüllt, was zu erheblichen Usability-Problemen führen kann. In Anlehnung an die Begriffe von Smith nenne ich solche durch eine Metapher auf ein System übertragene, aber dort nicht existierenden funktionale Eigenschaften *unechte Eigenschaften (fake features)*.

Abstraktionsgrad von Metaphern

Bei bildlichen Metaphern allgemein, und besonders bei denen von Computer-Interfaces, spielt der Grad der Abstraktion eine entscheidende Rolle. (Lohse et al. 1994) Ist eine bildliche Metapher zu abstrakt, kann der Nutzer ihren Ursprung nicht erkennen. Er erkennt daher auch nicht, dass es sich überhaupt um eine Metapher handelt. Ist eine bildliche Metapher aber zu konkret, wird sie für eine bloße Abbildung der Realität gehalten und ebenfalls nicht als Metapher verstanden. Letzteres führt dazu, dass

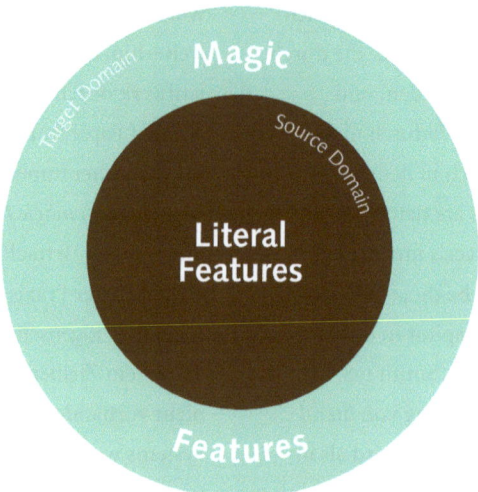

Die ideale Systemmetapher für ein Computersystem übeträgt die zentralen Eigenschaften der Source Domain auf die Target Domain. Die Schnittmenge der Eigenschaften der Target Domain und der Source Domain sind die literal features. Die magic features werden in der Regel durch zusätzliche Einzelmetaphern dargestellt.

Funktionale Eigenschaften, die von der Source Domain auf die Target Domain übertragen werden, aber dort gar nicht existieren, nenne ich fake features. Sie erzeugen unter Umständen erhebliche Usability-Probleme, da sie beim Nutzer Erwartungen wecken, die das Computersystem nicht erfüllt.

nur die *literal features* einer interaktiven Anwendung erkannt werden. Alle Funktionen, die über die der Ursprungsdomäne hinausgehen und die den eigentlichen Wert einer interaktiven Anwendung ausmachen, die so genannten *magic features*, bleiben dem Nutzer dann zumindest bei der ersten Nutzung verborgen. Für die Gestaltung eines Computer-Interfaces ist es daher besonders wichtig, auf eine möglichst offensichtliche Darstellung der Metaphern zu achten. Darauf wird auch in den Styleguides der gängigen Betriebssysteme hingewiesen: „Use metaphors that represent concrete, familiar ideas, and make the metaphors obvious, so that users can apply a set of expectations to the computer environment." (Apple 2006) Die Vermittelbarkeit der *magic features* hängt also nicht nur davon ab, welche Metapher gewählt wird, sondern vor allem auch davon, wie abstrakt die Darstellung der Metapher ist. Der deutlich erkennbare Trend bei der Gestaltung von Betriebssystemen, den schon jetzt sehr hohen Grad an Detaillierung und Naturalismus noch weiter zu steigern, führt dazu, dass visuelle Metaphern schlechter verstanden werden und widerspricht dadurch Usability-Kriterien wie beispielsweise der Selbstbeschreibungsfähigkeit. (Lohse et al. 1994) Auch der erwünschte Fokussierungseffekt, der durch die Verwendung einer Metapher beabsichtigt ist, wird durch eine zu reale Darstellung negativ beeinflusst. Zwar verbirgt eine sehr naturalistisch dargestellte Metapher weiterhin die für den Nutzer nicht relevanten Eigenschaften der *target domain*, in diesem Fall des Computersystems. Sie vermittelt dem Nutzer aber Eigenschaften der *source domain*, die überflüssig sind, da sie für ihn keine Relevanz haben und der Ursprung der Metapher auch ohne sie genauso gut zu erkennen ist. Dazu gehören zum Beispiel Materialeigenschaften der *source domain* wie Spiegelungen oder Transparenzen bei der Abbildung einer Musikanlage, mit der ein Mediaplayer dargestellt wird. Selbst wenn es sich dabei nicht um *fake features* in dem hier definierten Sinne handelt, wird eine Fokussierung auf die relevanten Eigenschaften des Computersystems dadurch erschwert.

Nutzen von Metaphern

Ist die Verwendung von Metaphern in Computer-Interfaces für den Menschen tatsächlich hilfreich? Das wird bereits seit Beginn des Erfolgs der Schreibtischmetapher von vielen Personen bezweifelt oder sogar verneint. Jef Raskin zerstreitet sich unter anderem wegen seiner Meinung zu diesem Punkt während der Entwicklung des *Apple Macintosh* mit Steve Jobs. „We must abandon the inherently modal desktop-and-applications style interface that is now prevalent. […] Desktops (or launching areas in general) should disappear as interfaces improve." (Raskin 2000) Später stellt er die Schreibtischmetapher als Ursache für den Erfolg des *Apple Macintosh* in Frage. Den Grund für die Verwendung grafischer User Interfaces und bildlicher Metaphern bei Computern allgemein und insbesondere bei dem *Apple Macintosh* sieht Raskin in der Technikverliebtheit der daran beteiligten Designer, denen nach Ansicht von Raskin durch seinen Weggang

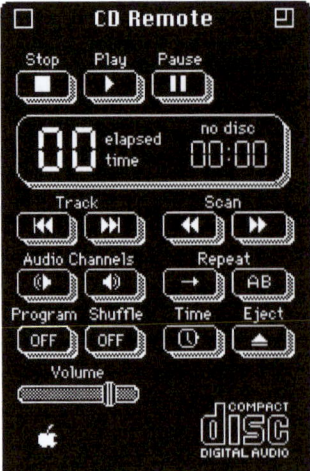

1989
CD Remote auf dem Apple System 5.0.2

1994
CD Player auf dem MacOS 8.1

2006
Skin für den Winamp Player auf Windows XP

Metaphern in Computer-Interfaces werden immer konkreter und detaillierter dargestellt, sehr gut zu erkennen am Beispiel des CD-Players als Metapher für Computer-Programme, die Audio-Dateien abspielen. Dies widerspricht der Einsicht, dass ein bestimmer Grad an Abstraktion bei Metaphern für die Erkennbarkeit förderlich ist und die Benutzbarkeit durch einen Fokussierungseffekt steigert. (Alle Abbildungen stehen im korrekten Größenverhältnis zueinander.)

von Apple Computers die fachliche Führung fehlt: „In my opinion, after I left […] the people who were designing it afterwards had less of an understanding of human factors. They just liked to play, and didn't care about the user as much as they cared about the joy of showing off technology." (Ubiquity 2002) Völlig von der Hand zu weisen ist die Kritik von Raskin nicht. Denn die bloße Demonstration der technischen Leistungsfähigkeit von Computern ist auch immer wieder ein Grund für bestimmte Entscheidungen bei der Gestaltung von Computer-Interfaces. Wenngleich die Ursache nicht Technikverliebtheit einzelner ist, sondern diese Entscheidung aus dem Marketing stammt. Der hohe Detaillierungsgrad der Abbildungen von Metaphern aktueller Betriebssysteme gehört zum Beispiel dazu.

Nachdem sich Raskin mehrere Jahre mit Psychologiestudien beschäftigt, kommt er zu dem Schluss, dass ein User Interface, das primär auf Metaphern basiert, den Nutzern die Arbeit damit unnötig erschwert, anstatt sie zu erleichtern. Denn seiner Ansicht nach muss die Bedeutung der bei Computern verwendeten bildlichen Metaphern erlernt werden, da sie kein Bestandteil der menschlichen Sprache sind. Eine allgemein verständliche Sprache, so Raskin, besteht ausschließlich aus Buchstaben: „There's a reason why humans invented phonetic languages where just a few symbols can be combined to produce any word." (Ubiquity 2002) Folglich sollte ein ideales Computer-Interface seiner Meinung nach vornehmlich textbasiert sein. Um seine eigenen Vorstellungen davon zu realisieren, gründet Raskin das *Raskin Center for Humane Interfaces*. Bis wenige Tage vor seinem Tod im Februar 2005 beteiligt er sich an der Programmierung von *Archy*, das auch *THE* (*The Humane Interface*) genannt wird. Zwei Merkmale sind besonders charakteristisch für die Bedienung von *Archy*. Zum einen wird dieses Computer-Interface ausschließlich über Textbefehle und Tastaturkürzel bedient. Um beispielsweise einen Textabsatz zu kopieren, bewegt der Nutzer mit der Tastatur des Computers den Curser zunächst an eine bestimmte Stelle im Text. Dann drückt er die ALT-Taste und markiert so diesen Punkt als Anfang der Auswahl. Auf die gleiche Weise markiert er als zweiten Schritt das Ende der Auswahl. Anschließend tippt er den Befehl *COPY* zum Kopieren des Textabschnitts ein. Um den Abschnitt an anderer Stelle wieder einzusetzen, wiederholt er die Schritte an einer anderen Stelle und schließt mit einem Befehl zum Einfügen des Textes ab. Bisher liegt nur eine Testversion mit einigen wenigen Textverarbeitungsfunktionen vor. Nach eigenen Angaben sind die Mitarbeiter des *Raskin Center for Humane Interfaces* damit in der Lage, Texte sehr viel schneller zu bearbeiten, als mit einem herkömmlichen Schreibprogramm. Ein Konzept, wie mit diesem System Bildbearbeitungen vorgenommen oder Zeichnungen erstellt werden können, existiert bisher nicht. Das zweite Merkmal dieses Interfaces ist das *Zooming*. Dateien werden nicht mehr in einem spezifischen Programm geöffnet, sondern liegen auf einer einzigen Fläche nebeneinander. Um eine Datei zu bearbeiten, zoomt der Nutzer in den entsprechenden Bereich hinein und nimmt seine Änderungen direkt an dem Dokument vor. Dieses Prinzip ist seit längerem als *ZUI* (*Zooming User Interface*) bekannt. In *Archy* ist solch eine Funktion bisher nicht umgesetzt. Mittlerweile gibt es aber einige Prototypen von Textverarbeitungsapplikationen mit einem *ZUI*, beispielsweise die Anwendung *ZoomDesk* von Duncan Jauncey.

Alan Cooper, der Autor mehrerer Fachbücher zum Thema Interface- und Interaction-Design, erklärt ausgerechnet mit einer – wenn auch verbalen – Metapher, wie wenig leistungsfähig diese seiner Ansicht nach sind. Für Cooper ist eine konzeptuelle Metapher als Grundlage für ein Computer-Interface eine Dampfmaschine zum Antrieb eines Flugzeugs („steam engine to power your airplane", Cooper 1995). Daher rät Cooper trotz der vielen sehr gut funktionierenden Beispiele allen Designern ebenso anschaulich davon ab, im Entwicklungsprozess einer interaktiven Anwendung auf Metaphern zurückzugreifen: „Look! Here's a twenty-dollar bill lying on the sidewalk. Of course I'll pick it up; I'd be a fool not to! But then, I'd be a bigger fool if I decided to make my living finding misplaced twenty-dollar bills." (Cooper 1995) Nach der Meinung von Cooper ist es reiner Zufall, wenn eine konzeptuellen Metapher von den Nutzern eines Computersystems richtig verstanden wird. So funktionieren seiner Ansicht nach die Abbildungen von Objekten aus der realen Welt in einem Computer-Interface lediglich als Zeichen („idoms"). Auch er ist wie Raskin der Meinung, dass diese erst erlernt werden müssen, um korrekt verstanden zu werden.

Ist nun zum Beispiel der viel zitierte Papierkorb auf dem Schreibtisch des MacOS eine Metapher, deren Bedeutung wir verstehen, ohne dass wir sie erst erlernen müssen, weil wir darin einen Gegenstand aus unserer alltäglichen Welt erkennen? Oder ist er ein auf Konventionen basierendes Zeichen, dessen Bedeutung erlernt werden muss, um es zu erkennen? Die Antwort ist recht einfach: der Papierkorb ist beides. Er ist sowohl eine Metapher als auch ein Zeichen. Einem unerfahrenen Nutzer dient die Abbildung eines Papierkorbs als Metapher. Er kann dessen Funktion verstehen, weil die Abbildung die Eigenschaften eines Papierkorbs aus der realen Welt auf das Computersystem überträgt. Für einen erfahrenen Nutzer dient die Abbildung als Zeichen. Er erkennt die Funktion des Papierkorbs aufgrund seiner Erfahrungen mit genau diesem Computer oder einer früheren Version des gleichen Systems oder von einem völlig anderen Betriebssystem, das ebenfalls einen Papierkorb beinhaltet. Daher sind metaphernbasierte Computer-Interfaces tatsächlich für jede Erfahrungsstufe geeignet und nicht nur, wie häufig geäußert, für Computerneulinge.

Allerdings sind auch einige Nachteile, die durch die Verwendung von Metaphern in User Interfaces entstehen, unbestritten. So sind Metaphern stark kontext-abhängig und zeitlich leicht vergänglich, besonders visuelle Metaphern. Denn eine Metapher funktioniert nur dann, wenn ihr Ursprungsbereich zum Alltag des Nutzers gehört und ihm dadurch dessen Eigenschaften bekannt und bewusst sind. Durch Veränderungen der Umwelt eines Menschen, beispielsweise durch technischen Fortschritt oder durch kulturelle Entwicklungen, verändert sich jedoch auch dessen Alltag. Die durch eine Metapher übertragenen Eigenschaften können dadurch für ihn unsichtbar werden.

Bei der Auswahl von Metaphern im Zuge der Konzeption und der Gestaltung einer interaktiven Anwendung ist es daher besonders wichtig, auf diesen Umstand Rücksicht zu nehmen. Metaphern, bei denen abzusehen ist, dass der Ursprung auch in der Zukunft weiterhin Bestand hat, eignen sich für die Verwendung in User Interfaces besonders gut. Damit eine Metapher nicht nur langlebig, sondern auch möglichst allgemeingültig ist, sollte der Ursprung der Metapher einer möglichst großen Gruppe von Menschen bekannt sein, besonders den potentiellen Nutzern der Anwendung. Wie ausgeprägt die Langlebigkeit und Allgemeingültigkeit einer solchen Metapher sein kann, zeigt die Schreibtischmetapher der meisten Betriebssysteme von Computern. Sie wird erfolgreich seit 25 Jahren ohne bedeutende Veränderungen nahezu überall auf der Welt genutzt.

Stellvertretend für viele andere weist Jakob Nielsen in seinem Buch *Designing Web Usability* darauf hin, dass bei der Entwicklung einer Website die Gefahr besteht, sich bei konzeptionellen und gestalterischen Entscheidungen zu sehr nach der Metapher und zu wenig nach den zu Beginn des Projekts festgelegten eigentlichen Anforderungen zu richten. Daher sollte man bei der Verwendung von Metaphern stets im Auge behalten, dass diese kein Selbstzweck sind, sondern der Erfüllung von Anforderungen dienen. (Nielsen 2001)

Der Buchmetapher sehr ähnlich ist die von dem Bierhersteller Hasseröder gewählte Systemmetapher einer Pinnwand. Jede Sektion wird als ein Blatt Papier dargestellt, aktuelle Meldungen erscheinen als Polaroid-Fotos, die mit einer Stecknadel an der Pinnwand befestigt sind.

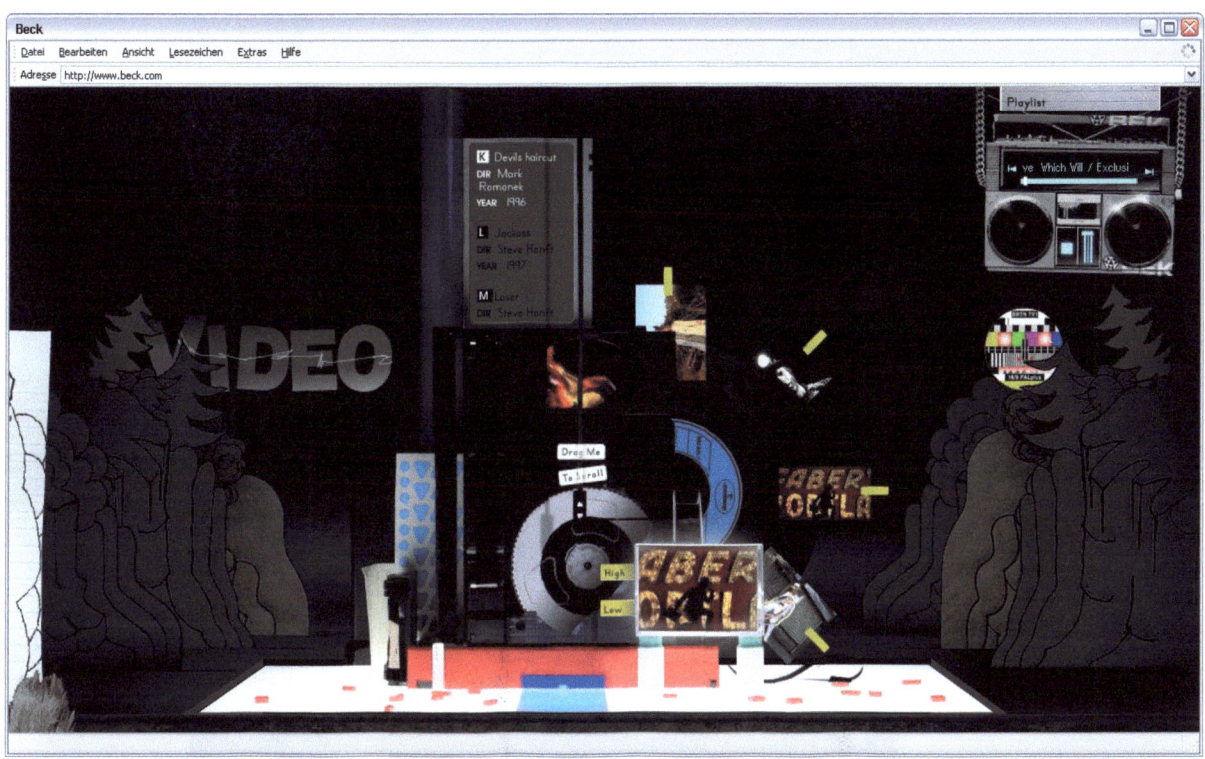

Die Website des Sängers Beck verwendet die von Brenda Laurel favorisierte Theatermetapher, wenn auch nicht in dem gesamten, von Laurel beschriebenen Umfang. Zahlreiche mehr oder weniger abstrakt dargestellte Einzelmetaphern, die im wirklichen Leben in keinem Zusammenhang stehen, werden in der Systemmetapher der Theaterbühne nebeneinander präsentiert, ohne dass es für den Nutzer ungewöhnlich erscheint, da er dieses Prinzip aus dem realen Theater kennt.

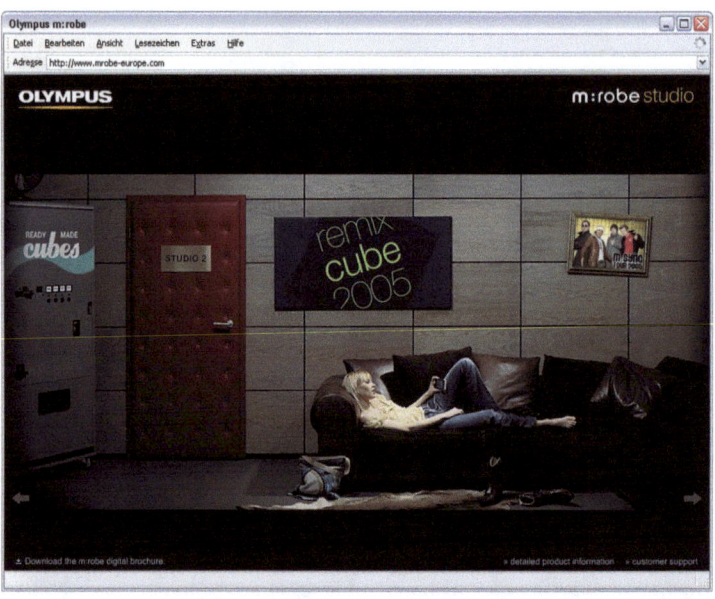

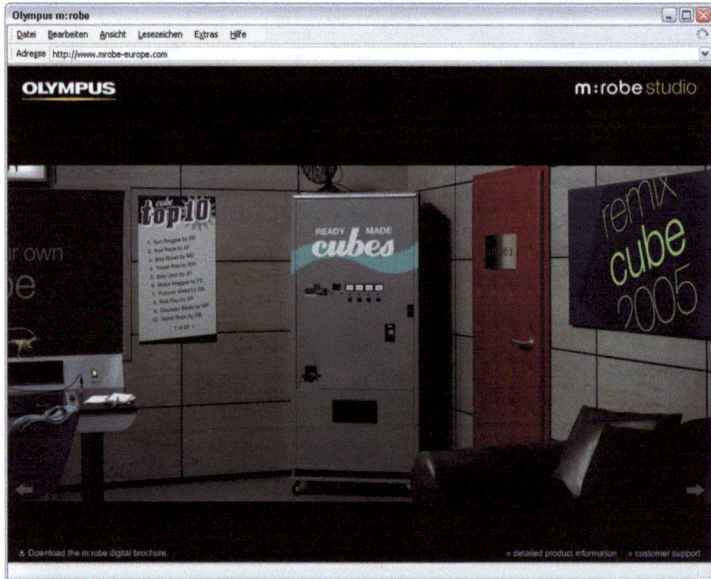

Auf dieser Kampagnen-Website für den Multimedia-Player m:robe von Olympus wird ein Musikstudio als Systemmetapher eingesetzt. Der Nutzer bewegt sich durch eine fotorealistische, dreidimensionale Umsetzung. In jedem Raum wird eine der Funktionen der m:robe-Software erklärt.

Die Website als Insel. Nachdem der Nutzer Bürger der Nestea Nation geworden ist, kann er verschiedene Orte auf der Insel besuchen, um dort Produktinformationen zu erhalten, Beachvolleyball zu spielen, ein Hamam zu besuchen, Tee anzupflanzen oder an Preisausschreiben teilzunehmen.

Der Bierhersteller Heineken hat gemäß seiner Zielgruppe als Systemmetapher einen Musikclub gewählt. An die gesuchten Informationen gelangt der Nutzer, indem er einen Dialog mit den dort abgebildeten Personen beginnt.

Auf der Website der Biermarke Astra dient eine eine Seitenstraße der Hamburger Reeperbahn als Systemmetapher. Neben dem der Zielgruppe entsprechenden Ambiente werden hier auch noch lokale Eigenschaften wie beispielsweise der Dialekt übertragen.

Das Habbo Hotel ist für Nutzer im Alter von 13 bis 16 Jahren konzipiert. Diese Website verwendet als Systemmetapher ein Hotel, das dreidimensional abgebildet ist. Ein Nutzer stellt sich eine Figur zusammen, die ihn auf dieser Website repräsentiert. Er kann in eine große Zahl verschiedener Räume gehen, um dort mit anderen Nutzern zu chatten. Es ist auch möglich, einen eigenen Raum zu beziehen und diesen mit Möbeln auszustatten.

Das Virtual Magic Kingdom (VMK) ist ein Chat für Kinder von 8 bis 14 Jahren. Als Systemmetapher wird ein Disney Theme Park eingesetzt. Jeder Nutzer wird durch die Figur eines Jungen oder Mädchens dargestellt, die er nach eigenen Wünschen gestalten kann. Damit lassen sich verschiedene Plätze und Gebäude des virtuellen Parks aufsuchen, um dort mit anderen Nutzern kurze Textnachrichten auszutauschen.

Die Dexia Art Gallery nutzt ein Gebäude als Systemmetapher. Der Nutzer kann auf verschiedenen Stockwerken von unterschiedlichen Standpunkten aus die Bilder der Galerie betrachten.

Auf der Website für den Verkauf von Häusern in der englischen Siedlung Chimney Pot Park werden zwei verschiedene Systemmetaphern miteinander kombiniert. Die Hauptsektionen der Website werden durch eine Buchmetapher dargestellt, Sektionen mit detaillierten Informationen durch imaginäre Bewohner der Siedlung.

Mentale Modelle

Der Psychologieprofessor Philip N. Johnson-Laird prägt 1983 in seinem Buch *Mental Models* den Begriff des mentalen Modells, um damit die Wahrnehmung und Verarbeitung von Informationen durch den Menschen zu erklären. (Johnson-Laird 1983) Demnach erzeugt der Mensch stets ein stark reduziertes und abstrahiertes Bild der Wirklichkeit auf Basis seiner bisherigen Beobachtungen und Erfahrungen. Dieses Bild ist in den meisten Fällen unvollständig, teilweise inkonsistent und sogar unlogisch, widerspricht unter Umständen wissenschaftlichen Erkenntnissen und ist zudem höchst individuell. (Norman 1983) Es enthält aber alle relevanten Eigenschaften der Realität, um daraus sinnvolle Handlungen abzuleiten. Der Unvollkommenheit mentaler Modelle ist sich der Mensch durchaus bewusst. Dennoch ist er damit in der Lage, das Verhalten sehr komplexer und sogar völlig unbekannter Systeme zu verstehen und vorherzusagen und sie dadurch korrekt zu nutzen. Um nicht unentwegt neue mentale Modelle entwickeln zu müssen, speichert der Mensch einmal erstellte Modelle in seinem Gedächtnis ab. Sieht er sich dann einem bisher nicht bekannten System gegenüber, so versucht er zunächst, ein abgespeichertes mentales Modell auf das System anzuwenden. Eignet sich keines der abgespeicherten Modelle, um das System zu erklären, modifiziert er ein bestehendes mentales Modell und passt es dem System an. Erst wenn ihm auch das nicht gelingt, erstellt er ein neues mentales Modell. Diese Vorstellung vom menschlichen Denken ist für die Websitekonzeption von sehr großer Bedeutung. Zum einen wird damit offensichtlich, dass das Verstehen einer interaktiven Anwendung erleichtert werden kann, wenn die Anwendung einem bereits bestehenden mentalen Modell des Nutzers entspricht. Zum anderen bedeutet es, dass sich ein Mensch eine Anwendung grundsätzlich auch dann erklären kann, wenn sie für ihn bisher völlig unbekannt ist. Hier kann das Verständnis erleichtert werden, wenn die Gestaltung der Anwendung die Bildung eines mentalen Modells unterstützt.

Donald Norman, Mitbegründer der Nielsen Norman Group, früherer Vizepräsident von Apples Advanced Technology Group und heutiger Professor für Computerwissenschaften und Psychologie an der Northwestern University in Evanston, Chicago, beginnt etwa zur gleichen Zeit wie Johnson-Laird, über mentale Modelle zu schreiben. Während Johnson-Laird sich primär theoretisch mit dem Thema beschäftigt, ist Norman dafür bekannt, die Bedeutung mentaler Modelle vor allem in der praktischen Anwendung zu betrachten. So erklärt Norman sehr anschaulich an dem Beispiel einer Fahrt mit dem Auto durch eine Kurve, dass ein und dasselbe System völlig unterschiedlich genutzt wird, je nach dem, welches mentale Modell der Nutzer von dem System hat. (Parush 2004) Das mentale Modell der meisten Autofahrer von der Funktion eines Gaspedals ist, dass es, wenn es getreten wird, mittels der Kraft des Motors die Geschwindigkeit eines Autos erhöht. Das Bremspedal wird in ähnlicher Weise bedient und verringert, durch die Reibung der Bremsbeläge, die Geschwindigkeit eines Autos. Ein Drehen am Lenkrad verursacht das Einschlagen der Vorderräder, wodurch sich die Fahrtrichtung des Autos in die Richtung ändert, in die das Lenkrad gedreht wird. Aus der Kombination dieser Systemkomponenten ergibt sich für eine Kurvendurchfahrt, dass Gas- und Bremspedal dazu dienen, die Geschwindigkeit einzustellen, mit der ein Auto eine Kurve durchfährt. Mit dem Lenkrad wird bestimmt, in welche Richtung und in welchem Radius die Kurve durchfahren wird. Ein Rennfahrer aber hat ein völlig anderes mentales Modell von einer Kurvendurchfahrt. In seinem Modell dient das Lenkrad dazu, die mit dem Gas- und dem Bremspedal erzeugten Längs- und Querbeschleunigungskräfte des Autos auf die einzelnen Räder zu verteilen. Aus der Summe der Kräfte leitet sich die Geschwindigkeit des Autos ab. Das Verhältnis der Kräfte auf den einzelnen Rädern zueinander bestimmt die Richtung des Autos. Dieses mentale Modell eines Rennfahrers führt in bestimmten Situationen zu einer Nutzung des Lenkrads, die dem Modell der meisten anderen Autofahrer völlig widerspricht. So ist vor allem bei Rallyefahrern häufig zu beobachten, dass sie eine Linkskurve mit nach rechts eingeschlagenen Rädern durchfahren, obwohl nach dem zuerst beschriebenen mentalen Modell nach rechts eingeschlagene Vorderräder eine Änderung der Fahrtrichtung nach rechts zur Folge hätten.

Besonders gut zu bedienende interaktive Anwendungen entstehen, wenn bereits bei deren Konzeption die mentalen Modelle der Nutzer berücksichtigt werden. Norman hat den dafür notwendigen Prozess in einem Modell dargestellt, in dessen Mittelpunkt drei verschiedene so genannte mentale Bilder („mental images") des Systems stehen. Zum einen das *designer's conceptual model*, das der Entwickler von einem System hat. Dann das *user's mental model*, das mentale Modell, das der Nutzer auf das System anwendet. Und schließlich das *system image*, das Interface des Systems, das das *designer's conceptual model* abbildet. (Norman 1983) Für den Designer besteht demnach das Ziel darin, das *system image* so zu gestalten, dass der Nutzer dadurch ein mentales Modell auf das System anwendet, das mit dem *designer's conceptual model* identisch ist. (Norman u. Drapner 1986) Dieses Modell von Norman ist heute Grundlage für die Entwicklungsprozesse interaktiver Anwendungen in allen in dieser Hinsicht bedeutenden Unternehmen. So ist zum Beispiel eines der *Human Interface Design Principles* in den *Apple Human Interface Guidelines* „Reflect the User's Mental Model". (Apple 2006)

Mentale Modelle unterscheiden sich von Metaphern vor allem dadurch, dass sie zwar auf allgemeinen Beobachtungen und Erfahrungen des Nutzers basieren, aber dennoch keinen direkten Bezug zu einer konkreten Alltagssituation benötigen. Je nach der grundsätzlichen Meinung über Metaphern wird heute davon ausgegangen, dass die Bildung von mentalen Modellen durch Metaphern unterstützt wird. Für Apple Computers bilden Metaphern sogar die Basis für die mentalen Modelle des Nutzers von einer Computeranwendung: „Metaphors are the building blocks in the user's mental model of a task." (Apple 2006)

Von Beginn an ist die Idee der mentalen Modelle grundsätzlich umstritten. Besonders das Fehlen einer wissenschaftlichen Methode, mentale Modelle zu beschreiben, wird bemängelt. (Leiser 1992) Zudem ist heute erwiesen, dass Menschen Informationen zumindest nicht ausschließlich mit Hilfe mentaler Modelle verarbeiten.

Der Begriff des mentalen Modells wird heute recht inflationär genutzt, so dass Norman die Idee des mentalen Modells mittlerweile als wissenschaftliche Folklore („folklore of science") bezeichnet, da sie zwar allgemein anerkannt ist, aber häufig nicht richtig verstanden und vor allem sehr unterschiedlich ausgelegt und beliebig erweitert wird. (Parush 2004) So wird im Gegensatz zu der Definition von Norman, in der ein mentales Modell die Aktionen eines Systems („operation of the system") beschreibt, besonders im Bereich der Websitekonzeption zusätzlich von einem semantischen oder auch strukturellen mentalen Modell gesprochen, womit die Vorstellung des Nutzers von der Inhaltsstruktur einer interaktiven Anwendung gemeint ist. (Khazali 2005)

User Experience

Der Begriff Experience Design ist mittlerweile seit mehreren Jahren geläufig und wird in fast allen Designdisziplinen verwendet, besonders im Bereich der Gestaltung interaktiver Anwendungen. Um den Bezug zum User Centred Design deutlich zu machen, wird dort meistens von der User Experience gesprochen. Es gibt zahlreiche verschiedene Definitionen der User Experience. (Moorville 2004, Goulden u. McGroary 2003, Garrett 2002, Nielsen 1993) Ihnen allen ist gemeinsam, dass der Fokus nicht mehr ausschließlich auf Effektivität und Effizienz der Nutzung einer Applikation liegt, sondern um zusätzliche, vom Nutzer wahrgenommene Aspekte erweitert ist. Davor wird lange Zeit lediglich die Schnittstelle zwischen einer Maschine und dem Menschen, der die Maschine bedient, betrachtet. Gestaltet wird lediglich die für den Nutzer sichtbare Oberfläche der Maschine, das User Interface (UI), auf dem die Funktionen der Maschine sichtbar gemacht werden. Die Gestaltung dieser Nutzeroberfläche wird entsprechend User Interface Design (UID) genannt. Da mit der Zeit die Funktionen interaktiver Anwendungen, die notwendigen Dateneingaben durch den Nutzer und die Datenausgaben durch die Maschine immer komplexer werden, gerät die Interaktion zwischen Mensch und Maschine stärker in das Blickfeld der Gestalter. Entsprechend wird vom Human Computer Interaction Design (HCID) gesprochen.

Nur sehr wenige Modelle der User Experience sind detailliert ausgearbeitet. Und ein großer Teil davon entpuppt sich bei genauerer Betrachtung zudem lediglich als Ergänzung der Nutzeroberflächengestaltung (UID) um zusätzliche Ebenen, wie beispielsweise das Modell von Jesse James Gerrett: „Strategy is where it all begins. [...] Scope transforms strategy into requirements. [...] Structure gives shape to scope. [...] Skeleton makes structure concrete. [...] Surface brings everything together visually." (Garrett 2002) Im Industrial Design wird dagegen seit vielen Jahrzehnten eine Designtheorie entwickelt, die wertvolle Ansätze für das Design interaktiver Anwendungen bietet.

Produktfunktionen

Dass die Gründe, aus denen Menschen Objekte nutzen, nicht beschränkt sind auf die möglichst effektive und effiziente Lösung eines praktischen Problems, wird im Industrial Design bereits vor mehr als siebzig Jahren thematisiert und seit etwa vierzig Jahren in aller Öffentlichkeit ausgiebig und sehr anschaulich diskutiert. Anfang der 1960er Jahre sind in Europa Industrieprodukte, deren Gestaltung sich kompromisslos an der praktischen Nutzung orientiert, in der Gesellschaft zwar nicht besonders stark verbreitet, aber unter dem Namen *Die Gute Form* oder *Bel Design* höchst populär. Diese häufig auch als Funktionalismus bezeichnete Art der Gestaltung wird auf die holländische Künstlergruppe *De Stijl* zurückgeführt, die Theo van Doesburg 1917 in Leiden gründet. Zu den weiteren Gründungsmitgliedern zählen unter anderem der Maler Piet Mondrian sowie die Architekten Johannes Jacobus Pieter Oud und Gerrit Thomas Rietveld. Die Mitglieder der Gruppe möchten die Möglichkeiten der zunehmenden Industrialisierung nach der Jahrhundertwende nutzen, um eine breite Bevölkerungsschicht mit hochwertigen Gebrauchsgegenständen auszustatten. Auch wenn es zunächst den Anschein macht, verfolgen sie dabei keinesfalls sozialistische oder kommunistische Ideen. Der Kommunismus ist in ihren Augen eine „genauso bürgerliche Angelegenheit wie der parlamentarische Sozialismus: Kapitalismus in anderer Form," ein „Zustand, der überwunden werden muss." (Doesburg 1923) *De Stijl* möchte mit Kunst und der Gestaltung von Industrieprodukten eine Gesellschaftsform fördern, die allen damals bekannten politischen Systemen überlegen ist. Bei Produkten sollen ausschließlich Herstellungsprozess und praktische Nutzung die Gestaltung bestimmen. Das formuliert van Doesburg in Gegensatzpaaren wie „Wahrheit statt Schönheit" und „logische Konstruktion statt lyrische Konstellation". (Doesburg 1921) Die Gruppe zeigt vor allem an Entwürfen von Möbeln, wie sich ihre Ideen praktisch umsetzen lassen. Sicherlich am bekanntesten ist Rietvelds *rot-blauer Stuhl*, der in der ursprünglichen Version aus unlackiertem Buchenholz besteht und neben zwei flachen Holzplatten ausschließlich aus gerade Leisten mit handelsüblichen Querschnitten gefertigt ist. Bemerkenswert ist neben der Erscheinung des Stuhls an sich, dass Rietveld lediglich Proportionen definiert und keine fixen Maßangaben macht, um mögliche Unterschiede bei den üblichen Lattenmaßen zu berücksichtigen, weil diese beispielsweise regional variieren, oder sie sich mit der Zeit ändern. Nach dem gleichen Prinzip sind heute zahlreiche Websites gestaltet.

Im Jahr 1920 entsteht ein erster Kontakt mit dem zu dieser Zeit unter Johannes Itten vor allem handwerklich ausgerichteten *Bauhaus* in Weimar. Durch die Unterstützung des *Bauhaus*-Gründers Walter Gropius setzen sich die Ideen des *De Stijl* in Weimar immer stärker durch. Doesburg bemüht sich zwar vergebens um eine Berufung, ihm gelingt es jedoch mit dem Angebot von eigenen Kursen, die Schüler des *Bauhaus* von den *De Stijl*-Idealen zu überzeugen und entscheidenden Einfluss auf die Weiterentwicklung des *Bauhaus* zu nehmen. Mit der Ablösung Ittens und der Berufung des ungarischen Malers und Grafikers László Moholy-Nagy im Jahr 1923 beginnt am *Bauhaus* endgültig die Phase des Funktionalismus.

Umstritten war die funktionalistische Phase des *Bauhaus* von Anfang an. Als Hannes Meyer 1930 als damaliger Direktor das *Bauhaus* verlässt, beklagt er in einem offenen Brief die seiner Ansicht nach wirklichkeitsfremde Arbeitsweise: „Inzüchtige Theorien versperrten jeden Zugang zur lebensrichtigen Gestaltung. […] Überall erdrosselte die Kunst das Leben." (Wingler 1962) Jedoch erst durch seine recht weite Verbreitung in den 1960er Jahren erlangt der Funktionalismus zunehmend Aufmerksamkeit. Im Jahr 1966 gründen sich in Florenz die beiden Gruppen Archizoom und Superstudio. Mit sehr plakativen, zunächst visionären Entwürfen kritisieren sie das ihrer Ansicht nach Unzureichende und Unmenschliche des reinen Funktionalismus. Zusammen mit weiteren Gruppen begründen sie das *Radical Design* als Gegenbewegung zum *Bel Design*. Zur gleichen Zeit wird das deutsche Pendant, *die Gute Form*, zwar nicht ganz so bunt, aber ebenso deutlich kritisiert, zum Beispiel von Theodor Adorno in seiner Rede vor dem Berliner Werkbund im Oktober 1965: „Das Unzureichende der reinen Zweckform ist zutage gekommen, ein Eintöniges, Dürftiges, borniert Praktisches." (Adorno 1967) Die Debatte hält etwa zwanzig Jahren an und erreicht ihren effektvollen Höhepunkt mit dem Redesign zahlreicher klassischer Möbelentwürfe, des *Bauhaus* und der *Ulmer Kunsthochschule* durch die zweite Generation italienischer und deutscher Gruppen des so genannten Anti- oder Gegendesigns. Die Mailänder Gruppe *Alchemia*, der unter anderem Ettore Sotsass und Alessandro Mendini angehören, bespannt beispielsweise Marcel Breuers Stahlrohrsessel *Wassily* anstelle von schwarzen Lederbahnen mit farbigem, wölkchenförmigem Kunststoff. Die in Düsseldorf tätige Gruppe *Kunstflug* ersetzt 1989 einen Teil des Ulmer Hockers von Max Bill durch einen rosa lackierten Schemel und nennt ihn *Max Schrill*. Einige Jahre zuvor prägen sie anlässlich einer Ausstellung den

Begriff *Neues Deutsches Design*, der später als Bezeichnung für die bekannteste deutsche Gruppierung des Anti-Designs verwendet wird, die zu dieser Zeit besonders in Berlin aktiv ist. Die Bearbeitungen klassischer Entwürfe machen zum einen darauf aufmerksam, dass die Anforderungen der Nutzer über einen rein praktischen Nutzen hinausgehen, so wie es der Berliner Designer Michael Syniuga sehr anschaulich erklärt: „Möbel müssen funktionieren, nicht nur unterm Arsch, sondern auch im Kopf und in der Seele. […] Und wenn der Mensch sich nur am Anblick eines Stuhls erfreut […], so hat dieser Stuhl seine Funktion erfüllt." (von Bonien 1985) Vor allem aber zeigen die Redesigns der Möbelklassiker, dass der Funktionalismus vor allem ein Formalismus ist. Denn auf den Redesigns lässt es sich nicht schlechter sitzen als auf den Originalen, da lediglich dekorative Veränderungen vorgenommen wurden. Die streng geometrische Formgestaltung vieler funktionalistischer Produkte ist mit dem Funktionalismus selbst nicht zu begründen. „Fast jeder Verbraucher wird das Unpraktische des erbarmungslos praktischen an seinem Leib schmerzhaft gespürt haben; daher der Argwohn, was dem Stil absagt, sei bewusstlos selber einer." (Adorno 1967)

Neben der Kritik an den im Namen des Funktionalismus entstandenen Entwürfen wird daher vor allem auch das Fehlen einer exakten Definition des Begriffs kritisiert. Jochen Gros, ehemaliger Professor für Designtheorie an der Hochschule für Gestaltung in Offenbach, veröffentlicht 1973 an der damals noch *Staatliche* genannten Hochschule für Bildende Künste Braunschweig sein Buch *Erweiterter Funktionalismus und Empirische Ästhetik.* Darin stellt er zunächst fest: „Der Funktionalismus aber hat nicht einmal seinen eigenen Namen ausreichend definiert." (Gros 1973) Diese Definition holt Gros im Rahmen seiner Betrachtung des so genannten *Erweiterten Funktionalismus* nach, „jener Gestaltungsauffassung, deren Vertreter sich darum bemühen, möglichst viele produktbestimmende Faktoren ausfindig zu machen und zu berücksichtigen." (Müller-Krauspe 1969) Sein Modell der Funktionen von Industrieprodukten leitet er von dem Funktionsbegriff des tschechischen Literaturtheoretikers Jan Mukařovský ab, der damit Kunstwerke analysiert. Mukařovský definiert Folgendes: „Dies ist nach unserer Annahme die Typologie der Funktionen: zwei Gruppen, nämlich die unmittelbaren und die zeichenhaften Funktionen, die sich weiter gliedern; die unmittelbaren in die praktischen Funktionen und in die theoretische Funktion, die zeichenhaften in die symbolische und in die ästhetische Funktion. Wir sprechen von den praktischen Funktionen im Plural, von der theoretischen, symbolischen oder ästhetischen jedoch im Singular." (Mukařovský 1970) Gros geht davon aus, „dass Designobjekte für den Konsumenten kaum eine theoretische Funktion erfüllen." (Gros 1973) Demnach hat also ein Industrieprodukt praktische Funktionen, eine symbolische Funktion und eine ästhetische Funktion, wobei die beiden letzteren von Gros als zeichenhafte Funktionen zusammengefasst werden. „Als praktische Funktionen gelten alle Relationen zwischen einem Designobjekt und

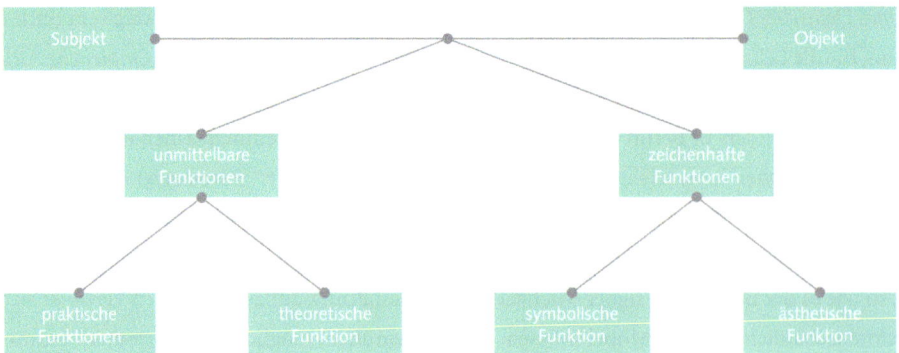

Die Funktionen eines Kunstwerks, wie sie der tschechische Literaturtheoretiker Jan Mukařovský definiert:
„Dies ist nach unserer Annahme die Typologie der Funktionen: zwei Gruppen, nämlich die unmittelbaren und die zeichenhaften Funktionen, die sich weiter gliedern; die unmittelbaren in die praktischen Funktionen und in die theoretische Funktion, die zeichenhaften in die symbolische und und in die ästhetische Funktion. Wir sprechen von den praktischen Funktionen im Plural, von der theoretischen, symbolischen oder ästhetischen jedoch im Singular." (Mukařovský 1970)

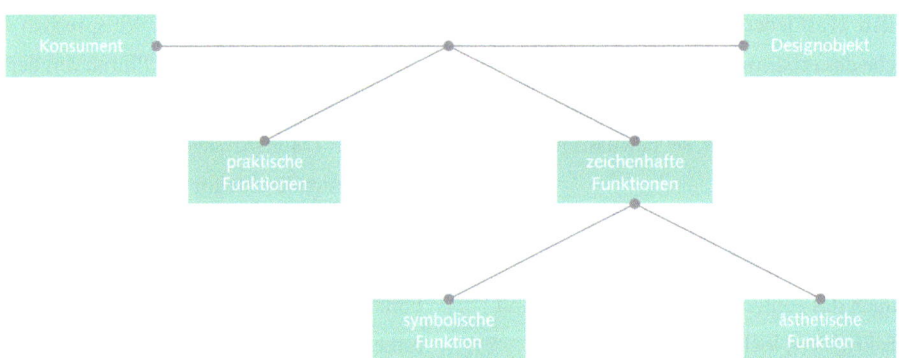

Die Funktionen eines Designobjekts, durch Jochen Gros abgeleitet von der Funktionsdefinition Mukařovskýs. (Gros 1973)

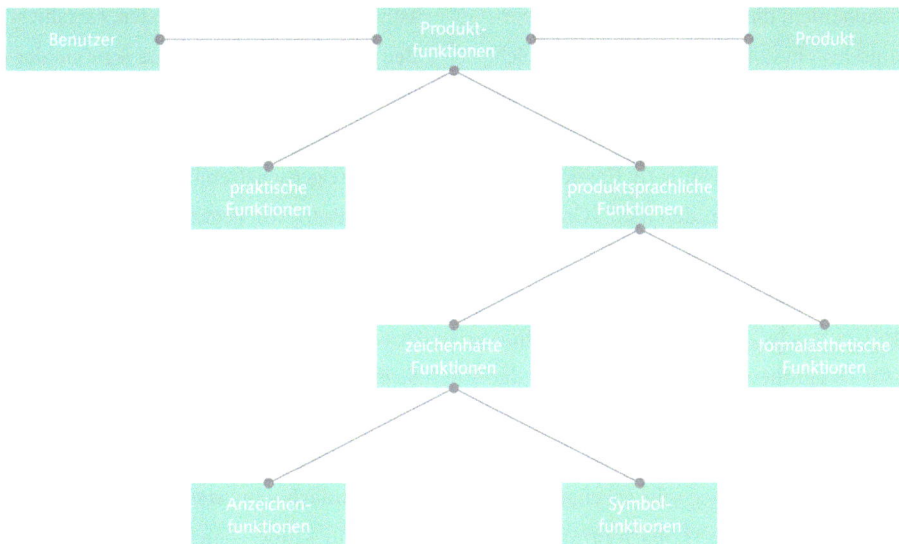

Die Erweiterung und Differenzierung des Modells der Produktfunktionen zur Theorie der Produktsprache, dem so genannten Offenbacher Ansatz. (Gros 1983)

einem Konsumenten, die auf unmittelbare körperliche, organische, physiologische Wirkung abzielen. […] Um die symbolische Funktion zu beschreiben, halte ich mich an den Sprachgebrauch, wie er in der Philosophie des Symbolismus (E. Cassierer, S. Langer) […] Eingang gefunden hat." (Gros 1973) Die symbolische Funktion eines Produkts betrifft damit vor allem die „geistigen […] und sozialen Aspekte des Gebrauchs", so Bernd Löbach, heute Professor für Designtheorie und -geschichte an der HBK Braunschweig. Er beschreibt drei Jahre nach Gros in seinem Buch *Industrial Design* die von Gros definierten Produktfunktionen sehr anschaulich anhand zahlreicher Beispiele. (Löbach 1976) Gros nennt im Zusammenhang mit der symbolischen Funktion eines Produkts Aspekte wie „Gruppenzugehörigkeit" und „Status". Die ästhetische Funktion schränkt Gros auf die Formalästhetik ein, da „das inhaltlich-symbolische Moment der ästhetischen Wahrnehmung gesondert betrachtet wird." Entsprechend sind mit der ästhetischen Funktion alle Aspekte der „Gestaltwahrnehmung" gemeint, „wie Komplexität, Symmetrie", die unabhängig von ihrer inhaltlichen Bedeutung betrachtet werden. (Gros 1973) Auch der Industrial Designer und Buchautor Gerhard Heufler betont später „die Gestalt" als „zentralen Begriff in der Ästhetik. […] Diese wird zusammengesetzt aus den Gestaltelementen Form, Material, Oberfläche und Farbe," sowie ihren „ordnenden Bezügen" zueinander. (Heufler 1987)

Um die nicht-praktischen Funktionen eines Produkts, die Symbolfunktionen und die Formalästhetik, quantitativ zu messen, extrahiert Gros am Beispiel des Stereo-Receivers *regie 510* der Firma Braun aus mehreren Nutzerbefragungen verschiedene mögliche Eigenschaften eines Produkts. Diese Produkteigenschaften beschreibt er in Form zahlreicher Paare von gegensätzlichen Begriffen, die er wiederum in verschiedenen Gruppen zusammenfasst, wie zum Beispiel:

Sicherheit
- kompliziert – einfach
- übersichtlich – unübersichtlich
- verständlich – unverständlich
- auch für Kinder – nicht für Kinder
- lange Lebensdauer – kurze Lebensdauer

Gefühlsbindung
- gefühlvoll – nüchtern
- warm – kalt
- lebensfreudig – trist
- Überlegenheit – Partnerschaft
- Arbeit – Sexualität

Komplexität
- leer – überladen
- verziert – kahl
- verwirrend – langweilig
- monoton – chaotisch
- schlicht – vielfältig (Gros 1973)

Dann analysiert Gros in mehreren empirischen Untersuchungen einen Soll-Wert, indem er den Wunsch nach jeder dieser Eigenschaften bei einem

Stereo-Receiver auf einer siebenteiligen Skala zwischen den Begriffen feststellt. Anschließend ermittelt Gros durch weitere Befragungen den Ist-Wert dieser Eigenschaften bei dem Stereo-Receiver *regie 510*. Und schließlich erstellt Gros eine Gewichtung der verschiedenen Gruppen von Produkteigenschaften, ebenfalls mittels Befragungen. Nach diesen Untersuchungen von Gros haben im Jahr 1973 bei einem Stereo-Receiver die symbolischen Funktionen ein Gewicht von 22%, die ästhetischen Funktionen von 8%, die ansonsten nicht weiter betrachteten praktischen Funktionen haben einen Anteil von 70%. Die unter dem Begriff *Sicherheit* zusammengefasste Gruppe von Produkteigenschaften hat beispielsweise einen Anteil von 30% der ästhetischen Funktionen, die Gruppe *Komplexität* zum Beispiel hat einen Anteil von 50% der ästhetischen Funktionen. Aus der Bewertung der Produkteigenschaften und deren Gewichtung errechnet Gros den absoluten Wert der *symbolischen Gebrauchstauglichkeit* und der *ästhetischen Gebrauchstauglichkeit* des Receivers *regie 510*: „Aus den […] Daten lässt sich eine Gesamtnote für die Gebrauchstauglichkeit der nicht-praktischen, der zeichenhaften Funktionen, d.h. der symbolischen und der ästhetischen Funktionen errechnen." (Gros 1973)

Zwei weitere Merkmale sind in dem Modell von Gros von entscheidender Bedeutung. Zum einen ist dies die Simultanität der Funktionen, „und zwar kann jedes Designobjekt zugleich praktische, symbolische und ästhetische Funktionen erfüllen." (Gros 1973) Zum anderen die Unvermeidbarkeit der Funktionen. Jedes Produkt hat grundsätzlich immer alle der aufgeführten Funktionen. So kann man beispielsweise nicht verhindern, „bewusst oder unbewusst die ästhetische Funktion mitzubestimmen," selbst wenn man sich ausschließlich auf die Gestaltung der praktischen Funktion konzentriert. (Löbach 1976) Augenscheinlich demonstriert das 1934 die Ausstellung *Machine Art* im Museum of Modern Art in New York. Unter anderem wird dort wegen seiner ästhetischen Funktionen ein 8½"-Kugellager der Firma SFK Industries als Kunstobjekt ausgestellt, dessen Gestaltung aber ausschließlich durch die praktische Funktion bestimmt ist, da es normalerweise unsichtbar verbaut wird.

Offensichtlich wird die Unvermeidbarkeit ästhetischer Funktion auch in der Diskussion über die ästhetisch neutrale, ungestaltete Form. Dieter Rams ist über 35 Jahre lang Leiter der Designabteilung bei Braun und zeigt sich verantwortlich für zahlreiche der minimalistisch gestalteten Produktlinien; später ist er Professor für Industriedesign an der Hochschule für Bildende Künste in Hamburg. Als Voraussetzung für „gutes Industrie-Design" nennt er eine „neutrale ästhetische Qualität". (Rams 1981) „Die Gestaltarmut, die Einfachheit vieler Braun-Geräte ist der bewusste Verzicht auf eine willkürliche, beliebige Gestaltung. Wenn keine spezifische Gestalt nötig oder plausibel ist, wählen wir bei Braun unter mehreren möglichen Formen die einfachste und naheliegendste." Seiner Meinung nach sind das „geometrische Grundformen". (Rams 1987) Mitte der 1990er Jahre arbeitet der

Industrial Designer Philip Starck mit dem Elektronikhersteller SABA zusammen. Unter anderem entwickelt er eine Designstudie eines Projektionsfernsehers mit dem Namen *Vertigo*, der die Form einer großen Astgabel hat, auf deren einem Ende sich ein Projektor befindet, auf dem anderen Ende eine Projektionsfläche. Wie alle Entwürfe von Philip Starck entspricht auch dieser seiner Prämisse, ein Produkt nicht mit unnötigen Formen auszustatten. In den Augen von Philip Starck ist, zumindest in dem Fall des Fernsehers *Vertigo*, eine Form ästhetisch neutral, wenn sie so weit wie möglich der Formensprache der Natur entspricht. Für Stefano Marzano, den Direktor der Philips Design Group, sind weder die naturnahe Gestaltung von Philip Starck, noch die Niederkomplexität des Braun-Designs ästhetisch neutral. Er stellt diesen recht statischen Definitionen seine eigene, eher dynamische Definition entgegen. Für ihn ist ein Produkt ästhetisch neutral, wenn seine Erscheinung „von der Komplexität des Lebens in der heutigen Welt ausgeht und vehement auf sie reagiert." (Marzano 1998) Was er damit genau meint, zeigen Projekte wie *intuition*, ein kabelloses Lautsprechersystem, das auf dem Esstisch genutzt wird und daher aus weißem Porzellan gefertigt ist und die Form von Gefäßen hat, oder die Studie *bookshelf audio*, eine Stereoanlage, die in einem Bücherregal aufgestellt wird und deren einzelne Komponenten die Größe und Form von Büchern haben. Die ästhetische Neutralität eines Produkts zeigt sich für Marzano darin, dass sie der Ästhetik der Umgebung entspricht. Für Marzano ist ästhetische Neutralität daher nicht absolut zu definieren, sondern stets in Abhängigkeit zum Kontext.

Ein Beispiel einer praktischen Funktion, die unbewusst gestaltet ist, begegnet jedem, der mit einem Feuerzeug eine Bierflasche öffnet. Bei der Gestaltung eines Feuerzeugs wird keine Rücksicht auf seine Funktion als Flaschenöffner genommen, dennoch besitzt es diese Funktion. Sogar Objekte, für die ihr Gestalter überhaupt keine praktische Funktion vorsieht – in der Regel sind dies Kunstwerke – weisen dennoch immer auch eine praktische Funktion auf. Deutlich wird das in einem Artikel von Günther Mehren anlässlich einer Ausstellung mehrerer Plastiken von Bernhard Luginbühl im Kunsthaus Zürich: „Kinder finden die großen Eisenplastiken herrlich, klettern darauf herum, bemerken offenbar nichts von dem Bedrohlichen, das der Bildhauer […] noch immer selbst empfindet." (Mehren 1971)

Das Verhältnis des Funktionalismus zum *Erweiterten Funktionalismus* beschreibt Gros am Ende seiner Definition: „Der Funktionalismus behauptet keinesfalls, symbolische oder ästhetische Aspekte der Gestaltung seien für den Konsumenten bedeutungslos. Es wird lediglich angenommen, dass diese Aspekte im Gestaltungsprozess als Folge der Optimierung praktischer Funktionen ebenfalls optimiert werden. Als einzig gewichtiger Faktor für die Gestaltung bleibt daher die Optimierung praktischer Funktionen. Im *Erweiterten Funktionalismus* wird dagegen versucht, […] alle wichtigen, den Entwurf bestimmenden Faktorengruppen zu benennen. Es wird dabei behauptet, dass alle drei

Funktionsarten Bedeutung für die optimale Form zukommt."

Zehn Jahre nach seiner ersten Veröffentlichung an der Kunsthochschule in Braunschweig entwickelt Gros als Professor an der HfG Offenbach sein Modell zusammen mit dem damals ebenfalls in Offenbach lehrenden Professor Richard Fischer zu einer „Theorie der Produktsprache" weiter. (Gros 1983, 1987; Fischer u. Mikosch 1984) Er nimmt eine Neuordnung und Differenzierung vor und ergänzt es um die Anzeichenfunktion. Nach diesem als *Offenbacher Ansatz* bekannt gewordenen Modell hat ein Industrieprodukt „praktische Funktionen", „formalästhetische Funktionen", „Symbolfunktionen" sowie „Anzeichenfunktionen". Die Symbolfunktionen und die Anzeichenfunktionen werden zu den „zeichenhaften Funktionen" zusammengefasst, die wiederum gemeinsam mit den „formalästhetische Funktionen" die „produktsprachlichen Funktionen" bilden. Die in dem neuen Modell hinzugekommen Anzeichenfunktionen definiert Gros „als diejenigen zeichenhaften Funktionen, die durch die unmittelbare Anwesenheit ihres Gegenstandes den Betrachter zu einem angemessenen Verhalten auffordern. Anzeichen beziehen sich damit auf die praktischen Funktionen oder geben über technische oder andere Produktmerkmale Auskunft." Und im Vergleich zu den Symbolfunktionen schreibt Gros: „Anzeichen kündigen uns ihre Gegenstände an, während Symbole uns dazu bewegen, ihre Gegenstände sich vorzustellen. […] Während Anzeichen beim Betrachter ein bestimmtes Verhalten gegenüber dem Produkt hervorrufen, rufen Symbole ein Verhalten gegenüber Vorstellungen hervor. […] Symbole kündigen uns nicht technische Merkmale oder praktische Produktfunktionen an, sie verweisen vielmehr auf darüber hinausgehende, d.h. auf kulturelle, historische, soziale usw. Bezüge. […] Als Symbole (Symbolfunktionen) bezeichnen wir diejenigen zeichenhaften Funktionen, die unabhängig vom unmittelbaren Vorhandensein des Bezeichneten wirken, die also mit einer Vorstellung assoziiert sind." (Gros 1983)

Das Modell der Produktfunktionen, so wie es Gros beschreibt, ist spätestens seit Ende der 1970er Jahre allgemein anerkannt und wird von einer großen Zahl von Autoren in nahezu identischer Weise formuliert. Nach Löbach und Heuffler gibt beispielsweise auch Horst Oehlke, heute Professor an der Hochschule für Kunst und Design in Halle, im Jahr 1992 die Produktfunktionen als „praktisch-instrumentell", „sinnlich-ästhetisch" und „sozial-kommunikativ" wieder. (Oehlke 1992) Und auch Donald Norman unterteilt in seinem Buch *Emotional Design*, das er 2004 veröffentlicht, das Design von Produkten in drei Ebenen: „Visceral Design", das den formalästhetischen Funktionen entspricht, von ihm jedoch noch um die auditive Wahrnehmung erweitert wird, „Behavioral Design" als Pendant zu den praktischen Funktionen und „Reflective Design", das die Symbolfunktionen beschreibt: „At the visceral level, physical features – look, feel, sound – dominate. […] Shape and form matter. The physical feel and texture of the material matter. Heft matters. […] Behavioral design is all about use. Appearance doesn't really matter. Rationale doesn't matter. Performance does. […] Reflective design […] is all about message, about culture, and about the meaning of a product or its use." (Norman 2004)

Um den kommunikativen Charakter besonders der zeichenhaften Funktionen zu betonen, wird in diesem Zusammenhang vielfach von einer Produktsprache, einer Designsemiotik oder einer Produktsemantik gesprochen. Als einer der ersten erwähnt der Designtheoretiker Gert Selle den Begriff der Produktsprache in seinem 1973 veröffentlichten Buch *Ideologie und Utopie des Design*: „Von einer Produktsprache kann man insofern reden, als die Designobjekte nicht nur Funktionsträger, sondern immer auch Informationsträger sind. Sie vermitteln einerseits Aussagen über ihre technischen Funktionen, andererseits ein Bündel von Aussagen weit über diese Funktion hinaus. Dieses Bündel enthält Vorschläge zur Benutzung und zum Verbrauch der Objekte und dient auch Benutzern und Verbrauchern als Sprach- und Verständigungsmittel innerhalb der gesellschaftlichen Umwelt." (Selle 1973) Auch der schwedische Industrial Designer Rune Monö weist bereits mit dem Untertitel *The Aesthetics of Design from a Semiotic Approach* seines 1997 veröffentlichten Buches *Design for Product Understanding* auf die sprachlichen Aspekte der Produktgestaltung hin. Er bezieht sich dabei unter anderem auf die Arbeiten von Umberto Eco und nimmt noch eine stärkere Erweiterung der Produktfunktionen vor, als in den Arbeiten von Gros. Und auch die vielbeachtete Dissertation *Products as Representations – A Semiotic and Aesthetic Study of Design Products* von Susann Vihma, in der sie unter anderem die Theorien von Gros und Monö gegenüberstellt, betrachtet das Industrial Design vor allem sprachwissenschaftlich. Das Produkt wird von Vihma vor allem als kommunikativer Prozess gesehen, der nicht erst mit dem Erwerb durch den Nutzer beginnt, sondern bereits durch den Entwurf des Designers: „Ich möchte geltend machen, dass das Designobjekt – oder das gestaltete Produkt – nicht vom Prozess seiner Entstehung zu trennen ist. Es kann nicht unvoreingenommen von früheren Ideen und vorausgegangenen Objekten betrachtet werden." (Susann Vihma 1997)

Das Modell von Gros wird aber auch immer wieder kritisiert. Vor allem, weil es „zu wenig auf die Form-Kontext-Problematik reagiert." (Bürdek 2005) Tatsächlich schätzt Gros den Kontext als vernachlässigbar ein: „Untersucht man […] die Produktgestalt unabhängig von ihrer Umgebung, so entsteht ein Messfehler, der sich jedoch im Designbereich als vernachlässigbar klein erweisen könnte." (Gros 1973) Zum anderen wegen der „rigiden Trennung" der einzelnen Funktionen. (Bürdek 2005) Dieses Problem besteht weniger bei einer separierenden Betrachtung des Themas, wohl aber bei der getrennten Messung der einzelnen Funktionen, die Gros in seiner Arbeit vornimmt. Bernhard E. Bürdek, Professor für Produktgestaltung an der Hochschule für Gestaltung in Offenbach und Autor mehrerer designtheoretischer Bücher, fordert daher zu einer Weiterentwicklung des Modells der Produktfunktionen auf, um auf die

Veränderungen in der Gesellschaft zu reagieren. Während Gros davon ausgeht, die Aufgabe für den Industrial Designer bliebe „auch in der neuen Bilder- oder Multimedia-Sprache die gleiche: Erklärung und Eigenart der Handhabung des nun immateriellen Produkts [...], und darüber hinaus die Vermittlung kultureller Sinngebung oder emotionaler Sinnlichkeit", fordert Bürdek die Weiterentwicklung der Theorie der Produktsprache: „Insbesondere durch die rasche Entwicklung Neuer Medien und neuer Aufgabenbereiche wie Strategisches Design, Service Design oder Informationsdesign werden Themenstellungen eröffnet, für die Begriffe neu interpretiert und weiterentwickelt werden müssen." (Gros 1997; Bürdek 2005)

Elemente der User Experience

Anfang der 1970er Jahre, etwa zur selben Zeit, als Gros das Modell des *Erweiterten Funktionalismus* das erste Mal veröffentlicht, wird im Bereich der Softwareentwicklung damit begonnen, allgemeingültige Qualitätskriterien zu definieren, die neben der ausschließlich technischen Funktionalität auch die Wechselbeziehung zwischen Computer und Mensch beinhalten. Zunächst werden dabei ausschließlich ergonomische Aspekte berücksichtigt und dieser Teil der Nutzeranforderungen einfach zusätzlich zu den technischen Anforderungen mit aufgeführt. Von einer nutzerzentrierten Perspektive sind diese Modelle noch weit entfernt. Doch spätestens seit dem 1997 veröffentlichten Beitrag *Bitte nicht diese Software-Ergonomie*, in dem Bernhard E. Bürdek geradezu darum bettelt, nicht immer wieder auf den Teil 10 der DIN ISO 9241 verwiesen zu werden, wenn es um die nutzerzentrierte Gestaltung einer interaktiven Anwendung geht, sondern auch die übrigen Aspekte der Beziehung zwischen Nutzer und Anwendung zu berücksichtigen, ist es allgemein anerkannt, dass mit einer Reduzierung der Gestaltung interaktiver Anwendungen auf die Usability, ebenso wie beim Industrial Design auf die praktischen Funktionen, nur ein geringer Teil der Nutzeranforderungen erfüllt werden kann. (Bürdek 1997)

Eines der ersten umfassenden nutzerzentrierten Modelle der User Experience interaktiver Anwendungen sind die *Attributes of System Acceptability* von Jakob Nielsen aus dem Jahr 1993. (Nielsen 1993) Obwohl das Modell primär der Einordnung eines einzelnen Aspekts der User Experience dient, nämlich der Usability, und obwohl ausschließlich die Usability detailliert berücksichtigt wird, führt Nielsen zahlreiche weitere Aspekte der User Experience auf und setzt sie zumindest übergreifend in Beziehung zueinander. Nielsens Definition der *System Acceptability* weist deutliche Parallelen zu der Theorie der *Bedürfnisbefriedigung* auf, die im Industrial Design stets als Grund für die Nutzung eines Produkts angenommen wird: „System acceptability […] is the question of whether the system is good enough to satisfy all the needs and requirements of the users." (Nielsen 1993) Nielsen nimmt zwar nicht explizit Bezug darauf, die Nähe zwischen dem Modell des *Erweiterten Funktionalismus* von Gros und der Definition der *System Acceptability* von Nielsen ist aber deutlich zu erkennen. Zudem es durchaus naheliegend ist, ein Modell aus dem Industrial Design zumindest als Ausgangspunkt für eine Definition der User Experience von interaktiven Anwendungen zu wählen. Nicht nur, weil das Modell des *Erweiterten Funktionalismus* eine fast neunzigjährige Entwicklung hinter sich hat und mittlerweile in zahlreichen, von verschiedenen Personen weiterentwickelten, teilweise sehr spezifischen Varianten vorliegt. Sondern vor allem, weil sich die Konzeption und die Gestaltung von interaktiven Anwendungen prinzipiell den gleichen Bedingungen unterwirft, die bei der Konzeption und der Gestaltung von physikalischen Produkten herrschen (vgl. Kapitel *Metaphern*).

Bemerkenswert an dem Modell von Nielsen ist die darin vorgenommene Differenzierung des einzigen für den Nutzer relevanten Aspekts der praktischen Akzeptanz. Die Nützlichkeit (Usefulness) unterteilt Nielsen in den Nutzen (Utility) und die Nutzbarkeit (Usability) einer Anwendung. Der Nutzen beschreibt demnach, inwieweit eine Anwendung grundsätzlich in der Lage ist, ein bestimmtes praktisches Bedürfnis des Nutzers zu erfüllen, die Nutzbarkeit dagegen beschreibt, wie groß der Aufwand für den Nutzer ist, um mit einer bestimmten Anwendung dieses Bedürfnis zu erfüllen. „Utility is the question of whether the functionality of the system in principle can do what is needed, and usability is the question of how well users can use that functionality." (Nielsen 1993) Im Prinzip eine Trennung in Effektivität und Effizienz der Anwendung aus der Perspektive des Nutzers. Es ist überraschend, dass diese Differenzierung der praktischen Funktionen nicht auch bereits Bestandteil der Modelle der Produktfunktionen ist, wo sie doch im Industrial Design schon alleine wegen der großen Zahl sehr ähnlicher Produkte, die dem Nutzer für die Erfüllung eines einzelnen Bedürfnisses zur Verfügung stehen, eine besondere Relevanz hat. Noch überraschender ist jedoch, dass diese Trennung in einigen aktuellen Definitionen der Usability wieder zurückgenommen wird. (vgl. Kapitel *Richtlinien*)

Gros stellt in seinem Modell den praktischen Funktionen auf gleicher Ebene die zeichenhaften, und später die produktsprachlichen Funktionen gegenüber. Diese Trennung wird schon für das Industrial Design vielfach als zu statisch wahrgenommen, zumal Gros die Anzeichenfunktionen zwar als Bestandteil der produktsprachlichen Funktionen definiert, sie aber explizit auf die praktischen Funktionen bezieht. Bei interaktiven Anwendungen ist diese Beziehung zwischen praktischen Funktionen und Anzeichenfunktionen ungleich enger, so dass die Anzeichenfunktionen als Bestandteil der praktischen Funktionen gesehen werden müssen. Diese Zuordnung nehmen auch nahezu alle aktuell verwendeten Definitionen der Usability vor, in der DIN EN ISO 9241-10 etwa wird die Anzeichenfunktion mit dem etwas hölzernen

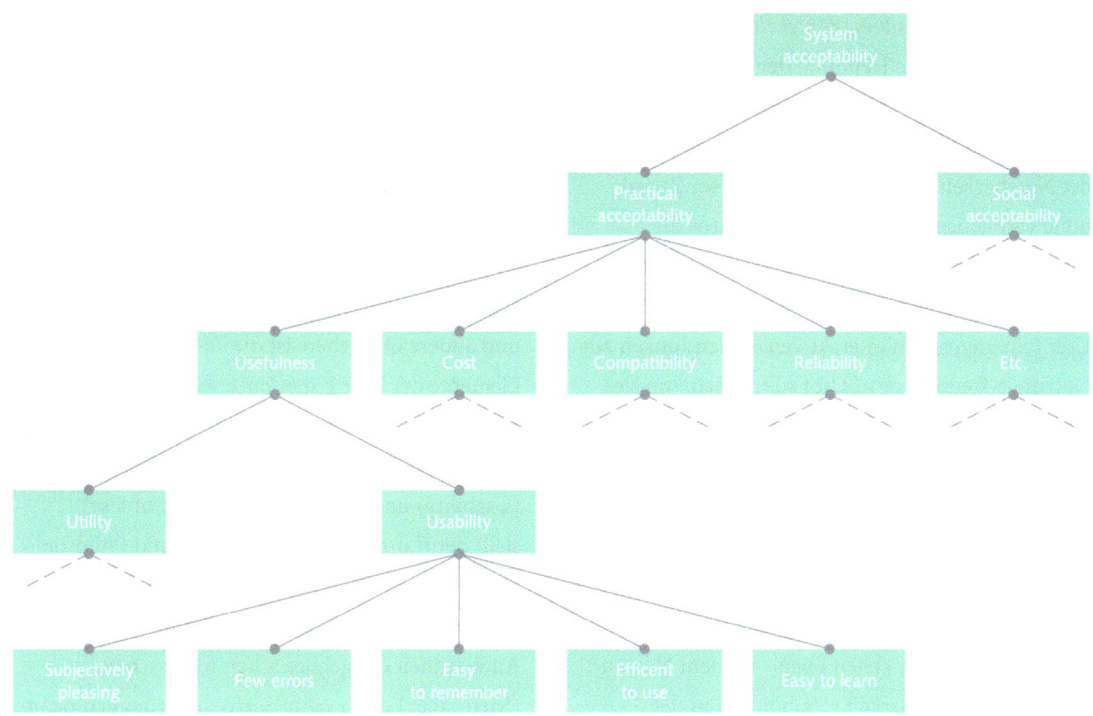

Das Modell der System Acceptability von Jakob Nielsen. (Nielsen 1993)

Begriff *Selbstbeschreibungsfähigkeit* bezeichnet. Geht man von einer Trennung der praktischen Funktionen in Nutzen (Utility) und Nutzbarkeit (Usability) aus, so sind die Anzeichenfunktionen der Nutzbarkeit zuzuordnen. Nach dieser Zuordnung verbleiben in dem Modell von Gros die Symbolfunktionen und die formalästhetischen Funktionen. Diese fasse ich in einem Modell der User Experience von interaktiven Anwendungen zur Nutzungs-freude (Joy of Use) zusammen, um sie damit als – im praktischen Sinne – nutzlose und damit unnütze Funktionen zu kennzeichnen. Nutzungsfreude (Joy of Use) meint hier daher nicht die Freude als Folge der praktischen Nutzung, sondern Freude als reinen Selbstzweck. Demnach setzt sich die User Experience einer interaktiven Anwendung auf der ersten Ebene aus dem Nutzen (Utility), der Nutzbarkeit (Usability) und der Nutzungsfreude (Joy of Use) zusammen. Genauso wie für die Produktfunktionen gilt auch für die Elemente der User Experience die Unvermeidbarkeit und die Gleichzeitigkeit. Eine interaktive Anwendung hat immer irgendeinen Nutzen, ist immer in irgendeiner Weise nutzbar, und bietet immer einen gewissen Grad an Nutzungsfreude – auch wenn eines oder mehrere dieser Elemente nicht bewusst konzipiert oder gestaltet werden. Im Gegensatz zu zahlreichen anders lautenden Annahmen, wie zum Beispiel der *Hierarchy of Consumer Needs* von Patrick W. Jordan aus dem Jahr 2000, unterliegen die Beziehungen der Elemente der User Experience von interaktiven Anwendungen keiner bestimmten Richtung oder Reihenfolge. Jordan geht davon aus, dass bei einer interaktiven Anwendung zunächst der Nutzen (Utility), den er „functionality" nennt, erfüllt sein muss, bevor die Nutzbarkeit (Usability) erfüllt sein kann. Nur bei uneingeschränkter Nutzbarkeit (Usability) ist schließlich auch Nutzungsfreude (Joy of Use), für die er die Bezeichnung „pleasure" verwendet, möglich. (Jordan 2000) Was Jordan und andere übersehen, ist die Tatsache, dass die Elemente der User Experience sehr häufig im Widerspruch zueinander stehen. Einen solchen Widerspruch beispielsweise zwischen Nutzbarkeit (Usability) und Nutzungsfreude (Joy of Use) stellt der französische Schriftsteller und Philosoph Jean-Paul Sartre fest: „Bei einem Fußballspiel verkompliziert sich allerdings alles durch die Anwesenheit der gegnerischen Mannschaft." (Sartre 1967) Auch wenn Sartre ursprünglich nicht eine interaktive Anwendung meint, sondern das Spiel in der Realität, so lässt sich diese Feststellung doch ohne weiteres dorthin übertragen. Für einen Fußballspieler, ob in der Realität oder im Rahmen eines Computerspiels, bedeutet das Vorhandensein der gegnerischen Mannschaft eine relativ starke Beeinträchtigung der Nutzbarkeit (Usability). Die gegnerische Mannschaft an sich und ihre Eigenschaften im Detail, wie zum Beispiel die Spielstärke der Spieler, sind aber maßgeblicher Grund für die Nutzungsfreude (Joy of Use) an dem Spiel. Fußballspielen ganz ohne Gegner, aber auch nur gegen einen zu schwachen, macht einfach keine Freude. Nutzungsfreude entsteht also nicht nur, obwohl die Nutzbarkeit (Usability) eingeschränkt ist, sondern zum Teil sogar gerade weil diese Einschränkung vorliegt. Wird aber die Usability zu massiv eingeschränkt, zum Beispiel durch einen klar überlegenen Gegenspieler, dann leidet auch die Nutzungsfreude (Joy of Use). Ähnlich verhält es sich beispielsweise auch bei der Beziehung zwischen dem Nutzen (Utility) und der Nutzbarkeit (Usability). Eine Website für Online-Banking, die nur die Überweisung eines von der Bank festgelegten Betrages auf ein ebenso festgelegtes Konto ermöglicht, hat zwar in Bezug auf die Nutzbarkeit (Usability) erhebliche Vorteile gegenüber allen anderen bisher angebotenen Formen solcher Websites, da das Eingeben der korrekten Bankleitzahl und der Kontonummer sowie des Betrags entfällt. Der Nutzen (Utility) einer solchen Anwendung wäre aber für die meisten Nutzer kaum vorhanden. Ein größerer Nutzen (Utility) einer interaktiven Anwendung hat fast immer eine Beeinträchtigung der Nutzbarkeit (Usability) zu Folge. Ein sehr umfangreiches Angebot an Services auf der Website einer Bank kann aber auch die Nutzbarkeit (Usability) so stark einschränken, dass die Anwendung für viele ihren Nutzen (Utility) nahezu verliert.

Die einzelnen Elemente der User Experience haben nicht immer die gleiche Wichtigkeit und Bedeutung. Diese können sich je nach Art der Anwendung stark unterscheiden. Bei der Bewerbung um einen bestimmten Job über das entsprechende Online-Formular auf der Website einer Firma steht in den meisten Fällen die Nutzbarkeit (Usability) im Vordergrund. Für den Nutzer ist es in der Regel vor allem wichtig, die notwendigen Angaben vollständig und in der richtigen Form zu machen. Das Bedürfnis nach vielseitigen Möglichkeiten, indem man zum Beispiel seinen Lebenslauf mitteilen kann, ist meistens gering. Das gleiche gilt für den Wunsch nach Freude während der Dateneingabe. Bei einem Fahrzeug-Konfigurator auf der Website eines Automobil-Herstellers spielt dagegen der Nutzen (Utility) eine primäre Rolle. Der Nutzer möchte vor allem für die Ausstattung seines zukünftigen Autos alle erhältlichen Elemente in den auch tatsächlich möglichen Kombinationen auswählen können, um diese dann in einer frei wählbaren Form an den Händler seiner Wahl zu übermitteln. Die meisten Nutzer haben bei einer solchen interaktiven Anwendung zwar auch ein großes Bedürfnis nach Nutzbarkeit (Usability) und Nutzungsfreude (Joy of Use), das tritt aber hinter den Nutzen (Utility) zurück. Und ein Computerspiel wird schließlich vor allem aus dem Bedürfnis nach Nutzungsfreude (Joy of Use) verwendet, während die Nutzbarkeit (Usability) und vor allem der Nutzen (Utility) in der Regel völlig nebensächlich sind.

Wichtigkeit und Bedeutung der Elemente der User Experience lassen sich im Rahmen der Konzeption einer interaktiven Anwendung jedoch nicht pauschal ermitteln. Denn sie werden in einem erheblichen Maße zusätzlich durch den Nutzungskontext bestimmt. Für einen Handynutzer, der nach einem schweren Autounfall nachts im Regen einen Rettungswagen rufen möchte, während er gleichzeitig erste Hilfe leistet, ist die Nutzbarkeit (Usability) an sich von besonderer Bedeutung und durch die Dunkelheit, den Regen, den Stress und die mehrfachen Aufgaben sehr wichtig. Die Bedürfnisse bezüglich des Nutzens (Utility) haben ebenfalls eine hohe Priorität, sind aber auf ein einmaliges Telefonat mit einer festgelegten Telefonnummer beschränkt. Der Bedarf an Nutzungsfreude (Joy of Use) ist gering und hat eine niedrige Priorität. Derselbe Handynutzer hat, wenn er im Urlaub gelangweilt am Strand unter einem Sonnenschirm liegt und seine Bekannten zu Hause daran teilhaben lassen möchte, in Bezug auf die Nutzbarkeit (Usability) weder vorrangige, noch besonders umfangreiche Bedürfnisse, da er problemlos auch mit mehreren Fehlversuchen, in aller Ruhe, ohne gestört zu werden, die Anwendung bedienen kann. Seine Bedürfnisse in Hinblick auf den Nutzen (Utility) sind zwar sehr umfangreich, da er mit dem Handy einen Film aufnehmen und versenden möchte, aber niedrig priorisiert; wenn sich mit dem Handy keine Filme verschicken lassen, dann tun es auch ein paar Fotos mit etwas Text dazu. Dafür ist ihm aber die Nutzungsfreude sehr wichtig, weil er sich aufgrund der Langeweile Ablenkung wünscht, und er gewichtet sie auch sehr stark, selbst wenn er es schließlich doch nicht schafft, einen Film oder ein Foto zu versenden – Hauptsache, er ist mindestens eine halbe Stunde abgelenkt.

Die drei Elemente der User Experience interaktiver Anwendungen erklären sich besonders gut, wenn man sie in ihre einzelnen Bestandteile aufgliedert und diese detailliert definiert, was ich nun nachfolgend vornehme.

Nutzbarkeit (Usability)

Selbstbeschreibungsfähigkeit
Eine interaktive Anwendung ist selbstbeschreibend, wenn sie dem Nutzer zu jeder Zeit die Anzahl und die Art der möglichen Eingaben durch den Nutzer und die Anzahl und die Art der daraus unmittelbar und mittelbar folgenden Ausgaben der interaktiven Anwendung anzeigt.

Diese Anzeige kann durch eine textliche Beschreibung erfolgen, zum Beispiel durch den Hinweis zum Warenkorb, durch typografische Auszeichnungen, wie die Unterstreichung eines Textlinks, durch grafische Zeichen, beispielsweise einen Pfeil, durch Icons, wie die miniaturisierte Darstellung eines Warenkorbs, durch auditive Elemente, wie zum Beispiel eine gesprochene Anleitung, durch strukturelle Gliederungen, zum Beispiel eine bestimmte Abfolge von Nutzereingaben.

Nachvollziehbarkeit
Eine interaktive Anwendung ist nachvollziehbar, wenn sie dem Nutzer zu jeder Zeit vermittelt, welche Eingaben in welcher Art und Reihenfolge notwendig sind, um den aktuellen Zustand der Anwendung zu erzeugen.

Eine Website ist zum Beispiel in Hinblick auf ihre Navigation nachvollziehbar, wenn sie dem Nutzer vermittelt, welche Menüpunkte er in welcher Reihenfolge auswählen muss, um die ihm aktuell präsentierte Seite oder die derzeitigen Inhalte aufzurufen.

Kontextsensitivität

Eine interaktive Anwendung ist kontextsensitiv, wenn sie die umgebende Situation registriert und diese zusätzliche zu den Nutzereingaben für die Ausgabe von Daten berücksichtigt.

Wenn beispielsweise bei einem mit WLAN oder Bluetooth ausgestatteten Laptop in einer Anwendung zur Druckerauswahl diejenigen Drucker grafisch hervorgehoben werden, zu denen eine Funkverbindung besteht, dann ist diese Anwendung in Hinblick auf die Druckerauswahl kontextsensitiv. Eine Website mit Restaurantempfehlungen, die mit einem Handy aufgerufen wird, nimmt diese Empfehlungen kontextsensitiv vor, wenn sie aufgrund der registrierten Geodaten des Handys die Empfehlungen auf den unmittelbaren Bereich um den aktuellen Standort des Handynutzers beschränkt.

Konsistenz

Eine interaktive Anwendung ist konsistent, wenn sie vergleichbare Sachverhalte stets in derselben Art darstellt und wenn sie auf vergleichbare Nutzereingaben und vergleichbare Situationen stets in derselben Art reagiert.

Wenn sich zum Beispiel auf einer Website ein Hilfe-Button stets an der gleichen Position im Layout befindet, oder der Klick auf einen Link mit dem Text *Detailinformationen* immer ein Popup-Fenster mit einer Kurzbeschreibung öffnet, oder die Menüpunkte in dem gleichen sprachlichen Stil formuliert sind, dann besteht in Hinblick auf diese Elemente Konsistenz.

Fehlertoleranz

Eine interaktive Anwendung ist fehlertolerant, wenn offensichtlich fehlerhafte Eingaben durch den Nutzer ohne negative Auswirkungen auf die von ihm beabsichtigte Art der Nutzung der Anwendung bleiben.

Beispielsweise ist eine Website, die auch durch die Eingabe einer an sich falschen, aber dem Original sehr ähnlichen URL aufgerufen wird, in Hinblick auf die URL fehlertolerant.

Individualisierbarkeit

Eine interaktive Anwendung ist individualisierbar, wenn der Nutzer aus mehreren möglichen Arten der Präsentation, der Interaktion oder des Inhalts auswählen kann, um seine Anforderungen zu erfüllen.

Beispielsweise sind eine Nachrichten-Website, die dem Nutzer stets Meldungen eines zuvor ausgewählten Sachgebiets präsentiert, oder eine interaktive Grafik, die sich für einen rot-grün-blinden Nutzer auch in anderen Farben darstellen lässt, individualisierbar.

Nutzen (Utility)

Relevanz

Eine interaktive Anwendung ist relevant, wenn sie in der Lage ist, die konkreten, persönlichen Anforderungen des Nutzers zu erfüllen.

Zum Beispiel hat eine Gebrauchtwagenbörse im WWW für denjenigen Nutzer Relevanz, der den konkreten Wunsch hat, ein Auto zu kaufen oder aber ein Auto zu verkaufen. Eine Website mit Steuerspartipps für Ehepaare ist für Nutzer relevant, die verheiratet sind.

Vollständigkeit
Eine interaktive Anwendung ist vollständig, wenn sie in der Lage ist, alle in einem definierten oder allgemein akzeptierten Zusammenhang stehenden Anforderungen des Nutzers zu erfüllen.

Beispielsweise ist der Fahrzeug-Konfigurator auf der Website eines Automobilherstellers dann vollständig, wenn der Nutzer damit alle erhältlichen Ausstattungsmerkmale auswählen kann. Eine Website über die berühmtesten Rockbands der Welt ist vollständig, wenn alle als ganz besonders berühmt geltenden Rockbands erwähnt sind.

Korrektheit
Eine interaktive Anwendung ist korrekt, wenn sie in der Lage ist, die Anforderungen des Nutzers in einer gesellschaftlich oder wissenschaftlich anerkannten Form zu erfüllen.

Wenn zum Beispiel eine Übersetzungssoftware aufgrund der Eingabe eines bestimmten Begriffs diesen in einer anderen Sprache ausgibt, dann arbeitet sie korrekt, wenn der übersetzte Begriff in der dort beschriebenen Art in dem entsprechenden Land oder in der entsprechenden Region auch tatsächlich verwendet wird. Eine Vorhersage des Wetters ist dann korrekt, wenn eine interaktive Anwendung diese mit wissenschaftlich anerkannten Messmethoden und Modellen berechnet.

Aktualität
Eine interaktive Anwendung ist aktuell, wenn sie in der Lage ist, die Anforderungen des Nutzers gemäß dem letzten Stand des allgemeinen Wissens zu erfüllen.

So ist zum Beispiel eine Nachrichten-Website aktuell, solange die dort dargestellten Informationen nicht durch neue Erkenntnisse in Frage gestellt oder widerlegt werden. Ein Online-Shop für Musik-CDs ist aktuell, wenn er von allen Interpreten und Gruppen, von denen er CDs vertreibt, die jeweils zuletzt veröffentlichte CD anbietet.

Integration
Eine interaktive Anwendung ist integrativ, wenn sie in der Lage ist, die Anforderungen des Nutzers unter Berücksichtigung von anderen vom Nutzer verwendeten interaktiven Anwendungen zu erfüllen.

Wenn eine interaktive Anwendung zum Beispiel Datenformate einer anderen interaktiven Anwendung weiterbearbeiten kann, oder wenn sie selbst Daten in einem Format speichern kann, das von anderen interaktiven Anwendungen weiterverarbeitet werden kann, dann ist sie integrativ.

Kooperation
Eine interaktive Anwendung ist kooperativ, wenn sie in der Lage ist, den Nutzer bei der Erfüllung seiner Anforderungen proaktiv zu unterstützen.

Eine Website, die zum Beispiel eine Hilfsfunktion präsentiert, nachdem sie mehrere aufeinander folgende, objektiv als nicht sinnvoll zu bewertende Nutzereingaben registriert hat, verhält sich

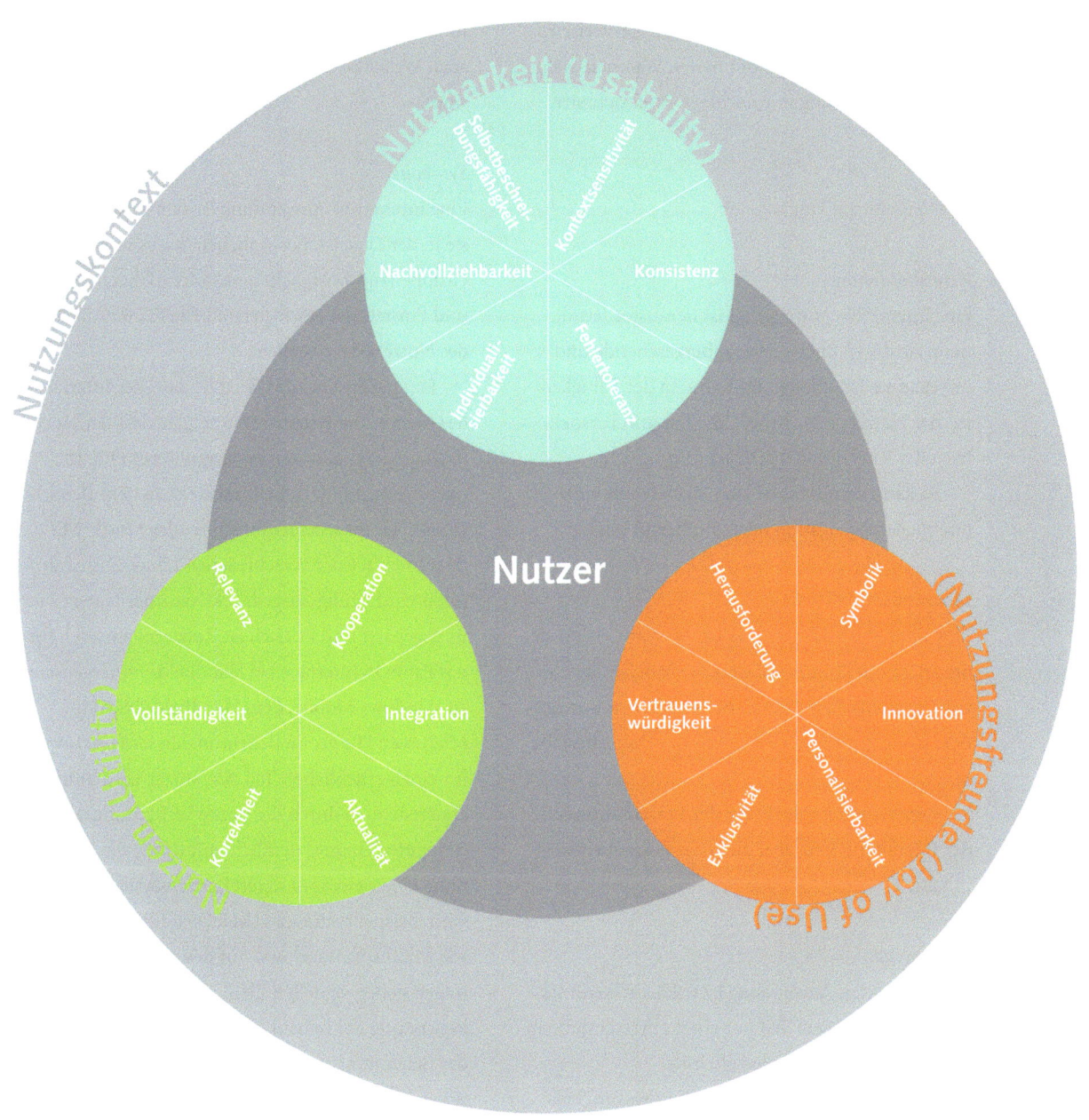

Die Elemente der User Experience

kooperativ. Ein Online-Shop, der beispielsweise zu einer vom Nutzer vorgenommenen Warenauswahl sinnvolle Ergänzungen vorschlägt, ist kooperativ.

Nutzungsfreude (Joy of use)

Herausforderung
Eine interaktive Anwendung ist herausfordernd, wenn sie durch unerwartete, überraschende und unbekannte Reaktionen im Rahmen der Fähigkeiten des Nutzers neue Möglichkeiten und Perspektiven der Interaktion offenbart und anbietet.

So kann zum Beispiel eine Website mit einer unüblichen Navigation herausfordernd sein.

Innovation
Eine interaktive Anwendung ist innovativ, wenn sie neuartige oder bisher unbekannte Möglichkeiten zur Dateneingabe anbietet und wenn sie neuartige oder bisher unbekannte Formen der Datenausgabe nutzt.

Innovativ kann die Form der Präsentation oder der Interaktion sein, aber auch die präsentierten Inhalte.

Exklusivität
Eine interaktive Anwendung ist exklusiv, wenn sie wenigstens zu einem Teil nur einer eingeschränkten Gruppe von Nutzern zugänglich ist.

Exklusive interaktive Anwendungen sind beispielsweise Beta-Versionen von noch unveröffentlichter Software, Websites mit kostenpflichtigen Inhalten, Intranets und Extranets, aber zum Beispiel auch Websites, die nur eine sehr kurze Zeit online sind.

Symbolik
Eine interaktive Anwendung ist symbolisch, wenn sie in der Lage ist, persönlichen Status und Gruppenzugehörigkeit, persönliche Überzeugung und Einstellung sowie persönliche Erinnerungen des Nutzers darzustellen.

Lange Zeit hat zum Beispiel das User Interface des MacOS die Funktion, zu zeigen, dass der Nutzer in einem so genannten kreativen Beruf tätig ist, oder diesen studiert, beispielsweise in dem Bereich Design, Grafik, Animationsfilm oder Musik. Mit dem Interface der verschiedenen Linux-Distributoren wird häufig ausgedrückt, dass der Nutzer unangepasst und kritisch ist. Letzteres gilt auch für das PalmOS Interface bei Handhelds im Gegensatz zu Windows Mobile, dem Handheld-OS von Microsoft. Die große Bedeutung dieser Funktion für einen erheblichen Teil der Nutzer wird unter anderem auch durch die starke Verbreitung so genannter Themes deutlich, mit denen die Erscheinung eines jeweils anderen Betriebssystems emuliert wird, beispielsweise dass MacOS äußerlich aussieht wie Microsoft Windows. Auf den meisten Websites tragen neben visuellen Elementen auch ein bestimmter Schreibstil und eine bestimmte Form der Benennung zur Symbolik bei. Eine interaktive Anwendung kann auch gegenüber Dritten symbolisch sein, die beispielsweise einen Nutzer und die von ihm genutzte Anwendung beobachten, eine interaktive Anwendung ist aber immer zuerst einmal gegenüber dem Nutzer symbolisch.

Vertrauenswürdigkeit
Eine interaktive Anwendung ist vertrauenswürdig, wenn sie in der Lage ist, das Nutzungsrisiko für den Nutzer soweit wie möglich zu minimieren.

Eine Website, die beispielsweise in ein Formular eingetragene persönliche Daten verschlüsselt übermittelt, ist in dieser Hinsicht vertrauenswürdig.

Personalisierbarkeit
Eine interaktive Anwendung ist personalisierbar, wenn der Nutzer sie mittels eigener, nicht allgemein zur Verfügung stehender Mittel seinen persönlichen Vorlieben entsprechend anpassen kann.

Ein Online-Forum, in dem der Nutzer für die Gestaltung seines Profils ein eigenes Bild hochladen kann, oder die Software eines Handys, die bei einem Anruf die Stimme eines dem Nutzer nahestehenden Menschen abspielt, ist personalisierbar.

Richtlinien

Viele Aufgaben stellen sich immer wieder in genau der gleichen oder in sehr ähnlicher Form. Häufig ist es sinnvoll, diese Aufgaben stets auf die gleiche Art zu lösen. Denn das Verwenden von immer gleichen Lösungen für gleiche oder ähnliche Aufgaben birgt im Idealfall gleich mehrere Vorteile:

Rationalisierung
Der Arbeitsaufwand für die Neuentwicklung einer Lösung entfällt, wenn man auf eine bereits bestehende zurückgreift. Lediglich die Auswahl einer zur Aufgabe passenden Lösung schlägt dann zu Buche.

Sicherheit
Viele bestehenden Lösungen haben sich bereits bei vergleichbaren Aufgaben bewährt. Wird eine solche Lösung gewählt, verringert sich das Risiko, dass die Lösung der Aufgabe nicht entspricht.

Kompatibilität
Gleiche Lösungen sind leicht gegeneinander austauschbar und miteinander zu kombinieren.

Um Lösungen wiederholt nutzen zu können, ist es wichtig, diese zunächst zu dokumentieren. Vor allem, wenn viele verschiedene Menschen die gleichen Lösungen verwenden wollen, müssen sie zudem veröffentlicht werden. Das geschieht heute in nahezu allen Bereichen des täglichen Lebens. Besonders bei der Entwicklung technischer und elektronischer Produkte werden einmal entwickelte Lösungen detailliert als Richtlinien dokumentiert und anderen Menschen zur Verfügung gestellt. Auch in der Software-Programmierung ist das üblich. Viele der heutigen Websites werden dafür entwickelt, um vergleichbare Aufgaben zu erfüllen. Und tatsächlich sind sie auch häufig ähnlich gestaltet und strukturiert. Da liegt es nahe, auch für die Gestaltung der User Experience einer Website bestehende Lösungen zu dokumentieren und sie immer wieder zu verwenden. Und so gibt es tatsächlich zahlreiche Richtlinien, die mit diesem Ziel dokumentiert wurden und in verschiedenen Formen zur Verfügung stehen. Sie lassen sich in Standards, Prinzipien, Regeln und Normen unterscheiden.

Standards

Im Grunde genommen entwickeln sich Standards von selbst. Sie sind eine Beschreibung der üblicherweise genutzten Lösungen für eine Aufgabe, also des Lösungsdurchschnitts. Dazu ist es völlig unbedeutend, wie diese Lösungen entstanden sind. Es reicht die Beobachtung und Messung bestehender Lösungen, um Standards zu dokumentieren. Ein typisches Beispiel für einen Standard bei der Gestaltung von Websites ist die Kennzeichnung von Textlinks durch Unterstreichung. Seinen Ursprung hat diese Kennzeichnung im HTML-Code. Doch mittlerweile werden auch Texte unterstrichen, um sie als Link zu kennzeichnen, die als Grafik-Datei vorliegen, ohne dass der ursprüngliche Zusammenhang mit dem HTML-Code noch besteht. Die Kennzeichnung von Links durch Unterstreichung hat sich mittlerweile etabliert. Auch die Positionierung bestimmter Elemente auf einer Seite, zum Beispiel des Warenkorbs und des Hilfe-Buttons, und die Benennungen einiger Funktionen und Bereiche der Website, beispielsweise Warenkorb und Login sind mittlerweile standardisiert.

Zahlreiche Studien zeigen, dass die Erwartungen von Nutzern an eine ihnen unbekannte Website mit den meisten Standards identisch ist. (Bernard 2001; Bernard 2002; Bernard u. Sheshadri 2004; Nielsen 2004; Wilhelm et al. 2005; Yom u. Fehrle 2005) Befindet sich beispielsweise die Hilfe-Funktion auf den meisten Websites im rechten oberen Bereich des Layouts, wird sie von den meisten Nutzern auf einer ihnen unbekannten Website ebenfalls dort erwartet. Wird auf den meisten Websites der Begriff *Warenkorb* für den Zwischenspeicher der ausgewählten Produkte eines Online-Shops verwendet, dann erwarten die meisten Nutzer auch bei Online-Shops, die sie das erste Mal nutzen, dass die gleiche Funktion den gewohnten Namen trägt. Aus diesen Studien wird vielfach die Empfehlung abgeleitet, bei der Konzeption einer neuen Website diese Standards einzuhalten, da dadurch die Nutzererwartungen erfüllt und die Usability der Website verbessert würde. (Bernard 2002; Nielsen 2004; Wilhelm et al. 2005; Yom u. Fehrle 2005) So lautet das Fazit einer Wording-Studie der Firma eResult:

„Usability als Kreativitätskiller? Beim Thema Wording: eindeutig ja!" (Wilhelm et al. 2005) Doch ist eine erwartungskonforme Positionierung und Benennung von Elementen tatsächlich relevant für die Usability einer Website? Hier stellt sich zunächst die Frage nach dem Huhn und dem Ei: Was war eigentlich zuerst da, die Nutzererwartung oder der Gestaltungsstandard? Wird der Hilfe-Button am häufigsten im oberen rechten Bereich der Seite positioniert, weil die meisten User ihn dort erwarten, oder wird er dort erwartet, weil das seine Position auf den meisten Websites ist? Gibt es also noch weitere Gründe, die einen Website-Nutzer einzelne Elemente an bestimmten Positionen erwarten lassen? Sind Gestaltungs-Standards für Websites zufällig entstanden? Oder basieren sie auf einem quasi-evolutionären Prozess, in dem alle Websites mit schlecht nutzbarem Layout und unverständlichen Bezeichnungen ausgestorben sind, und spiegeln daher die tatsächlichen Anforderungen der Nutzer wider? Hat die Einhaltung von Standards tatsächlich positive Auswirkungen auf die User Experience? Seriös ließen sich diese Fragen nur beantworten, wenn zeitgleich auf allen Websites die standardisierten Elemente in der gleichen Weise geändert würden, um dann das Verhalten der Nutzer zu beobachten. Dass das in der nächsten Zeit geschieht, ist eher unwahrscheinlich. Dennoch geben entsprechende Studien, die bereits unter heutigen Voraussetzungen durchgeführt werden, deutliche Hinweise auf die Bedeutung von Standards für die Gestaltung der User Experience von Websites. Relativ klar lässt sich dabei feststellen, dass eine nicht den Standards entsprechende Positionierung der meisten Elemente einer Website die User Experience nicht negativ beeinflusst. Weder die Usability der Website noch die vom Nutzer subjektiv empfundene Zufriedenheit werden dadurch beeinträchtigt. (Bernard et al. 2001; Spool 2002; Kalbach u. Bosenick 2003) Teilweise lässt sich sogar mit nicht standardkonformem Positionieren von Elementen eine bessere Usability erzielen als durch die Einhaltung der Standards. (Nielsen 1999, Kalbach u. Bosenick 2003) Und auch eine nicht den Standards, und damit nicht der Erwartung der meisten Nutzer entsprechende Benennung von Navigationspunkten hat nicht zwangsläufig einen negativen Einfluss auf die Usability. Nach mehreren Usability-Tests heißt der Menüpunkt, der auf der Website des Automobilherstellers Opel ein Kontaktformular aufruft, *Dialog*, obwohl die entsprechende Funktion auf fast allen anderen Websites über den Menüpunkt *Kontakt* aufgerufen wird. In den durchgeführten Tests verstehen dennoch alle Probanden den Begriff *Dialog* auf Anhieb richtig. Im direkten Vergleich mit *Kontakt* äußern sie sich zudem sehr viel positiver gegenüber dem Begriff *Dialog,* da damit eine beiderseitige Auseinandersetzung mit einem bestimmten Wunsch oder einem Problem assoziiert wird, während der Begriff *Kontakt* eher eine einseitige Anfrage suggeriert. Usability als Kreativitätskiller? Beim Thema Wording: eindeutig nein!

Die Zahl der bisher veröffentlichten Untersuchungen von Websites, aus denen hervorgeht, dass eine nicht standardkonforme Gestaltung oder

Benennung im Hinblick auf die Usability zu mindestens gleichwertigen Ergebnissen führt, ist bisher noch relativ gering. Daraus zu schließen, dass die Einhaltung von gestalterischen Standards bei der Entwicklung einer Website grundsätzlich keine Vorteile mit sich bringt, ist daher sicher vorschnell. Dennoch ist anzunehmen, dass ein großer Teil der Gestaltungsstandards beliebig ist, eine Berücksichtigung daher an sich keine Vorteile mit sich bringt. GAnz im Gegenteil. Das blinde Festhalten an Standards führt zu Standardlösungen. Standards beizeiten gezielt zu durchbrechen und neuartige Möglichkeiten in Betracht zu ziehen, führt sehr häufig zu individuellen, auf die jeweilige Aufgabe optimal zugeschnittenen Lösungen. Dazu bedarf es allerdings eines hochwertigen Konzepts, das auf einer sorgfältigen Analyse sowohl der Nutzeranforderungen, als auch der Businessanforderungen basiert und das in ausreichender Menge getestet wird. Nur indem man sich hin und wieder mit einer geeigneteren Lösung über Standards hinwegsetzt, kann sich das World Wide Web im Sinne aller weiterentwickeln.

Positionierung-Standards von Website-Elementen

Seit mehreren Jahren prüft Michael Bernard in verschiedenen Studien immer wieder, an welcher Position im Layout einer Website die Nutzer bestimmte funktionale Elemente erwarten. Für diese Tests wird ein Browserfenster in ein Raster mit 8 x 7 quadratischen Flächen eingeteilt. Die Probanden positionieren auf diesem Raster vorgegebene Elemente, wie beispielsweise eine Suchfunktion, ein Login-Feld oder einen Homepage-Link. (Bernard 2000, 2001, 2002; Bernard u. Sheshadri 2004) Beständig nehmen die Probanden jedes Jahr wieder eine nahezu identische Anordnung der Elemente vor, völlig unabhängig davon, wie erfahren sie im Umgang mit dem Internet sind oder in welchem Land sie leben. Mehrere Studien verschiedener deutscher Firmen mit nahezu identischem Versuchsaufbau bestätigen die Ergebnisse von Bernard weitgehend. (Wilhelm u. Yom 2004) Bernard geht davon aus, dass die Erwartungen der Nutzer bezüglich der Position der funktionalen Elemente in ihren Erfahrungen mit bereits genutzten Websites begründet sind. Die Studien zeigen, dass die verschiedenen Elemente an genau den Stellen erwartet werden, an denen sie auch auf der Mehrzahl der Websites zu finden sind. Bernard schließt daraus, dass es bei der Neuentwicklung einer Website sinnvoll ist, diese Standards einzuhalten, da die Nutzer sonst verwirrt werden könnten und die Usability der Website darunter leiden würde. Die Einhaltung der Standards würde beispielsweise bei Online-Shops einen Vorteil gegenüber den Wettbewerbern erzeugen, die diese Standards nicht berücksichtigen. (Bernard 2001, 2002) Bernard leitet aus diesem Grund aus den von ihm beobachteten Standards Regeln ab, die jedem der von ihm untersuchten funktionalen Elemente eine bestimmte Position innerhalb des Layouts einer Website zuschreiben.

Um die Schlussfolgerung von Bernard auf ihre Richtigkeit zu prüfen, nimmt Jared Spool eine Gegenprobe vor. Er bezieht sich in seiner Untersuchung ausdrücklich auf die Studien von Bernard. Zunächst überprüft er bei dreizehn verschiedenen Websites, ob die Positionierung der einzelnen Elemente den von Bernard dokumentierten Standards entspricht oder nicht und teilt die Websites in zwei entsprechende Gruppen. Anschließend wertet Spool die Daten von mehr als 1000 Shopping-Prozessen aus, die auf diesen Websites im Rahmen eines Usability-Tests unter jeweils gleichen Bedingungen durchgeführt werden. Die Gegenprobe fällt eindeutig aus. Spool stellt keinerlei Unterschiede fest zwischen den standardkonformen Websites, und denen, die die Standards ignorieren. Die Nutzer shoppen auf den Websites beider Gruppen in der Summe gleichermaßen erfolgreich. Subjektiv empfinden die Nutzer, dass beide Gruppen von Websites ihren Erwartungen in gleicher Weise entsprechen, obwohl es die eine Gruppe de facto nicht tut. In seiner Auswertung vergleicht Spool daher das blinde Befolgen von Gestaltungsregeln mit dem Trinken von Wasser aus einer unbekannten Quelle. Es kann den Durst löschen oder krank machen, man weiß es erst, wenn es möglicherweise zu spät ist. (Spool 2002)

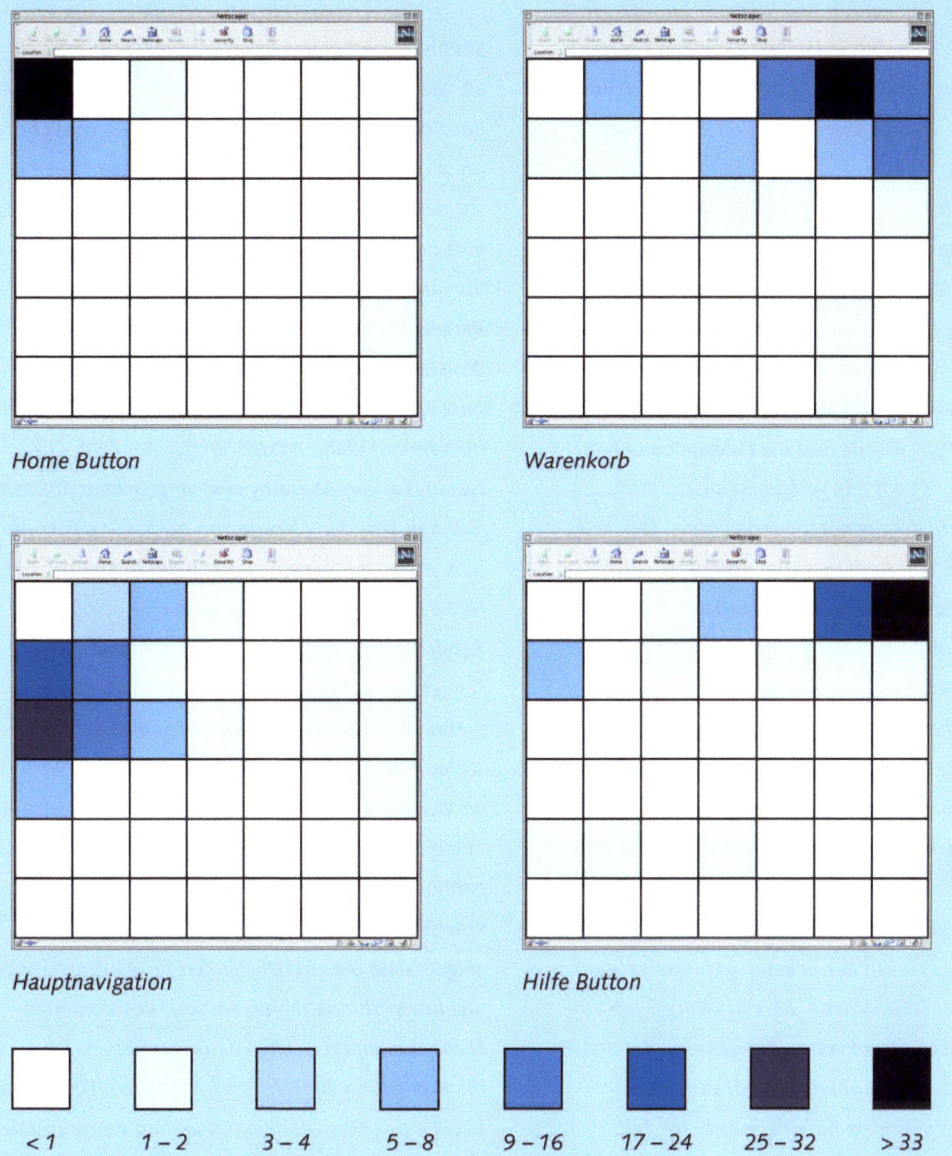

Ein Auszug aus der Studie Global Expectations of Users' Mental Models for E-Commerce Web Layouts von Michael Bernard und Ashwin Sheshardi. Je dunkler die Farbe einer Fläche, desto größer der Prozentsatz der europäischen Nutzer, die an dieser Stelle das jeweilige Element erwarten. (Bernard u. Sheshadri 2004)

Auf der Basis dieser und weiterer Studien führt die Agentur Razorfish anlässlich des Relaunch der Website von Audi einen Usability-Test durch. In diesem Test werden zwei Varianten eines neuen Layouts miteinander verglichen. Beide Varianten unterscheiden sich einzig in der Anordnung der Navigationselemente. In dem einen Layout ist die Navigation dem Standard entsprechend auf der linken Seite positioniert, in dem zweiten Layout befindet sie sich auf der rechten Seite und steht damit im Widerspruch zum Standard. Geprüft wird in diesem Test, welche Zeit die Probanden benötigen, um sechs konkrete Aufgaben auszuführen, für die die Navigation genutzt werden muss. Der Test der Website von Audi bestätigt grundsätzlich die Überprüfungen von Spool. Bei beiden Varianten gibt es im Ganzen keine signifikanten Unterschiede in der Zeit, die für die Aufgaben aufgewendet wird. Auch die Abbruchraten sind zusammengenommen bei beiden Varianten gleich. Auffällig ist lediglich, dass die Probanden für die ersten beiden Aufgaben geringfügig mehr Zeit benötigen, wenn sich die Navigation auf der rechten Seite befindet. Für die nachfolgenden Aufgaben wird aber wieder weniger Zeit benötigt als mit der linksseitigen Navigation. Das legt den Schluss nahe, dass die Nutzer tatsächlich, wie von Bernard vermutet, während der ersten Aufgaben durch die unerwartete Position der Navigation zumindest für eine sehr kurze Zeit verwirrt werden. Gleichzeitig hieße das aber auch, dass eine Navigation auf der rechten Seite an sich schneller zu benutzen ist als auf der linken Seite. (Kalbach u. Bosenick 2003)

Diese Schlussfolgerung wird durch eine weitere Studie von John McCarthy untermauert. In einem ähnlichen Szenario vergleicht auch er verschiedene Positionen der Navigation im Layout einer Website. Auch er testet die Positionierung auf der linken und auf der rechten Seite. Zusätzlich fügt er seinen Tests eine horizontal ausgerichtete Variante der Navigation am oberen Ende der Seite bei. Um die erwartete Verwirrung der Nutzer durch eine unerwartete Position der Navigation dokumentieren zu können, setzt McCathy ein Eyetracking-System ein, das den Blickverlauf während der Aufgaben erfasst. Die Ergebnisse von McCathy sind vergleichbar mit denen aus dem Test der Website von Audi. Für das Lösen ihrer ersten Aufgabe benötigen die Nutzer mit der Navigation auf der rechten Seite und im oberen Bereich geringfügig länger als die Nutzer mit der Navigation auf der linken Seite. Bei längerer oder mehrfacher Nutzung der Website ist dieser Unterschied nicht mehr auszumachen; die Aufgaben werden unabhängig von der Position der Navigation in gleicher Geschwindigkeit gelöst, mit der Navigation auf der rechten Seite wieder geringfügig schneller. Die Aufzeichnungen der Blickverläufe zeigen, dass die zusätzliche Zeit für die Nutzung der nicht dem Standard entsprechend positionierten Navigationen tatsächlich dafür benötigt werden, um die Navigation zunächst zu lokalisieren. Die Nutzer blicken bei ihrem ersten Kontakt mit den getesteten Websites zunächst auf die linke Seite. (McCarthy et al. 2003) Auch dieser Versuch lässt aber ungeklärt, ob der erste Blick zur linken Seite nicht doch andere Gründe hat, beispielsweise die Leserichtung.

Die Website des Automobilherstellers Audi mit einer rechtsseitigen Navigation, wie sie sich heute im WWW präsentiert.

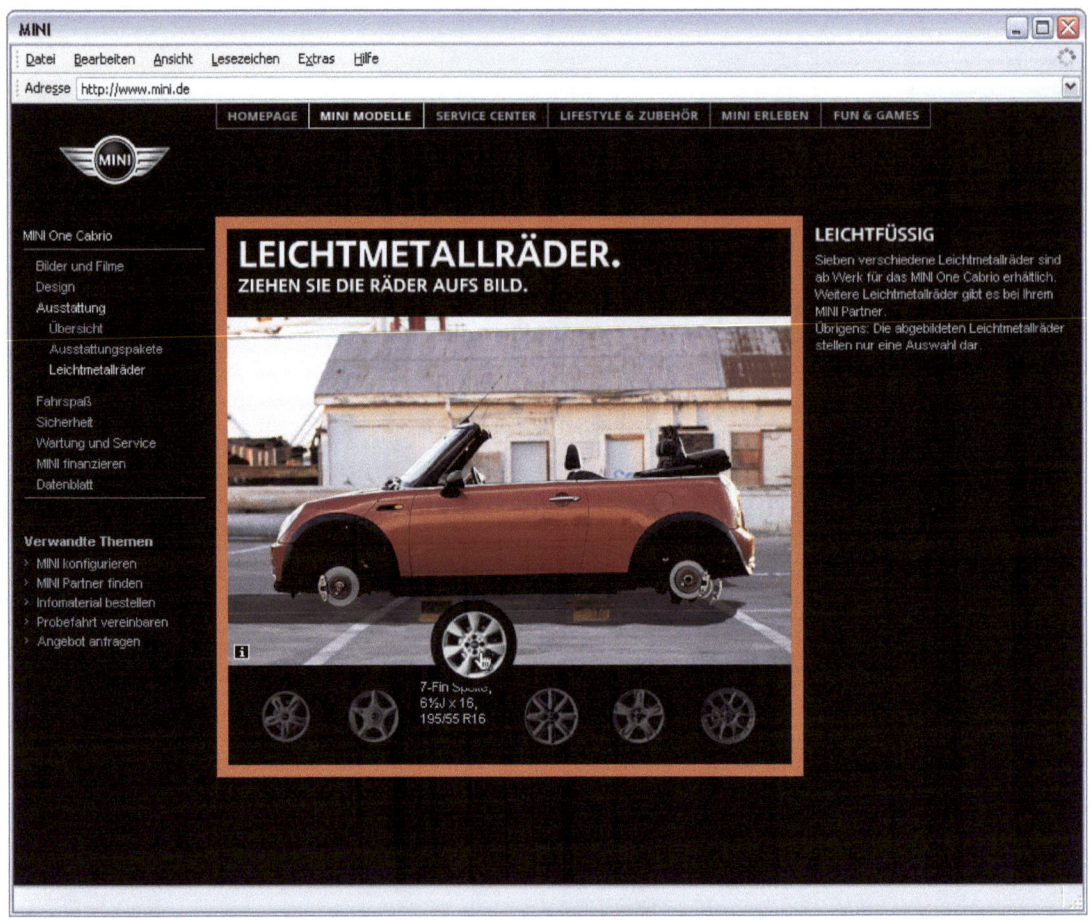

Wenig standardgemäß, aber sehr anschaulich lässt sich auf der Website des Automobilherstellers MINI das Aussehen verschiedener Felgen an einem Fahrzeug überprüfen. Dazu bewegt der Nutzer die Abbildung einer Felge per Drag 'n' Drop auf die Fahrzeugabbildung.

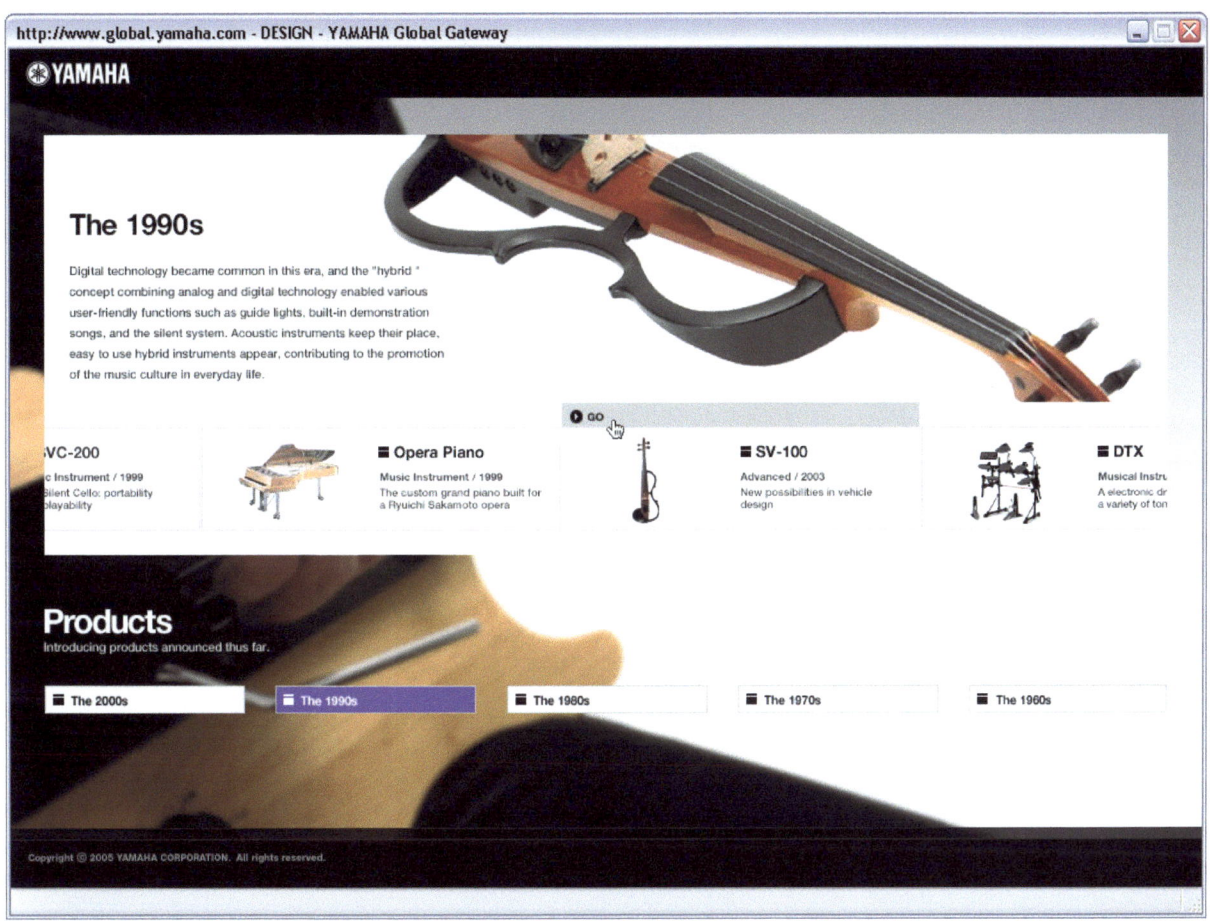

Auf Websites ist das Klicken mit der Mouse eines der am häufigsten verwendeten Formen der Dateneingabe. Ganz im Gegensatz zu diesem Standard lässt sich die Website der Designabteilung von Yamaha ohne jeden Mouse-Klick bedienen. Schon nach kurzer Zeit jedoch empfindet man nichts an der Bedienung dieser Website als ungewöhnlich.

Prinzipien

Im Gegensatz zu Standards werden Prinzipien nicht nur beobachtet und anschließend festgeschrieben, sondern von einzelnen Personen oder von Gruppen formuliert. Im Zusammenhang mit der Konzeption und der Gestaltung von interaktiven Anwendungen sind Standards fast immer sehr detailliert dokumentiert, während die Formulierungen von Prinzipien meistens sehr allgemein gehalten sind. Sie bilden daher Richtlinien mit einem recht allgemeinen Charakter, die mehr die Form von Grundsätzen haben und weniger eine direkt anwendbare Anleitung im Entwicklungsprozess sind. IBM beispielsweise definiert Prinzipien als „fundamental ideals and beliefs used to guide decision making and achieve a pervasive or overall result." (IBM 2006) Prinzipien sind nicht nur wenig detailliert, sondern fast immer auch unvollständig. Daher stellen sie kein ausdefiniertes Modell der User Experience dar, sondern bieten lediglich eine grobe Orientierung. Sie werden jedoch sehr zahlreich veröffentlicht, vor allem von mehr oder weniger bedeutenden Persönlichkeiten aus den Fachgebieten des Designs und der Usability, die damit ein Bewusstsein für ein bestimmtes Vorgehen oder für einen bestimmten Aspekt der Websitekonzeption oder -gestaltung erzeugen möchten. Am häufigsten zitiert werden hier die von Rolf Molich und Jakob Nielsen gemeinsam entwickelten *Ten Usability Heuristics*, die *First Principles of Interaction Design* von Bruce Tognazzini von der Nielsen Norman Group, die *7 Principles of Design* von Donald Norman selbst und schließlich die *Eight Golden Rules of Interface Design* von Ben Shneiderman, der dabei zwar von Regeln spricht, die aber dennoch klar als Prinzipien einzuordnen sind. Auch viele Softwarefirmen stellen Prinzipien auf, um damit besonders den externen Entwicklern von Erweiterungen oder Zusatzapplikationen zu eigenen Anwendungen eine Orientierung zu geben. Am bekanntesten sind hier die *Human Interface Design Principles* des Computer- und Softwareherstellers Apple Computers und die *Microsoft Windows Guidelines for User Interface Developers* des Softwareherstellers Microsoft. Aber auch IBM weisen ausdrücklich darauf hin: „We also offer UI Design Principles." (IBM 2006) Sie sollen hier als Beispiel dienen:

- Support – Place the user in control and provide proactive assistance

- Familiarity – Build on users' prior knowledge

- Obviousness – Make objects and their controls visible and intuitive

- Encouragement – Make actions predictable and reversible

- Satisfaction – Create a feeling of progress and achievement

- Availability – Make all objects available at all times

- Safety – Keep the user out of trouble

- Versatility – Support alternate interaction techniques

- Personalization – Allow users to customize

- Affinity – Bring objects to life through good visual design

Bei einem Vergleich der von einzelnen Personen und von Firmen veröffentlichten Prinzipien zur Konzeption und Gestaltung von Websites wird sehr schnell deutlich, dass diese über weite Strecken nahezu identisch sind. So heißt es bei den Heuristiken von Molich und Nielsen: „Minimize the memory load." (Molich u. Nielsen 1990) Und die achte der goldenen Regeln von Ben Shneiderman empfiehlt fast gleichlautend: „Reduce short-term memory load." (Shneiderman 1992) IBM empfiehlt seinen Entwicklern: „Build on users' prior knowledge." (IBM 2006) Und eines der Designprinzipien von Apple Computers für die Entwicklung von fremden Applikationen auf ihrer Plattform ist: „Take advantage of people's knowledge of the world." (Apple 2006)

Nicht zuletzt durch diese Austauschbarkeit wird offensichtlich, dass die gängigen Prinzipien für eine nutzerzentrierte Konzeption und Gestaltung interaktiver Anwendungen mittlerweile als allgemein bekannt betrachtet werden können. Durch die erheblichen Unterschiede zwischen den entsprechenden Produkten der Firmen und zwischen den konkreten Empfehlungen, die einzelne Personen von ihnen an sich voneinander kaum zu unterscheidenden Prinzipien ableiten, wird aber ebenso deutlich, dass diese Form von Richtlinien zu allgemein formuliert ist, um in der alltäglichen Praxis wirklich sinnvoll eingesetzt zu werden. Dennoch erfüllen Prinzipien eine wichtige Aufgabe, besonders für Menschen, die sich erst seit kurzer Zeit mit der Konzeption und Gestaltung interaktiver Anwendung beschäftigen. Prinzipien können dabei helfen, ein grundsätzliches Verständnis für ein nutzerzentriertes Vorgehen im Entwicklungsprozess interaktiver Anwendungen zu erzeugen. Mit wenigen

Worten bieten sie in der Regel einen sehr guten Überblick. Für welche der vielen zur Verfügung stehenden Sammlungen von Prinzipien man sich dabei entscheidet, ist dabei relativ belanglos.

Regeln

Regeln für die Konzeption und Gestaltung von interaktiven Anwendungen sind sehr kurz, sehr präzise und konkret formulierte Richtlinien. Ihre Anwendung ist sehr einfach, da sie so gut wie keine Interpretation zulassen. Der sicher bekannteste Autor von Gestaltungsregeln für Websites ist der Buchautor Jakob Nielsen. Eine seiner Regeln für die Gestaltung von Websites lautet zum Beispiel: „Make obvious what's clickable: for text links, use colored, underlined text (and don't underline non-link text)." (Nielsen 2004) Ihre Präzision und Konkretheit, die ihre Anwendung so einfach machen, ist aber gleichzeitig auch der größte Nachteil von Regeln. Denn dadurch veralten sie relativ schnell, zumal sich das World Wide Web nach wie vor relativ schnell weiterentwickelt. Aus diesem Grund revidiert Nielsen seine Regeln sehr häufig. Im Juni 1996 stellt er zum Beispiel eine Regel auf, mit der er zu scrollenden Seiten im Web als eines der größten Usability-Probleme verbietet: „Users don't scroll." (Nielsen 1996). Etwa ein Jahr später teilt er dann mit: „Scrolling now allowed." (Nielsen 1997)

Wer sich bei der Konzeption oder Gestaltung einer interaktiven Anwendung ausschließlich auf Regeln verlässt, muss daher regelmäßig sicherstellen, dass die von ihm verwendeten Regeln überhaupt noch aktuell sind. Problematisch dabei ist, dass die wenigsten Autoren solcher Regeln diese zu einem späteren Zeitpunkt noch einmal prüfen, so wie Nielsen das zumindest teilweise tut. Und selbst bei ihm wird bei genauerer Betrachtung seiner Regel-Historie schnell deutlich, dass er Aktualisierungen immer erst dann veröffentlicht, wenn sie mittlerweile wenigstens in Fachkreisen bereits allgemein bekannt sind.

Ein weiteres wichtiges Merkmal von konzeptionellen und gestalterischen Regeln ist ihr Ursprung. In nur sehr wenigen Fällen ist aber dokumentiert, woher eine Regel stammt, oder wie sie entstanden ist. Das erschwert zunächst die Prüfung der Aktualität der Regeln. Ohne Kenntnis des Ursprungs lässt sich aber vor allem nicht mit Sicherheit sagen, ob eine bestimmte Regel tatsächlich für eine konkrete interaktive Anwendung gültig ist, oder ob es sich nicht vielleicht um eine Ausnahme handelt, für die eine bestimmte Regel gerade nicht zutrifft. Abgesehen von dem Rezitieren oder Neuformulieren bestehender Regeln lassen sich drei hauptsächliche Quellen von Regeln für die Konzeption und Gestaltung interaktiver Anwendungen identifizieren.

Standards
Da nach wie vor viele Personen die Einhaltung von Standards als eines der wichtigsten Usability-Kriterien sehen, wird ein sehr großer Teil der Regeln direkt von Standards abgeleitet. Dazu wird für viele verschiedene Einzelfälle der aktuelle Standard beobachtet und detailliert als Regel formuliert. Die am Anfang des Kapitels erwähnte Regel Nielsens, bei Textlinks die Schrift farbig, nach Möglichkeit blau, zu wählen und zu unterstreichen, ist solch eine direkte Ableitung eines Standards. Obwohl ein Wechsel der Schriftfarbe ein Gesamtschriftbild stört, und obwohl die Lesbarkeit eines Textes durch Unterstreichungen und eine blaue Farbe leidet, empfiehlt Nielsen, seine Regel zu befolgen, weil Links in der dem World Wide Web zugrunde liegenden Programmiersprache ursprünglich durch Unterstreichungen von Text und durch die blaue Farbe kenntlich gemacht werden, und sich dadurch seiner Meinung nach die Usability einer Website verbessert. (Nielsen 2001) Neben dem mehr oder weniger schnellen Veralten von Standards besteht die größte Schwäche von darauf basierenden Regeln darin, dass ihre Einhaltung höchstens zu erwartungskonformen Anwendungen führt, die am besten zu benutzende Lösung aber möglicherweise nicht erwartungskonform ist.

Tests
Eine weitere Quelle solcher Regeln sind Tests von konkreten Anwendungen. Die aus solchen Ergebnissen abgeleiteten Regeln werden dann auf alle Anwendungen dieser Art übertragen. Eine Verallgemeinerung von auf diese Weise erlangten konkreten Vorgaben ist nur sehr eingeschränkt hilfreich, da bereits sehr geringe Abweichungen, beispielsweise bei der Struktur oder Gestaltung einer Website, zu einem völlig veränderten Nutzerverhalten führt.

Wissenschaftlichen Studien aus anderen Bereichen
Aus Mangel an spezifischen Studien werden besonders zu Beginn des WWW häufig die Ergebnisse von wissenschaftlichen Studien aus anderen Bereichen auf die Nutzung von Websites übertragen und daraus Regeln für deren Konzeption und Gestaltung abgeleitet. Besonders häufig wird dafür eine Sammlung mehrerer verschiedener Versuche verwendet, die der Psychologe George A. Miller bereits 1956 veröffentlicht. Sie trägt den Namen *The Magical Number Seven, Plus or Minus Two*. Miller möchte damit vor allem eine zu dieser Zeit noch umstrittene Funktion des Gehirns belegen, die heute als Kurzzeitgedächtnis bekannt ist. In den meisten von ihm beschriebenen Versuchen wird überprüft, wieviele verschiedene gesprochene Wörter ein Mensch in genau der Reihenfolge wiedergeben kann, in der er sie kurz zuvor einmal

hört. Als Ergebnis dokumentiert er, dass die Probanden zwischen fünf und neun der einmal gehörten Wörter in der richtigen Reihenfolge wiedergeben. (Miller 1956) Aus dieser Veröffentlichung entsteht eine Regel, die bis heute in mehreren verschiedenen Varianten wiedergegeben wird. Die populärste Variante besagt, dass eine Website im Idealfall sieben Menüpunkte in der Navigation aufweisen sollte, höchstens aber neun und nicht weniger als fünf. Andere Varianten dieser Regel beziehen diese Zahlen auf die Menge der Punkte in einem Dropdown-Menü, oder auf die Anzahl der Eingabefelder in einem Websiteformular. Dieses Beispiel zeigt, wie stark sich die meisten Versuche aus anderen Bereichen von typischen Szenarien bei der Nutzung interaktiver Anwendungen unterscheiden, und wie wenig sie sich daher eignen, um daraus konkrete Regeln für die Konzeption und Gestaltung von Websites abzuleiten. So bekommen, abgesehen von sehbehinderten Menschen, die Nutzer einer Website die Navigation nicht einmal vorgelesen, wie die Probanden die Begriffe in Millers Versuchen, sondern können sie beliebig oft selbst lesen. Die Nutzer müssen daher die Navigation auch nicht aus dem Gedächtnis wiederholen, und schon gar nicht in einer bestimmten Reihenfolge. Bereits ein Blick auf die Websites der erfolgreichsten Online-Shops, die, genauso wie die meistgelesenen Nachrichten-Websites, dem Nutzer ein Vielfaches der angeblich idealen sieben oder maximalen neun Menüpunkten präsentieren, zeigt, dass der Nutzer einer Website offensichtlich mit wesentlich mehr Menüpunkten zurechtkommt, als in dieser Regel vorgegeben. Wie viele das genau sind, ist abhängig von ihrer Wortlänge, der Relevanz der Menüpunkte für den Nutzer und von dessen Vorkenntnissen. (Baddely 1994; LeCompte 2000) Hier zeigt sich eine weitere entscheidende Schwäche von Regeln. Da sie auf der einen Seite möglichst konkret formuliert sind, auf der anderen Seite aber auch so einfach und kurz wie möglich, beziehen sich Regeln fast nie auf den Kontext der interaktiven Anwendung. Da aber bei der Nutzung vor allem von Websites der Kontext eine wichtige Rolle spielt, ist auch das ein weiterer Grund für die sehr eingeschränkte Praxistauglichkeit von Regeln für die Konzeption und Gestaltung von Websites.

Normen

In Deutschland ist die einzige, von der Regierung autorisierte Organisation für die Erstellung von Normen das *Deutsche Institut für Normung (DIN)*. Die wohl bekannteste Norm ist die im Jahr 1922 veröffentlichte DIN 476. Sie beschreibt Papierformate. Ausgehend von dem 1m² großen DIN A0 mit dem Seitenverhältnis 1:√2 werden alle weiteren Formate durch Halbierung der jeweils größeren Seitenlänge erzeugt. An der DIN 476 ist deutlich zu sehen, wie sehr eine Norm den Alltag erleichtern kann. Ein Computernutzer zum Beispiel kann sichergehen, dass jedes Papier mit der Bezeichnung DIN A4, unabhängig davon, wo auf der Welt er es erstanden hat, der Größe nach in seinen entsprechend ausgelegten Drucker passt. Wenn er ein digitales Dokument erstellt, und dabei das Format DIN A4 berücksichtigt, kann er sicher sein, dass sich sein Dokument fast überall auf der Welt in genau der Form ausdrucken lässt, in der er es zuvor angelegt hat.

Charakteristisch für Normen ist, dass diese konsensbasiert entwickelt werden. Das bedeutet, dass bei der Entwicklung von Normen versucht wird, möglichst die Belange aller Betroffenen zu berücksichtigen; vor allem der Personen, die solche Lösungen produzieren, und derer, die die Lösungen schließlich nutzen. So weist das DIN ausdrücklich darauf hin, dass Normen für „Wirtschaft und Gesellschaft" entwickelt werden, „um damit ihre Wettbewerbsfähigkeit zu erhöhen und die Lebensqualität zu verbessern." (DIN 2004) Hält sich ein Papierhersteller beispielsweise an die DIN 476, dann geht er dadurch sicher, dass seine Papiere im Hinblick auf die Ausmaße kompatibel zu den gängigen Druckern und Kopierern sind und dadurch auch von den Besitzern solcher Geräte gekauft werden. Die Käufer des Papiers können wiederum sichergehen, dass das erworbene Papier mit den vorhandenen Geräten genutzt werden kann. Um eine möglichst breite Akzeptanz von Normen zu erreichen, wirkt eine große Anzahl von Experten aus unterschiedlichen Bereichen bei der Erstellung neuer Normen mit. Darüber hinaus bedeutet konsensbasiert aber auch, dass die

Das Deutsche Institut für Normung (DIN)

Für die Normierung in Deutschland ist maßgeblich das Deutsche Institut für Normung (DIN) zuständig. Es wurde bereits 1917 als Normenausschuss der deutschen Industrie (NADI) gegründet. Das DIN hat den Status „einzige zuständige deutsche Organisation für Normung" zu sein. Bisher sind über 30.000 DIN-Normen veröffentlicht worden, und es kommen jedes Jahr etwa 2.500 weitere dazu. Um eine internationale Vereinheitlichung der Normen voranzutreiben, wurde das DIN 1951 Mitglied der International Organization for Standardization (ISO), in welcher heute mehr als 130 Länder vertreten sind. Im Jahr 1961 ist das DIN außerdem Gründungsmitglied des Europäischen Komitees für Normung (CEN). In einem Vetrag werden 1975 die zweiseitigen Beziehungen des DIN und der Bundesregierung festgeschrieben. Gleichzeitig erfolgt die Umbenennung auf den heutigen Namen. Auch das internationale Engagement wird durch diesen Vertrag verifiziert. Seitdem werden alle CEN-Normen automatisch in DIN-Normen übernommen. Und auch viele der ISO-Normen werden von der DIN adaptiert oder gehen in CEN-Normen und damit direkt in DIN-Normen ein. So kommt es, dass heute mehr als 85% der DIN-Normen international gelten. Sie werden dann als DIN EN bezeichnet und gelten für die gesamte Europäische Union oder heißen DIN EN ISO und gelten weltweit.

Das DIN definiert sich selbst als „der Runde Tisch, an dem Hersteller, Handel, Verbraucher, Handwerk, Dienstleistungsunternehmen, Wissenschaft, technische Überwachung, Staat, also alle, die ein Interesse an der Normung haben, zusammenwirken." (DIN 2004) Dabei orientiert sich das DIN an insgesamt zehn Grundsätzen, die einen „Maßstab für ein einwandfreies technisches Verhalten" bilden.

- Freiwilligkeit
- Öffentlichkeit
- Beteiligung aller interessierten Kreise
- Einheitlichkeit und Widerspruchsfreiheit
- Sachbezogenheit
- Konsens
- Orientierung am Stand der Technik
- Orientierung an den wirtschaftlichen Gegebenheiten
- Orientierung am allgemeinen Nutzen
- Internationalität

Die Verwendung von DIN-Normen steht jedem frei, es sind keine Lizenzgebühren oder ähnliche Abgaben zu zahlen.

Anwendung von Normen freiwillig, also aus Einsicht in deren Notwendigkeit geschieht. Normen an sich sind Vorschläge und keine Vorschriften. Eine Pflicht zu ihrer Anwendung kann sich nur aus zusätzlichen Verträgen, Vorschriften oder Gesetzen ergeben.

Unter dem entsprechend formulierten Titel *Empfehlungen für die Programmierung und Auswahl von Software* hat der für alle DIN-Veröffentlichungen verantwortliche Beuth Verlag alle Normen zusammengefasst, die für die Gestaltung der User Experience in irgendeiner Weise relevant sind. Daraus hervorzuheben sind die Teile 10 und 11 der DIN EN ISO 9241.

Der Teil 11 der DIN EN ISO 9241 definiert die Gebrauchstauglichkeit einer interaktiven Anwendung. Da in der englischsprachigen Version der DIN EN ISO 9241-11 die Gebrauchstauglichkeit mit dem Begriff Usability übersetzt ist, wird dieser Teil der Norm häufig als „offizielle" Definition von Usability zitiert. Gebrauchstauglichkeit ist nach dieser Norm „das Ausmaß, in dem ein Produkt durch bestimmte Benutzer in einem bestimmten Nutzungskontext genutzt werden kann, um bestimmte Ziele effektiv, effizient und zufriedenstellend zu erreichen." Damit steht diese Definition allerdings in Widerspruch zu zahlreichen anderen, seit langem anerkannten Definitionen der Usability, die die Effizenz der Nutzung einer interaktiven Anwendung zunächst isoliert betrachten und sie mit der Effektivität und der Zufriedenstellung unter anderen Bezeichnungen zusammenbringen. Inhaltlich jedoch deckt sich die DIN EN ISO 9241-11 weitgehend mit zahlreichen anderen Betrachtungen zum Thema. Dass sie als Grundlage oder Bestandteil einer Definition der User Experience von interaktiven Anwendungen ungeeignet ist, beeinflusst nicht ihren praktischen Nutzen. Zumal sie auch wichtige Punkte betont, die in anderen Definitionen der Usability bisher nur unzureichend berücksichtigt werden. So schließen fast alle Elemente der DIN EN ISO 9241-11 den Nutzungskontext explizit mit ein, der definiert ist als „die Benutzer, Arbeitsaufgaben, Arbeitsmittel (Hardware, Software und Materialien) und soziale Umgebung, in der ein Produkt genutzt wird."

Der Teil 10 der DIN EN ISO 9241 definiert sieben „Grundsätze der Dialoggestaltung", die „für die Gestaltung und Bewertung eines Dialogs als wichtig erkannt worden" sind, und liefert damit den Beitrag, der für die praktische Arbeit eines Informationsarchitekten am stärksten relevant ist. (DIN 2004)

- Aufgabenangemessenheit – Wenn der Dialog „den Benutzer unterstützt, seine Arbeitsaufgabe effektiv und effizient zu erledigen."

- Selbstbeschreibungsfähigkeit – „Wenn jeder einzelne Dialogschritt durch Rückmeldung [...] unmittelbar verständlich ist oder dem Benutzer auf Anfrage erklärt wird."

- Steuerbarkeit – „Wenn der Benutzer in der Lage ist, den Dialogablauf zu starten, sowie seine Richtung und Geschwindigkeit zu beeinflussen [...]."

- Erwartungskonformität – „Ein Dialog ist erwartungskonform, wenn er konsistent ist und den Merkmalen des Benutzers entspricht, z.B. seinen Kenntnissen […], seiner Ausbildung […], seiner Erfahrung […]."

- Fehlertoleranz – „Wenn das beabsichtigte Arbeitsergebnis trotz erkennbar fehlerhafter Eingaben entweder mit keinem oder mit minimalem Korrekturaufwand seitens des Benutzers erreicht werden kann."

- Individualisierbarkeit – „Wenn das Dialogsystem Anpassungen an die Erfordernisse der Arbeitsaufgabe sowie an individuellen Fähigkeiten und Vorlieben des Benutzers zulässt."

- Lernförderlichkeit – „Ein Dialog ist lernförderlich, wenn er den Benutzer des Dialogsystems unterstützt und anleitet."

Auffällig an der DIN EN ISO 9241-10 sind zum einen zahlreiche Widersprüche zwischen den einzelnen Grundsätzen der Dialoggestaltung, zum anderen teilweise recht starke Überschneidungen der Grundsätze. So steht die Lernförderlichkeit im Widerspruch zu fast allen anderen Grundsätzen, da eine interaktive Anwendung, die sich selbst beschreibt und erwartungskonform ist, auf Fehler tolerant reagiert und sich dazu noch individualisieren lässt, nicht erlernt werden muss. Gleichzeitig überschneidet sich die Definition der Lernförderlichkei deutlich mit der Definition der Erwartungskonformität. Zu Letzterem heißt es: „Zustandsmeldungen des Dialogsystems werden stets an derselben Stelle ausgegeben." Die Lernförderlichkeit wird so beschrieben: „Gleichartige Hinweismeldungen erscheinen stets am selben Ort im Anzeigebereich." (DIN 2004)

In ihrem Detaillierungsgrad sind diese Grundsätze vergleichbar mit den bereits erwähnten Prinzipien. Das unterscheidet die DIN EN ISO 9241 deutlich von den meisten anderen Normen der DIN EN ISO, in denen in der Regel sehr genaue Maße vorgeschlagen werden, wie beispielsweise bei der DIN 476. Die Flexibilität und Offenheit der Grundsätze ist jedoch ganz bewusst gewählt: „Diese Grundsätze können bei der Leistungsbeschreibung, Gestaltung und Bewertung von Dialogsystemen angewandt werden, jedoch nur als allgemeine Leitlinien. Die Art und Weise, in der jeder einzelne Grundsatz […] umgesetzt werden kann, hängt von den Merkmalen des Benutzers, […] den Arbeitsaufgaben, der Arbeitsumgebung und der jeweils eingesetzten Dialogtechnik ab." (DIN 2004) Da der Kontext, in dem interaktive Anwendungen genutzt werden, bereits heute sehr verschiedenartig ist, und sich in Zukunft diese Verschiedenartigkeit noch weiter verstärken wird, sind konkrete Vorgaben, wie in dem Kapitel *Regeln* dargestellt, in der Praxis besonders auf längere Sicht, wenig hilfreich. Eine Zertifizierung von interaktiven Anwendungen nach der DIN EN ISO 9241, mit der sich in letzter Zeit immer mehr Produkte auszeichnen und wie sie häufig als Dienstleistung angeboten wird, ist daher per Definition nicht erfolgreich möglich, es sei denn, all diese Merkmale des Kontextes würden im Zusammenhang mit der Zertifizierung berücksichtigt und auch zusammen mit der Zertifizierung genannt. Dann aber wäre sie so spezifisch, dass sie in den meisten Fällen keinen praktischen Wert hätte.

Analyse

Zu Beginn der Konzeptionsarbeit steht die Analyse der vielfältigen Anforderungen, die am Ende des Projekts durch eine interaktive Anwendung erfüllt werden sollen. Je größer die Komplexität und der Umfang des Projekts, desto wichtiger ist es, dabei systematisch vorzugehen. Zunächst bietet es sich an, die Anforderungen in drei Gruppen zu unterteilen und sie getrennt voneinander zu erfassen:

- Businessanforderungen
- Nutzeranforderungen
- Marktanforderungen

Diesen Gruppen lassen sich alle Arten von Anforderungen unterordnen, so auch die technischen Anforderungen, die zu je einem Teil in jeder dieser drei Gruppen enthalten sind. Die Aufteilung der Analyse in drei Gruppen ist besonders wichtig, weil sich in der Regel eine große Anzahl der so analysierten Anforderungen aus den verschiedenen Gruppen gegenseitig widersprechen. Aus verschiedenen Businessanforderungen kann sich beispielsweise für den Auftraggeber der Bedarf ergeben, mit möglichst geringem finanziellen Einsatz die hochwertigste Website einer bestimmten Branche zu betreiben und gleichzeitig möglichst umfangreiche Daten über die Nutzer zu sammeln. Die Nutzer einer Website haben aber in der Regel Anforderungen, nach denen sie eine Website vollständig nutzen wollen, möglichst ohne persönliche Daten weiterzugeben. Und eine Analyse des Marktes kann ergeben, dass die Websites der direkten Konkurrenten allesamt sehr aufwändig umgesetzt sind und dass die Erstellung einer führenden Website in dieser Branche daher mit erheblichem finanziellen Aufwand verbunden ist.

Aus diesem Grund ist zum Abschluss der Analyse eine sehr sorgfältige Bewertung der einzelnen Anforderungen unbedingt notwendig, bei der es gilt, eine Balance zwischen den drei Gruppen von Anforderungen herzustellen. Denn nur wenn die Anforderungen aller drei Gruppen ausreichend erfüllt werden, kann eine interaktive Anwendung erfolgreich sein.

Businessanforderungen

Sogar bei einem nutzerzentrierten Entwicklungsprozess sind die wichtigsten aller Anforderungen an eine interaktive Anwendung die Businessanforderungen. Keine interaktive Applikation und keine Website besteht als Selbstzweck. Jeder Auftraggeber und jeder Betreiber einer Website verfolgt damit bestimmte Ziele, die er damit erreichen möchte. Dabei kann der finanzielle Profit im Mittelpunkt stehen, wenn beispielsweise eine Website dem direkten Verkauf von Waren dient, wie bei einem Online-Shop, oder wenn sie indirekt für die Verkaufsförderung eingesetzt wird, indem sie über bestimmte Produkte informiert, wie bei der Website eines Automobilherstellers. Auch die Unterstützung bei der Bildung einer Marke oder des Images eines Unternehmens kann profitorientiert sein, wenn denn mit dieser Marke oder dem entsprechenden Image Geld verdient werden soll. Aber es gibt auch Businessanforderungen an eine Website ohne Profitorientierung, zum Beispiel wenn sie Bestandteil einer Kampagne ist, die über die Gefahren des Rauchens aufklärt.

In welcher Form und in welchem Umfang die Analyse der Businessanforderungen durchgeführt wird, hängt stark von den Voraussetzungen auf Seiten des Auftraggebers ab. Daher gilt es zunächst, diese zu analysieren. Zum einen sind dabei die beim Auftraggeber für das Projekt verantwortlichen Personen und ihre genauen Rollen und Aufgaben in dem Projekt zu identifizieren. Zum anderen geht es darum, alle relevanten Informationen vom Auftraggeber zu erhalten, durch die die Voraussetzungen des Projekts definiert sind. Viele dieser Informationen werden von den verschiedenen Auftraggebern in ähnlicher Form dokumentiert. Nahezu alle Unternehmen besitzen einen Styleguide, in dem zumindest das Erscheinungsbild des Unternehmens in Printmedien definiert ist. Vielfach besteht auch ein Styleguide für elektronische Medien. Darüber hinaus liegen meistens übergreifende Marketingstrategien vor, in immer mehr Fällen sogar eine spezifische Strategie für das Engagement im World Wide Web. Häufig aber wird die Entwicklung einer solchen Strategie auch als ein

Bestandteil eines Websiteprojekts mit beauftragt. Eine Webstrategie legt beispielsweise fest, zu welchen Zeitpunkten und mit welchen Mitteln die verschiedenen Phasen einer Produkteinführung unterstützt werden, oder welche Menge an neuen Kontaktdaten über die Website generiert werden soll, und welche persönlichen Angaben diese genau enthalten. Sehr konkrete Voraussetzungen bestehen oft im Bereich der Technik, mit häufig entscheidendem Einfluss auf die Konzeption und die Gestaltung einer Website. Viele im Einsatz befindliche Content-Management-Systeme sind in Bezug auf die Darstellung der Navigation massiv eingeschränkt, bestehdende Produktdatenbanken des Kunden liefern Bild- und Textinformationen oft nur in einem ganz bestimmten Format, zu integrierende Applikationen legen den Ablauf damit verknüpfter Webservices teilweise fest.

Nach der Analyse der Projektvoraussetzungen auf der Kundenseite lässt sich für die beauftragte Agentur oder Firma der eigene Bedarf an Personen oder Rollen für die Analyse bestimmen. Im nächsten Schritt wird dann die tatsächliche Analyse der Businessanforderungen vorgenommen. Das geschieht in der Regel in mehreren Workshops mit den jeweils Verantwortlichen auf der Seite des Auftraggebers und den entsprechenden Fachleuten auf der Seite der Agentur. Von entscheidender Bedeutung für den Projekterfolg ist dabei die Qualität der Dokumentation der analysierten Anforderungen. Umfang und Komplexität vieler Website-Projekte entsprechen mittlerweile klassischen Software-Projekten. Vermehrt wird daher besonders für die Analyse von Businessanforderungen auf Vorgehensweisen zurückgegriffen, die ursprünglich für die Entwicklung von klassischer Software vorgesehen sind. Diese Prozessdefinitionen geben auf der einen Seite wertvolle Hinweise, besonders für die systematische Durchführung einer Analyse der Businessanforderungen. Sie sind aber auf der anderen Seite wegen der zahlreichen erheblichen Unterschiede zwischen den Entwicklungsprozessen von klassischer Software und von Websites in vielen Bereichen für eine Anwendung bei der Websiteentwicklung völlig ungeeignet.

Das *Institute of Electrical and Electronics Engineers (IEEE)* hat mit der *IEEE Recommended Practice for Software Requirements Specifications* einen bei den Entwicklern klassischer Software allgemein anerkannten Leitfaden für die Anforderungsanalyse veröffentlicht. Darin sind mehrere Eigenschaften einer qualitativ hochwertigen Anforderungsanalyse („Characteristics of good SRS") zusammengefasst, die grundsätzlich auch für die Analyse der Businessanforderungen bei der Entwicklung einer Website zutreffen:

- korrekt („correct")
- unmissverständlich („unambiguous")
- vollständig („complete")
- konsistent („consistent")
- bewertet nach Bedeutung und/oder Beständigkeit („ranked for importance and/or stability")
- nachprüfbar („verifiable")
- veränderbar („modifiable")
- rückverfolgbar („traceable")

Im Gegensatz zur Entwicklung klassischer Software sind in die Entwicklung einer Website, vor allem auf der Seite des Auftraggebers, aber auch in den Projektteams der beauftragten Agenturen oder Büros, Personen involviert oder verantwortlich, deren programmiertechnische Fachkenntnisse nicht annähernd an die eines Entwicklers klassischer Software heranreichen. Denn vielfach sind diese Personen noch in anderen Bereichen spezialisiert, beispielsweise im Produktmanagement oder Marketing oder in der Gestaltung oder der Usability. Die Vorgehensweise, die von der *IEEE* vorgeschlagen wird, um die gewünschte Qualität zu erreichen, ist in vielen Fällen nur von softwaretechnisch versierten Personen nachzuvollziehen. So kann dann zum Beispiel die Definition der Unmissverständlichkeit der Dokumentation von Anforderungen von den meisten Auftraggebern noch akzeptiert werden. „An SRS is unambiguous if, and only if, every requirement stated therein has only one interpretation." (IEEE 1998) Um eine unmissverständliche Formulierung der Anforderungen zu erreichen, empfiehlt das *IEEE* jedoch, diese statt in natürlicher Sprache in einer spezifischen Fachsprache zu dokumentieren, die automatisch auf Fehler geprüft werden kann: „One way to avoid the ambiguity inherent in natural language is to write the SRS in a particular requirements specification language. Its language processors automatically detect many lexical, syntactic, and semantic errors." (IEEE 1998) Der für das Erlernen solch einer Sprache notwendige Aufwand steht bei vielen Website-Entwicklungen für den Auftraggeber in keinem sinnvollen Verhältnis zum Gesamtaufwand.

An diesem Punkt wird deutlich, dass eine Übertragung von Prozessen zur Entwicklung klassischer Software auf den Website-Entwicklungsprozess aufgrund der unterschiedlichen Wissensschwerpunkte der Beteiligten auch mit Hilfe von Anpassungen nicht ohne weiteres möglich ist. Es besteht dringender Bedarf an einem – besonders in Hinblick auf die Dokumentation der Anforderungen – spezifischen Entwicklungsprozess für Websites, in dem die beteiligten Disziplinen gemeinsam alle notwendigen Definitionen vornehmen können, und der es einem Auftraggeber erlaubt, die Auswirkungen seiner Entscheidungen abzuschätzen. (Arndt 2005A)

Nutzeranforderungen

Wie wenig der Betreiber einer Website über deren Nutzer weiß, macht der Karikaturist Peter Steiner mit einem mittlerweile legendären Cartoon in der Ausgabe der Zeitung *The New Yorker* vom 05. Juni 1993 deutlich. In Steiners Zeichnung sitzen zwei Hunde vor einem Desktop-Computer. Während der eine Hund mit der Tastatur etwas in den Computer eingibt, erklärt er dem anderen: „On the Internet, nobody knows you're a dog." Um einen Entwicklungsprozess nutzerzentriert durchzuführen, ist es aber zwingend notwendig, bereits zu Beginn des Prozesses so viel wie möglich über die Nutzer der zu entwickelnden Website – vor allem in Bezug auf ihre Erwartungen an die Website – in Erfahrung zu bringen. Sich als Gestalter, Konzepter oder Informationsarchitekt in einen möglichen Nutzer einer interaktiven Anwendung hineinzuversetzen, um sich dadurch für dessen Bedürfnisse zu sensibilisieren, ist dabei zwar sehr hilfreich. Dass man so aber nur sehr selten in der Lage ist, die tatsächlichen Anforderungen der Nutzer herauszufinden, lässt sich an vielen Beispielen zeigen. So fordert David Siegel, der amerikanische Autor des Bestsellers *Creating Killer Web Sites* im Jahr 1999 in seinem ebenfalls beachtenswerten Buch *Futurize Your Enterprise* in dem Kapitel *Letting Customers Lead*, dass Automobilhersteller das Angebot auf ihren Websites nicht produktzentriert („product-driven") strukturieren sollen, sondern nach den Lebenssituationen ihrer Kunden: „What does the customer see? Sections for minivans, sedans, convertibles and sport-vehicles. […] And of course a nifty color selector. […] A customer-led auto manufacturer site would provide areas for commuters, families, students, sport-driving enthusiasts, business, and so on." (Siegel 1999) Mit einem Test jeder beliebigen Automobil-Website lässt sich heute bestätigen, was mittlerweile auch als Ergebnis zahlreicher Studien veröffentlicht ist. Der größte Teil der Nutzer bevorzugt ganz im Gegensatz zu Siegels Annahme eine Strukturierung des Fahrzeugangebots nach Fahrzeugtypen (Minivan, Cabrio, Limousine usw.). Eine interaktive Auswahl von Fahrzeugfarben ist eine der am stärksten nachgefragten Funktionalitäten auf einer solchen Website. (Taylor et al. 2004; Autret 2004; Bünger et al. 2003) Eine Fahrzeugauswahl nach Lebenssituationen dagegen wird von den meisten Nutzern abgelehnt und ignoriert. Produktzentriert kann also auch gleichzeitig nutzerzentriert sein. Ist es aber auch nicht immer. Denn ein Nutzer, der sich auf der Website einer Versicherung oder Bank über Finanzprodukte informieren möchte, wünscht in der Regel eine beratende Funktionalität, die seine persönliche Situation mit einbezieht. (Fittkau u. Maaß 2001) Hier wird deutlich, dass man an valide Aussagen zu den Nutzeranforderungen nur mit Hilfe von Befragungen oder Untersuchungen gelangt, die man entweder selbst durchführt, oder die von Forschungsunternehmen durchgeführt und als Studienauswertung verkauft werden.

Um eine Analyse von Nutzeranforderungen systematisch durchführen zu können, werden diese zunächst anhand bestimmter gemeinsamer oder ähnlicher Merkmale zu mehreren so genannten Zielgruppen zusammengefasst. Eine der ältesten Zielgruppendefinitionen und sicher die bekannteste stellen die Sinus-Milieus des 1978 gegründeten Heidelberger Instituts *Sinus Sociovision* dar. Der Ansatz dieser und mittlerweile auch der meisten anderen aktuellen Einteilungen von Nutzergruppen besteht in der Annahme, dass das Konsumverhalten der Menschen und damit letztendlich auch die Art der Nutzung des World Wide Web immer weniger durch soziodemographische Merkmale bestimmt wird, wie beispielsweise Alter, Geschlecht und Größe der Familie, als vielmehr durch ihre „Alltagswirklichkeit", die sich aus verschiedenen Merkmalen bezüglich „Lebensauffassung, Lebensweise, Wertprioritäten, sozialer Lage und Lebensstil" ableitet. (Sinus Socovision 2006) Die Sinus-Milieus nehmen daher eine Unterteilung der Gesellschaft zum einen nach der Grundorientierung der Menschen vor, die wiederum unterschieden wird in *Traditionelle Werte*, *Modernisierung* und *Neuorientierung*. Zum anderen unterscheiden sie die Menschen nach ihrer sozialen Lage, die sich vor allem aus dem Beruf und der Bildung ergibt, unterteilt in *Untere Mittelschicht/Unterschicht*, *Mittelschicht* sowie *Obere Mittelschicht/Oberschicht*. Diese Unterteilungen werden häufig in einer zweidimensionalen Matrix dargestellt, in der insgesamt zehn verschiedene Milieus als recht amorphe Flächen eingezeichnet sind. Wegen der Form dieser Flächen trägt diese Darstellung umgangssprachlich auch den Namen Kartoffel-Grafik. Die zehn einzelnen Milieus werden in vier Gruppen zusammengefasst. Mit einem Anteil von etwa 49% der Gesellschaft bilden die *gesellschaftlichen Leitmilieus* die größte Gruppe, bestehend aus *Etablierten*, *Postmateriellen* und *Modernen Performern*. Sie sind in der *Oberen Mittelschicht/Oberschicht* angesiedelt. Lediglich 5% machen die *Traditionellen Milieus* aus, die sich aus *Konservativen*, *Traditionsverwurzelten* und *DDR-Nostalgischen* mit einer *traditionellen Werteorientierung* quer durch alle sozialen Schichten zusammensetzen. Im Zentrum sowohl der sozialen Schichten, als auch der Werteorientierungsgruppen sind die *Mainstream Milieus* mit einem Anteil von 17% anzutreffen, bestehend aus *Bürgerlicher Mitte* und *Konsum-Materialisten*. Die *Hedonistischen Milieus* mit dem zweitgrößten Anteil von 29% bestehen aus *Experimentalisten* und *Hedonisten*, die im Bereich der *Neuorientierung* ebenfalls quer durch alle sozialen Schichten anzutreffen sind. (Sinus Socovision 2006)

Ebenfalls im Jahr 1978 wird das *Research Institute on Social Change (RISC)* gegründet. Auch das *RISC* unterscheidet zehn verschiedene, den Zielgruppen entsprechende so genannte Segmente, die allerdings beim *Western Scan* so definiert sind, dass jede Zielgruppe einen Anteil von genau 10% an der Gesamtgesellschaft hat. Die Gruppen werden als kugelförmige Wolke in einer dreidimensionalen Matrix abgebildet, wobei die X-Achse zwischen den Eigenschaften *Responsibility* und *Enjoyment* gespannt wird, die Y-Achse durch die Gegensätze *Stability* am unteren und *Expansion* am oberen Ende definiert wird und die Z-Achse den Grad des Gegensatzes zwischen *Structure* und *Flexibility* definiert. Das obere Segment der Kugel bilden die *Enthusiasts*, denen Eigenschaften wie Aktivität, Neugier und Unabhängigkeit zugeschrieben werden. Die Ebene darunter besteht aus den verantwortungsvollen, toleranten und praktisch veranlagten *Pathfinders*, den disziplinierten und autoritätshörigen *Connoisseurs*, den auf Status und Image bedachten *Daredevils*, sowie den opportunistischen *Surfers*. Die nächste Ebene setzt sich zusammen aus den harmoniebedürftigen, vorsichtigen *Caretakers*, den loyalen, vertrauensvollen und defensiven *Guardians*, den hart arbeitenden, materialistischen *Wannabes* sowie den sorgenfreien und experimentierfreudigen *Jugglers*. Die Basis bilden schließlich die häuslichen, religiösen *Contenteds*. (RISC 2006)

Die Definitionen der RISC-Segmente und der Sinus-Milieus haben einen eher übergreifenden und allgemeinen Charakter. Sie formulieren „die grundlegenden Wertorientierungen" und „Alltagseinstellungen" der Menschen. (Sinus Socovision 2006) Für die nutzerzentrierte Konzeption einer Website werden in der Regel sehr viel spezifischere Definitionen benötigt, die zudem noch weitere, über die „Alltagswirklichkeit" hinausgehende Aspekte berücksichtigen. So spiegelt sich der kulturelle Hintergrund von Menschen nicht unbedingt in seinem Alltagsleben wider, selbst wenn das für verschiedene Länder getrennt analysiert wird. Die Kultur des Nutzers spielt aber bei interaktiven Anwendungen eine sehr wichtige Rolle. Eine entsprechende Analyse ist besonders bei internationalen Projekten wichtig, die kulturelle Vielfältigkeit nimmt aber auch national immer mehr zu.

Bei Produkten mit besonders innovativen Technologien, die auch im World Wide Web immer wieder neu eingeführt werden, ist es wichtig, bei der Beschreibung der Nutzergruppen zusätzlich auch den Zeitraum zu berücksichtigen, der zwischen der Produkteinführung und dem Moment, in dem diese Technologie von einer bestimmten Gruppe regelmäßig verwendet wird, liegt. Dazu werden so genannte Diffusionstheorien verwendet, in denen die theoretischen Konzepte der Diffusion, der Ausbreitung von Innovationen in einem sozialen System sowie der Adoption, der Übernahme von

Innovationen durch individuelle Personen oder Gruppen, zusammengefasst sind. Die erste Diffusionstheorie wird auf den französischen Soziologen Gabriel Tarde zurückgeführt, am bekanntesten sind jedoch die Ausführungen von Everett M. Rogers, heute Professor an der Stanford University, in seinem Buch *Diffusion of Innovations*. Er definiert darin die Diffusion als „process by which an innovation is communicated through certain channels over time among the members of a social system." (Rogers 1995) Auf Basis zahlreicher empirischer Studien unterteilt er die Nutzer einer Innovation in fünf Gruppen. Die Gruppe der *Innovators* ist relativ klein, sie hat einen Anteil von etwa 2,5%. Deren Nutzer übernehmen die Innovation gleich nach der Veröffentlichung. Sie sind risikobereit, verfügen in der Regel über ein tiefes technisches Verständnis und haben eine wichtige Rolle als Multiplikatoren inne. Anschließend übernehmen die *Early Adopters* die Innovation. Sie machen einen Anteil von etwa 13,5% aus und sind gegenüber Innovationen sehr viel kritischer als die *Innovators*. Daher prüfen sie die Innovation vor der Adaption sorgfältig. Ungefähr 34% der Nutzer zählen zu der *Early Majority*. Sie verbringen einige Zeit damit, die Vor- und Nachteile gegeneinander abzuwägen, bevor sie die Innovation übernehmen. Ebenfalls aus etwa 34% besteht die *Late Majority*, deren Nutzer die Innovationen erst dann übernehmen, wenn eine große Anzahl anderer Nutzer das vor ihnen tut und die Innovation sich dort bewährt. Zum Schluss übernehmen die *Laggards*, die etwa 16% der Nutzer ausmachen, die Innovation. Sie sind sehr traditionell orientiert und haben eine äußerst misstrauische Einstellung gegenüber Innovationen. Während die Sinus-Milieus kaum Veränderungen unterworfen sind und die Zuordnung einer Person zu einem bestimmten Milieu lange Bestand hat, unterliegen die diffusionstheoretischen Zuordnungen starken Schwankungen. Ein Nutzer kann in Bezug auf eine bestimmte Innovation zum Beispiel zu den *Laggards* gehören, während er im selben Moment bei einer anderen Innovation zu den *Innovators* zählt. Werden durch eine Analyse der Nutzeranforderungen mit Hilfe einer Diffusionstheorie die Gründe für die vorübergehende Ablehnung der Innovation bei einigen Nutzergruppen offensichtlich, kann bei der Konzeption einer innovativen interaktiven Anwendung darauf Rücksicht genommen werden und die Diffusion deutlich beschleunigt werden.

Welche Analysemethode sich in einem konkreten Projekt am besten eignet, lässt sich nicht pauschal beantworten, sondern muss in jedem Einzelfall neu geprüft werden. Handelt es sich bei dem Projekt um den Relaunch einer Website, und steht zunächst vor allem die Usability im Vordergrund, dann bietet es sich an, zunächst das Nutzerverhalten auf der bereits bestehenden Website zu analysieren. Das ist mit vielen der empirischen Evaluationsmethoden möglich, die ebenfalls für die entwicklungsbegleitenden und abschließenden Tests einer Website genutzt werden (vgl. Kapitel *Evaluation*). Mit relativ wenig Aufwand lässt sich auch ein so genanntes Tracking der Website vornehmen. Dazu werden mit einer entsprechenden

Software an wichtigen oder charakteristischen Punkten der Struktur Markierungen gesetzt, mit denen gemessen wird, wie oft und in welcher Reihenfolge ein Nutzer die markierten Sektionen aufruft. So lässt sich zum Beispiel feststellen, wieviele Nutzer eines Online-Shops einen Bestellprozess beginnen, wieviele ihn erfolgreich abschließen und an welchen Stellen die übrigen Nutzer die Bestellung abbrechen. Ist die Abbruchrate überdurchschnittlich hoch, dann ist der Grund möglicherweise ein Usability-Problem in einem bestimmten Schritt des Bestellprozesses. Welcher Schritt dafür in Frage kommt, lässt sich durch das Tracking problemlos feststellen. Mittels Tracking lassen sich auch einige Aspekte der Utility analysieren. So kann zum Beispiel abgelesen werden, welche Informationen die Nutzer direkt hintereinander aufrufen. Sind das bei einem Großteil der Nutzer genau die gleichen Informationen in der gleichen Reihenfolge, dann deutet das möglicherweise darauf hin, dass die Nutzer die entsprechenden Bereiche inhaltlich in sehr enger Beziehung zueinander sehen. Entsprechend sollte geprüft werden, ob die Verknüpfung dieser Sektionen ausreichend erkennbar und nachvollziehbar ist. Dem Tracking sehr ähnlich, wenn auch auf eine einzige Nutzungsform beschränkt, ist die Analyse der Nutzereingaben bei einer Suchfunktion. Hier kann zum einen festgestellt werden, welche Informationen der Nutzer sucht, also welche inhaltlichen Erwartungen er an die Website hat. Zum anderen kann geprüft werden, wie er die von ihm gesuchten Informationen benennt. Daraus ergeben sich unter Umständen Hinweise auf die Formulierung von Inhalten oder Navigationspunkten. Websites mit einem sehr begrenzten Kreis von Nutzern, wie beispielsweise ein Extranet oder ein Intranet, bieten ideale Voraussetzungen, um eine Analyse der Anforderungen durch Interviews oder Workshops mit einzelnen Vertretern der jeweiligen Nutzergruppen zu erarbeiten. Dabei ist es wichtig, diese möglichst offen durchzuführen, um so auch unerwartete und nicht vorhersehbare Anforderungen festzustellen.

Marktanforderungen

Bei der Entwicklung einer interaktiven Anwendung und ganz besonders bei Websites werden viele Businessanforderungen in Anlehnung an den Markt formuliert. So gesehen stellt auch der Markt Anforderungen an eine interaktive Anwendung. Diese müssen im Rahmen des Entwicklungsprozesses ebenso sorgfältig analysiert werden, wie die Business- und Nutzeranforderungen. Der Markt wird vor allem durch vergleichbare Produkte definiert, besonders durch die der direkten Konkurrenz des Auftraggebers, aber auch durch die hardware- und softwaretechnischen Rahmenbedingungen, die zum Launch einer Website herrschen. Eine Businessanforderung, nach der eine zu entwickelnde Website in einer bestimmten Branche führend sein soll, beispielsweise die größte Online-Jobbörse Europas, hängt ab von der Marktanforderung, die sich in diesem Fall aus der Größe der konkurrierenden Jobbörsen ergibt. Eine Businessanforderung, nach der die neuesten Webtechnologien eingesetzt werden sollen, ist abhängig davon, welche solcher Technologien aktuell zur Verfügung stehen. Durch einen Vergleich mit der bereits bestehenden Website des Auftraggebers lässt sich der voraussichtliche Umfang des Projekts bestimmen. Doch auch unabhängig von sich darauf beziehenden Businessanforderungen ist eine Analyse des Marktes sinnvoll, um die Stärken und Schwächen des eigenen Produkts einzuschätzen.

Besteht bereits eine Website, ist ein direkter Vergleich mit den Websites der Mitbewerber, ein so genanntes Benchmarking, sehr gut für die Marktanalyse geeignet. Im Gegensatz zu anderen Bereichen lässt sich eine Konkurrenzanalyse bei den interaktiven Anwendungen grundsätzlich mit relativ wenig Aufwand erstellen, besonders wenn es sich um die frei zugänglichen Websites der Konkurrenten handelt. Mit der Eingabe weniger typischer Begriffe in eine der gängigen Suchmaschinen erhält man bereits einen akzeptablen Überblick über das Angebot der Konkurrenz. Die einmalige Beobachtung der aktuellen Websites der Konkurrenten liefert jedoch lediglich einen Schnappschuss von deren Online-Engagement.

Sehr viel aussagekräftiger ist jedoch eine systematische, kontinuierliche Beobachtung, um mittel- und langfristige Entwicklungen zu erkennen und möglicherweise sogar auf die Online-Strategien der Konkurrenz zurückschließen zu können. Um die notwendige Stetigkeit und Systematik, aber auch um Neutralität zu gewährleisten, lohnt es sich häufig, die Hilfe eines auf Website-Benchmarking spezialisierten Marktforschungsinstituts in Anspruch zu nehmen. Für viele Branchen, die erfahrungsgemäß große Summen für ihre Präsenz im World Wide Web investieren, wie beispielsweise die Automobilherstellung oder die Finanzdienstleistung, werden bereits von Experten durchgeführte, vergleichende Analysen angeboten. Am wertvollsten ist jedoch ein Vergleich mit der Konkurrenz unter Einbeziehung von Meinungen der Nutzer. Dazu beauftragen mehrere Unternehmen der gleichen Branche gemeinsam ein Institut mit der Durchführung und Auswertung einer einheitlichen Nutzerbefragung auf ihren Websites. Damit wird nicht nur die Qualität der eigenen Website offensichtlich, sondern auch die Positionierung zu den Konkurrenten. Dem großen Nachteil solcher Untersuchungen, dass die Konkurrenz die Schwächen und auch die Stärken der eigenen Website erfährt, steht der enorme Vorteil gegenüber, genau diese Informationen regelmäßig von einer großen Zahl der Mitbewerber zu erfahren. So wird gewährleistet, dass die Website eines Unternehmens qualitativ mit denen der Konkurrenz schritthält, oder ihnen voraus ist, auch wenn diese sich nachhaltig ändern. Besonders interessant ist beispielsweise, in welchen Bereichen ein Mitbewerber Problem hat, um diese bei der eigenen Website von Anfang an zu vermeiden, oder wie ein Mitbewerber, bei dem die Studie ein gleiches oder ähnliches Problem aufdeckt, dieses löst und wie groß der Erfolg der Lösung im Gegensatz zu der eigenen Lösung ist. Und nicht zuletzt sind die Kosten durch die gemeinsame Beauftragung im Verhältnis zu der Qualität der Ergebnisse sehr niedrig. Führende Automobilhersteller und Firmen aus dem Versicherungs- und Bankgewerbe haben sich daher bereits vor vielen Jahren zu solchen Gemeinschaften zusammengeschlossen, der Kreis der beteiligten Unternehmen, und damit der Nutzen für jeden einzelnen, wird stetig größer.

Doch auch wenn eine intensive Analyse der eigenen Branche die hochwertige Konzeption und Gestaltung einer Website unterstützen kann, ist auch eine branchenübergreifende Betrachtung des Marktes wichtig, um alle relevanten Entwicklungen und Trends rechtzeitig zu erfahren. Wird immer nur das Branchenumfeld analysiert, besteht kaum die Möglichkeit, innerhalb einer Branche eine Vorreiterrolle zu übernehmen. Denn besonders im World Wide Web entwickeln sich gerade in nicht so sorgfältig beobachteten Branchen häufig neue Formen der Strukturierung, der Darstellung oder der Interaktion. Darüber hinaus bietet es sich an, sogar außerhalb des WWW relevante soziale und kulturelle Entwicklungen zu beobachten, da diese sich häufig online fortsetzen oder manifestieren. Je nach Branche bieten sich hier zunächst verwandte gestalterische Disziplinen an, wie beispielsweise das

Industrial Design oder das Grafic Design. Aber auch Studien aus der Psychologie oder Soziologie können interessante Perspektiven eröffnen. Auch für diese Art von Analysen gibt es zahlreiche spezialisierte Institute.

Strukturierung

Schon immer strukturieren Menschen ihre Informationen über die Welt. Zum einen, um sich in ihrem Informationsbestand und damit in ihrer Welt besser orientieren zu können. Zum anderen, um dadurch neue Erkenntnisse und damit weitere Informationen über die Welt zu erlangen. Schon immer verfolgten die Menschen dabei das Ziel, ihren gesamten Informationsbestand vollständig zu strukturieren. Schon in der Antike um 350 v. Chr. entwickelt Aristoteles eine solche universale Strukturierung, die auf zehn Hauptkategorien basiert:

- Substanz
- Qualität
- Quantität
- Relation
- Ort
- Zeit
- Tun
- Lage
- Haben
- Leiden

Diese Strukturierung wird als Kategorienlehre bezeichnet und ist bis heute Vorbild für die meisten wissenschaftlichen Unterteilungen von Informationen. So nutzt auch der Grammatiker und Dichter Kallimachos von Kyrene die Kategorien aus Aristoteles' Lehre, um die Schriften in der bedeutendsten Bibliothek der Antike, dem von Ptolemäus gegründeten Museion von Alexandria, zu ordnen. Auf 120 Schriftrollen, den Pinakes, katalogisiert er eine umfangreiche Auswahl der zuletzt bis zu 700.000 Schriften der Bibliothek nach den zehn Kategorien Aristoteles. Innerhalb dieser Kategorien sind die Schriften alphabetisch nach den Namen der Autoren gegliedert. Zu jedem der verzeichneten Autoren enthalten die Pinakes zusätzlich eine Kurzbiographie. Die eigentlichen Werke sind mit einem Etikettierungssystem ausgestattet, das es ermöglicht, sie zu identifizieren, ohne sie dazu aus den Regalen ziehen zu müssen. Die Pinakes sind allerdings nicht für den öffentlichen Gebrauch vorgesehen. Die Bibliothek von Alexandria wird vermutlich im Jahr 272 n. Chr. zusammen mit dem alexandrinischen Palastviertel von Kaiser Aurelian zerstört. Die Kategorielehre Aristoteles' jedoch setzt sich weiter durch. Zu großer Popularität verhilft ihr im dritten Jahrhundert n. Chr. der syrische Philosoph Porphyrios. Er verfasst zu dieser Zeit die *Isagoge*, eine Einführung in die Kategorielehre. Unter anderem ist darin der so genannte *Baum des Porphyrios (arbor porphyrii)* abgebildet, die erste heute bekannte Darstellung von Informationskategorien in einer Baumstruktur. Der Philosoph Boethius übersetzte die *Isagoge* ins Lateinische und trägt so entscheidend zur weiteren Verbreitung der Kategorielehre in der Spätantike und besonders im Mittelalter bei.

Mit der Erfindung des industriellen Buchdrucks in Europa durch den Mainzer Johannes Gutenberg Mitte des 15. Jahrhunderts wird ein sehr großer Teil der jemals dokumentierten Informationen für nahezu die gesamte Bevölkerung zugänglich. Eine allgemein verständliche und nachvollziehbare Strukturierung dieser Informationen erhält dadurch eine immer stärkere Bedeutung. Mit der Zeit werden daher zahlreiche verschiedene entsprechende Strukturierungen entwickelt. Im Bibliothekswesen, wo die Bemühungen am intensivsten sind, setzt sich dafür die Bezeichnung Klassifikation durch. Eine Klassifikation beinhaltet zum einen das Klassifizieren, also die Einteilung eines Wissensgebietes in ein System von so genannten Klassen, und zum anderen das Klassieren, das gegenseitige Zuordnen von Klassen und Objekten. Dieses Zuordnen erfolgt auf der Grundlage mindestens einer gemeinsamen klassifikatorischen Eigenschaft, die die einzelnen Objekte einer bestimmten Klasse aufweisen und dass sie von den Objekten anderer Klassen unterscheidet. Wie ihre Vorgänger aus der Antike umfassen auch die Klassifikationen von allgemeinen Bibliotheken das gesamte Weltwissen, da es so gut wie kein Sachgebiet gibt, über das nicht irgendein Buch geschrieben wurde. Solch ein alle existierenden Informationen umfassendes System wird Universalklassifikation genannt, im Gegensatz zu einer Spezialklassifikation oder einer Fachklassifikation, die jeweils nur ein bestimmtes Sachgebiet, also einen Ausschnitt des Wissens, strukturieren. Die heute am häufigsten verwendete Universalklassifikation für Bibliotheken ist die *Dewey Decimal Classification (DDC)*, die der Bibliothekar Melvil Dewey im Jahr 1873 fertig stellt und die 1876 das erste Mal veröffentlicht wird. Sie erhält zurzeit alle sieben Jahre eine Aktualisierung, so dass die ursprünglich etwa 1000 Klassen in der aktuellen 22. Ausgabe auf über 110.000 angewachsen sind, die in vier Buchbänden dokumentiert werden. Seit dem Jahr 2002 existiert unter dem Namen *WebDewey* zusätzlich auch eine webbasierte Version der *DDC*, die vierteljährlich aktualisiert wird. Zurzeit wird die *DDC* von etwa 200.000 Bibliotheken in 135 Ländern genutzt, vornehmlich jedoch im nordamerikanischen Raum, wo sie in über 85% der Bibliotheken zum Einsatz kommt. Neben über dreißig weiteren Sprachversionen existiert seit dem Oktober 2005 auch eine deutsche Ausgabe, deren Webversion *Melvil* heißt. Die Notation der *DDC* verwendet ausschließlich arabische Ziffern, die als Dezimalbrüche behandelt und auch so geordnet werden. Daher wird die *DDC* als Dezimalklassifikation bezeichnet. Sie teilt das Wissen in zehn Hauptklassen ein, die jeweils in zehn weitere Klassen gegliedert sind, die sich dann ebenfalls auf jeder weiteren Ebene in der gleichen Art aufteilen. Die erste Ebene besteht aus folgenden Klassen:

000 Informatik, Informationswissenschaft, allgemeine Werke
100 Philosophie und Psychologie
200 Religion
300 Sozialwissenschaften
400 Sprache
500 Naturwissenschaften und Mathematik
600 Technik, Medizin, angewandte Wissenschaften
700 Künste und Unterhaltung
800 Literatur
900 Geschichte und Geografie

Bei dem Weltkongress für Bibliographie und Dokumentation im Jahr 1910 anlässlich der Weltausstellung in Brüssel hält der belgische Bibliograph Paul Otlet einen Vortrag, in dem er die damals übliche Dokumentation von Wissen in Form von Büchern als nicht mehr zeitgemäß bezeichnet. „Denn das Buch im heutigen Sinn […] ist eine […] überlebte Einrichtung. Das Buch ist fertig, nicht erweiterungsfähig, deshalb schon veraltet kurz nachdem es erschienen ist. Das Buch der Zukunft ist auf einzelnen abtrennbaren Blättern gedruckt, die beliebig zusammengefügt und durch Einschaltung auf dem laufenden gehalten werden können." (Schwenke 1978) Dass damit keine Blattsammlung in einem Aktenordner gemeint ist, zeigt sich an dem Projekt, das Otlet zusammen mit dem späteren Friedensnobelpreisträger Henri La Fontaine 1895 initiiert, der *Répertoire Bibliographique Universel (RBU)*. Im Rahmen dieses Projekts wollen sie alle bisher in Büchern dokumentierten Informationen in möglichst kleine, separate Sektionen unterteilen und diese auf Karteikarten in dem Standardformat 12,5 cm x 7,5 cm notieren, um so eine alles umfassende Bibliographie zu erstellen, ein sich stets veränderndes Abbild der Welt. Der individuelle Charakter eines einzelnen Buches, seine Aufmachung und sein Format sind nach Ansicht von Otlet unwichtig und sollen hinter der Idee einer alles Wissen umfassenden Bibliographie zurücktreten. Der Leser soll nicht mehr den Vorgaben des Autors folgen müssen. (Otlet 1903) In den Augen Otlets sind Bücher durch einige ihrer grundsätzlichen Eigenschaften eine äußerst ineffiziente Form von Informationsdokumentation. Sie sind unvollständig, sie beinhalten teilweise falsche Angaben, sie wiederholen Informationen aus anderen Büchern, sie stellen keine Verknüpfungen mit anderen Büchern her und sie unterscheiden nicht zwischen für den Leser relevanten und irrelevanten Informationen. Diese Probleme sollen durch das *monographische Prinzip* der *Répertoire Bibliographique Universel*, nicht mehr auftreten. (Otlet 1989)

Durch die belgische Regierung ausgestattet mit finanziellen Mitteln und etwas später auch mit über 150 Räumen in einem Flügel des *Palais du Cinquantenaire* in Brüssel, gründen sie das *Institut*

International de Bibliographie, das 1931 nach der Einführung des Begriffs *Documentation* durch Otlet in *Institut International de Bibliographie (IDD)* umbenannt wird. Zunächst beginnen sie mit der Erstellung einer Bibliographie von Begriffen. Es folgen bald weitere Bibliographien, im Jahr 1906 beispielsweise eine Sammlung von Illustrationen. Die gesamte Bibliographie wächst rasant, im April 1934 umfasst sie mehr als 15 Millionen Karteikarten. (Rayward 1994) Wird eine Suchanfrage an das Institut gestellt, sucht ein Mitarbeiter die entsprechenden Karten gegen eine Gebühr heraus und kopiert sie per Hand.

Langfristig ist geplant, die Bibliographie zum Mittelpunkt eines Zentrums der Weltkultur zu machen, das den Namen *Mundaneum* bzw. *Palais Mondial* trägt. Der von Le Corbusier stammende architektonische Entwurf des Zentrums, ein Gebäudekomplex am Genfer See, beinhaltet nach dem Vorbild der kulturellen Zentren des Altertums zusätzlich eine Universität, ein Museum, einige Ausstellungs- und Kongressbauten sowie ein Stadion für internationale Wettkämpfe. Es wird jedoch nie realisiert. Schwindende finanzielle Unterstützungen bringen das Projekt zunehmend in Schwierigkeiten, die sich mit dem Ausbruch des Zweiten Weltkriegs noch verstärken. Schließlich geht ein großer Teil der Bibliographie in dem Krieg verloren. Ein kleiner Teil des heute noch vorhandenen *Répertoire Bibliographique Universel* wird unter dem Namen *Mundaneum* im Jahr 1998 in einem Museum im belgischen Mons der Öffentlichkeit zugänglich gemacht.

Auf der Suche nach einer Klassifikation für ihr Projekt stoßen Otlet und La Fontaine 1895 auf die *Dewey Decimal Classification*. Sie halten sie für ihr Vorhaben für grundsätzlich geeignet. In ihren Augen ist sie jedoch allzu sehr auf amerikanische Belange ausgerichtet, was beispielsweise bei den Notationen deutlich wird, die für amerikanische Sachverhalte in der Regel sehr viel kürzer sind als ihre Pendants in anderen Regionen. Sie muss daher für das *Mundaneum* abgewandelt und erweitert werden, um den Anforderungen an eine internationale Universalklassifikation zu genügen. Dewey ist von dem Engagement der beiden Belgier so beeindruckt, dass er ihnen die Nutzung und Umgestaltung seiner Klassifikation gestattet. Er macht lediglich die Auflagen, dass die ersten drei Dezimalstellen in der von ihm vorgesehenen Art bestehen bleiben, und dass die Klassifikation von Otlet und La Fontaine nicht in englischer Sprache herausgegeben wird. Ihre Weiterentwicklung der *DDC* nennen Otlet und La Fontaine *Classification Décimale Universelle (CDU)*, sie enthält zu Beginn 33.000 Klassen. Die *CDU* findet besonders in Europa starke Verbreitung, eine deutsche Ausgabe wird 1953 veröffentlicht, die heute als *Universelle Dezimalklassifikation (UDK)* oder *Internationale Dezimalklassifikation (DK)* bezeichnet wird. Mittlerweile existiert auch eine englische Version unter dem Namen *Universal Decimal Classification (UDC)*. Trotz zahlreicher Bemühungen verschiedener Initiativen um die international einheitliche Verwendung einer einzigen Klassifikation wird zurzeit eine große Zahl ganz verschiedener

Universalklassifikationen verwendet. In Deutschland werden für Staats- und Universitätsbibliotheken von Bundesland zu Bundesland und oft sogar von Stadt zu Stadt unterschiedliche Klassifikationen eingesetzt.

Seinen Ruf als Visionär und als „Pioneer of Information Science" (Rayward 1994) verdankt Otlet vor allem seinem Buch *Traité de Documentation*. Einige der darin enthaltenen Beschreibungen werden heute als Vorausahnung des Computers sowie des World Wide Web gedeutet. Zum einen stellt er sich einen Schreibtisch mit mehreren verschiebbaren Schreibflächen vor. Ein mit Dokumenten bestücktes Archiv befindet sich für den Nutzer auf Augenhöhe und in Reichweite. Ein zu bearbeitendes Dokument wird auf eine der Schreibflächen gelegt. Zwischen den Dokumenten kann der Nutzer wechseln, indem er die Schreibflächen verschiebt. Um auch Dokumente bearbeiten zu können, die sich nicht in unmittelbarer Nähe des Nutzers befinden, sollen Maschinen eingesetzt werden, die Text in Sprache umwandeln, diese mittels Telefonleitungen übertragen und dann anschließend wieder in Text umwandeln. Otlet nutzt dazu die Bezeichnung „le livre téléphoné". Fasziniert von dem damals relativ neuen Medium Fernsehen stellt sich Otlet eine ähnliche Darstellungsform der Dokumente seines Systems auf einem Monitor vor. Einige Jahre nach *Traité de Documentation* fertigt Otlet von zahlreichen seiner bis dahin ausschließlich schriftlich formulierten Ideen Zeichnungen an. Auf einer dieser Zeichnungen ist eine Maschine dargestellt, die sich aus einem Telefon, einem Radio, einem Grammophon, einem Filmprojektor und einem Fernsehgerät zusammensetzt. Darunter zeigt die Darstellung, wie über diese Maschine zahlreiche verschiedene Menschen zu einer multimedialen Konferenz durch Telefonleitungen verbunden sind.

Hierarchien

Nahezu alle Klassifikationen sind hierarchisch strukturiert, so auch die meisten bedeutenden Klassifikationen für Bibliotheken. In einer Hierarchie sind mehrere Informationssektionen in verschiedenen Ebenen einander über- oder untergeordnet und jeweils von Ebene zu Ebene miteinander verknüpft. Dabei bildet die jeweils übergeordnete Sektion die Kategorie für alle ihr untergeordneten Sektionen. So ist zum Beispiel der Kategorie *Kraftfahrzeug* die Sektion *PKW* untergeordnet. Gleichzeitig ist die Sektion *PKW* auch eine Kategorie, der unter anderem die Sektion *Cabrio* untergeordnet ist. Die Form solch einer Struktur entspricht in etwa der Art, wie sich ein Baum verzweigt, daher wird sie auch *Baumstruktur* genannt. Die Strukturierung von Informationen mittels Hierarchien ist sehr effektiv. Jeder einzelnen Sektion sind nur die Eigenschaften zugewiesen, die sie von der ihr übergeordneten Kategorie unterscheidet. Alle anderen Eigenschaften ergeben sich aus der Position innerhalb der Struktur. Zum Beispiel ist das Merkmal eines Cabrios das zu öffnende Dach. Dadurch, dass es der Kategorie *PKW* zugeordnet ist, hat es außerdem die Eigenschaft, für den Personentransport geeignet zu sein. Durch die Zuordnung des Elements *PKW* zu der Kategorie *Kraftwagen* besitzt ein Cabrio zusätzlich auch die Merkmale eines motorgetriebenen Fahrzeugs. Wenn ein Mensch einmal das grundsätzliche Prinzip hierarchischer Strukturen versteht, kann er problemlos jedes auf diese Art strukturierte System nutzen. Und durch die starke Verbreitung dieser Struktur in unserer Gesellschaft lernt nahezu jeder Mensch dieses Prinzip bereits in frühen Lebensjahren kennen. Es sind mittlerweile mehrere Varianten von Hierarchien definiert, die sich in einigen wesentlichen Punkten voneinander unterscheiden.

Monohierarchie

Die ursprüngliche Form der Hierarchie wird heute Monohierarchie oder auch *starke Hierarchie* genannt. Bei ihr ist jede Sektion immer nur genau einer Kategorie, also eindeutig zugeordnet. Das entspricht der aus dem Alltag bekannten physikalischen Zuordnung von materiellen Objekten. Beispielsweise sind Bücher in einer Bibliothek monohierarchisch strukturiert. Jedes Buch steht nur einmal in einer bestimmten Abteilung in einem bestimmten Regal. Dadurch ist die Zuordnung zu der Abteilung und dem Regal immer eindeutig. Weil die Monohierarchie der hierarchischen Zuordnung in der realen Welt entspricht, ist sie an sich für Menschen sehr gut nachvollziehbar und verständlich. Die Eindeutigkeit der Zuordnung ist aber auch gleichzeitig eine der größten Schwächen von Monohierarchien. Denn fast alle Objekte sind eigentlich polydimensional, das heißt, sie besitzen die Eigenschaften mehrerer Kategorien. Ein PKW, der der Kategorie *Cabrio* zugeordnet ist, weil sich sein Dach öffnen lässt, kann gleichzeitig auch Eigenschaften der Kategorie *Sportwagen* haben. Dieser PKW aber wird in der Kategorie *Sportwagen* nicht gefunden, da er eindeutig der Kategorie *Cabrio* zugeordnet ist. Wie hilflos selbst bedeutende bibliothekarische Hierarchien mit diesem Problem umgehen, zeigt die *first-of-two rule* der *DDC*: Wenn eine Information in gleicher Weise zwei verschiedenen Kategorien zugeordnet werden könnte, beispielsweise ein historisches Ereignis aus dem Krieg zwischen Japan und den USA, dann ist das Ereignis laut dieser Regel in die Kategorie einzuordnen, deren Notationsnummer niedriger ist, also in diesem Fall in die Kategorie der Geschichte von Japan mit der Nummer 952 und nicht in die Kategorie der Geschichte der USA mit der Nummer 973. (DDC 2002)

Polyhierarchie

Um die Polydimensionalität der meisten Objekte in einer hierarchischen Struktur abzubilden, wird häufig eine Polyhierarchie verwendet, die auch *schwache Hierarchie* heißt. Eine direkte Verknüpfung mit mehreren Kategorien, also eine uneindeutige Zuordnung, ist zwar in der realen Welt unmöglich, lässt sich aber in einem Katalog oder einem Computersystem vornehmen. In dem Computersystem einer Bibliothek kann ein Buch in verschiedenen Abteilungen verzeichnet sein, auch wenn es real nur in einer einzigen davon steht. Damit werden die Einschränkungen der Eindeutigkeit bei Monohierarchien zwar nicht vollständig vermieden, da es in der Praxis unmöglich ist, alle denkbaren Zuordnungen vorzunehmen, aber sie werden zumindest stark vermindert. Streng genommen ist eine Polyhierarchie eigentlich keine Hierarchie, sondern ein *gerichteter azyklischer Graph*. Je nach Anzahl der Verknüpfungen ist sie einer Hypertextstruktur oft ähnlicher als einer Monohierarchie und erzeugt bei der Nutzung auch ähnliche Orientierungsprobleme. Vor allem aus der objektorientierten Programmierung ist ein weiteres Problem von Polyhierarchien bekannt, das *Diamond-Problem* genannt wird. In ähnlicher Form tritt es auch bei der Strukturierung von Informationen auf. Der typische Fall ist eine Kategorie, der zwei Sektionen zugeordnet sind, denen beiden gemeinsam wiederum eine einzelne Sektion zugeordnet ist. Zum Beispiel, wenn der Sektion *Kraftfahrzeuge* die Sektionen *PKW* und *LKW* zugeordnet sind, und den Sektionen *PKW* und

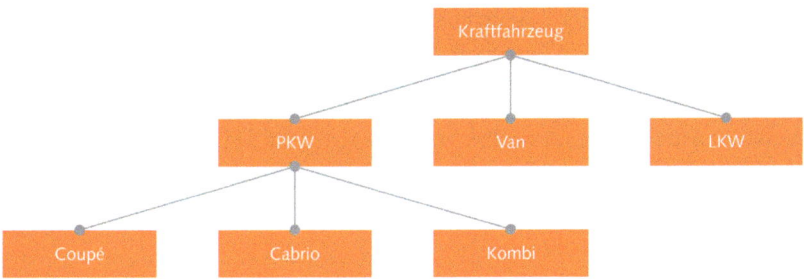

Bei einer Monohierarchie ist jede Sektion immer nur genau einer Kategorie, also eindeutig zugeordnet. Sie entspricht der aus dem Alltag bekannten physikalischen Zuordnung materieller Objekte.

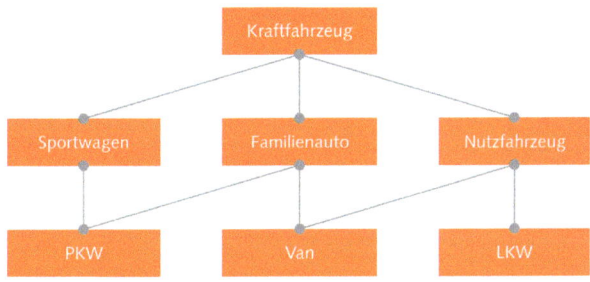

Bei einer Polyhierarchie können Sektionen mehreren Kategorien gleichzeitig, also uneindeutig zugeordnet sein. Damit wird die Polydimensionalität vieler Sektionen berücksichtigt.

LKW gemeinsam die Sektion *Ersatzteile*. Dadurch hat die Sektion *Ersatzteile* die Merkmale sowohl der Kategorie *PKW* als auch der Kategorie *LKW*. Bei einer Website hat diese Strukturierung zur Folge, dass dem Nutzer in der Sektion *Ersatzteile* diese sowohl für PKW als auch für LKW präsentiert werden, obwohl er auf einer Ebene darüber bereits zwischen diesen beiden Kategorien ausgewählt hat. Da Menschen Monohierarchien aus der realen Welt kennen, erwarten sie in der Regel bei einem interaktiven System, dass dieses genauso strukturiert ist. Die Zuordnung einer Sektion zu mehreren Kategorien ist vor allem deshalb problematisch, weil der Unterschied zwischen einer Monohierarchie und einer Polyhierarchie für den Nutzer beispielsweise einer Website nicht ohne weiteres auf den ersten Blick erkennbar ist.

Generische Relation

Die Eigenschaften der einzelnen Sektionen einer Hierarchie können in unterschiedlichem Verhältniss zueinander stehen. Es werden vor allem zwei verschiedene Relationsformen voneinander unterschieden. Bei einer generischen Relation, die auch *Abstraktionsrelation* genannt wird, hat die untergeordnete Sektion alle Eigenschaften der übergeordneten Kategorie und mindestens eine zusätzliche, spezifizierende Eigenschaft, oder sie besitzt eine der Eigenschaften der übergeordneten Kategorie in deutlich veränderter Form. Da alle zusätzlichen oder abweichenden Eigenschaften an alle untergeordneten Sektionen weitervererbt werden, spricht man auch von der *Vererbungsrelation*.

So hat beispielsweise ein PKW alle Eigenschaften der Kategorie *Kraftfahrzeug* und zeichnet sich außerdem durch die zusätzliche Eigenschaft aus, speziell für den Personentransport geeignet zu sein. Die Sektion *Cabrio* ist der Kategorie *PKW* untergeordnet, und hat so alle Eigenschaften der Kategorie *Kraftfahrzeug* und der Kategorie *PKW* sowie zusätzlich die Eigenschaft, dass sich das Dach öffnen lässt.

Partitive Relation

Eine partitive Relation, die auch *Bestandsrelation* genannt wird, besteht, wenn die untergeordnete Sektion ein Teil der übergeordneten Kategorie ist, die einem Ganzen entspricht. Dabei dürfen sich die Sektionen einer Ebene nicht überschneiden. Auch partitive Relationen setzen sich über mehrere Ebenen fort. So ist zum Beispiel die Sektion *Rad* ein Teil der Kategorie *PKW*. Die Sektion *Felge* ist ein Teil der Kategorie *Rad*, und damit auch ein Teil der Kategorie *PKW*.

Strukturbreite und Strukturtiefe

Ein bedeutendes Charakteristikum hierarchischer Strukturen ist das Verhältnis ihrer Breite zu ihrer Tiefe, also der Anzahl der Sektionen auf einer Ebene zu der Anzahl der Ebenen. Geht man von einer festgelegten Menge an Sektionen aus, dann ist eine hierarchische Struktur umso tiefer, je schmaler sie ist. Je mehr Sektionen sich in einer Ebene befinden, desto weniger Ebenen sind notwendig, um alle Sektionen unterzubringen. Umgekehrt ist eine hierarchische Struktur umso flacher, je breiter

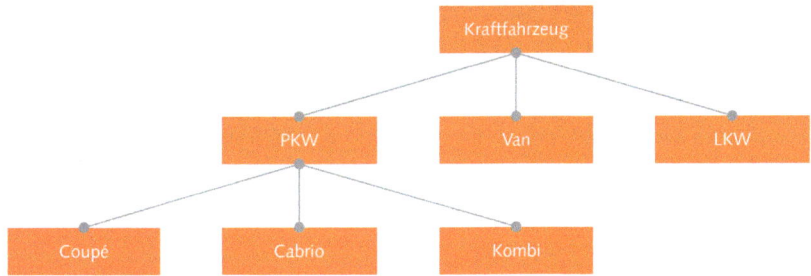

Ein Ausschnitt aus einer Hierarchie mit generischer Relation. Eine untergeordnete Sektion besitzt alle Eigenschaften der jeweils übergeordneten Kategorie und mindestens eine zusätzliche, spezifizierende Eigenschaft, oder sie besitzt eine der Eigenschaften der übergeordneten Kategorie in deutlich veränderter Form.

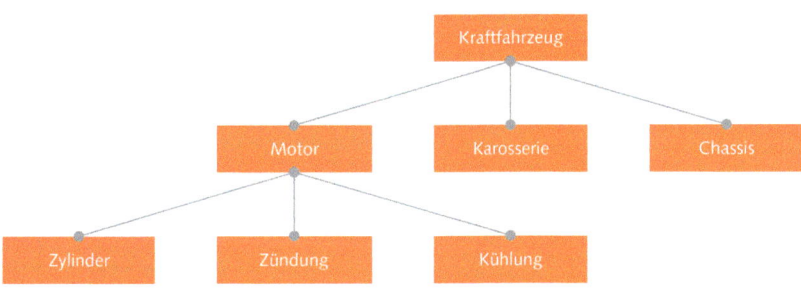

Ein Ausschnitt aus einer Hierarchie mit partitiver Relation. Eine untergeordnete Sektion ist immer ein Teil der jeweils übergeordneten Kategorie.

sie ist. Je mehr Sektionen sich auf einer Ebene befinden, desto weniger Ebenen sind notwendig, um alle Sektionen in die Struktur einzuordnen. Wird bei einer Website für die Strukturierung der Inhaltselemente eine hierarchische Struktur verwendet, und folgt der Nutzer bei der Auswahl einer Sektion der Hierarchie, indem er beispielsweise die Hauptnavigation nutzt, dann muss er in einer Struktur, die nicht besonders breit, aber dafür recht tief ist, unter Umständen sehr häufig zwischen mehreren Kategorien auswählen, bis er bei der gewünschten Information angelangt ist. Durch das Tracking oder durch Tests nahezu jeder beliebigen Website lässt sich leicht feststellen, dass die Anzahl der Auswahlen, die Nutzer treffen, bevor sie eine Aufgabe abbrechen, relativ gering ist. Mit jeder zusätzlichen Ebene einer hierarchischen Struktur einer Website steigt die Wahrscheinlichkeit, dass die dort platzierten Sektionen von dem Nutzer nicht mehr aufgerufen werden. Andererseits hat sich der Nutzer bei einer schmalen und tiefen Struktur auf jeder Ebene nur zwischen relativ wenigen Kategorien zu entscheiden. Die Wahrscheinlichkeit, eine falsche Kategorie auszuwählen, die die gesuchte Sektion nicht enthält, ist dadurch sehr gering. Daher kann der Nutzer mit nur sehr wenigen oder überhaupt keinen Fehlversuchen die gesuchte Sektion aufrufen. Im Gegensatz dazu gelangt der Nutzer bei einer sehr flachen und dadurch recht breiten Struktur zwar mit sehr viel weniger Auswahlschritten zur gesuchten Sektion, muss aber auf jeder Ebene aus einer verhältnismäßig großen Menge an Kategorien auswählen. Je größer die Menge der Kategorien, desto wahrscheinlicher ist eine fehlerhafte Auswahl. Welche Ausformung einer hierarchischen Struktur eignet sich nun am besten für eine Website? Relativ breit mit wenig Ebenen und dadurch wenig Auswahlschritten bis zur gewünschten Sektion? Oder recht tief mit einer übersichtlichen Auswahl an Kategorien auf jeder Ebene? Oder ist der Mittelweg am besten geeignet, nicht zu tief, aber auch nicht zu breit? Seriöse Regeln für eine bestimmte ideale oder maximale Anzahl an Kategorien auf einer Ebene bestehen nicht. Es gibt jedoch Untersuchungen, aus denen sich einige allgemeine Tendenzen ableiten lassen. So bereiten schmale und dadurch relativ tiefe Strukturen dem Nutzer im direkten Vergleich deutlich mehr Probleme, als eher flache und dadurch breite Strukturen. (Westerink et al. 2000; Bernard 2002) Welche absolute Anzahl an Kategorien auf einer Ebene sinnvoll ist, hängt stark von den Inhalten und von der Qualität der Benennung ab. Einem Menschen fällt es umso leichter, eine große Anzahl von Begriffen zu erfassen und daraus den passenden auszuwählen, je höher die Relevanz dieser Begriffe für ihn ist. So hat beispielsweise ein Zahnarzt keine Schwierigkeiten, aus einer großen Menge an Kategorien von Dentalinstrumenten schnell und sicher genau die Kategorie auszuwählen, die das vom ihm gesuchte Produkt enthält. Einem ebenso gut ausgebildeten Anästhesisten dagegen, dem zahlreiche dieser Kategorien unbekannt sind, fällt die richtige Auswahl sehr viel schwerer.

Bis vor wenigen Jahren wurde davon ausgegangen, dass eine möglichst ausgeglichene Struktur,

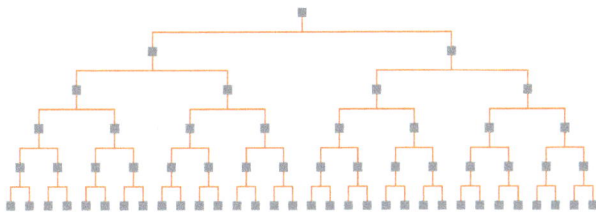

Bei einer recht tiefen und dadurch eher schmalen Struktur muss der Nutzer auf jeder Ebene nur unter relativ wenigen Kategorien auswählen, das allerdings unter Umständen recht häufig, bis er bei der gewünschten Sektion angelangt ist.

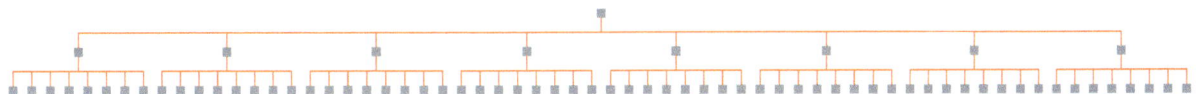

Bei einer recht flachen und dadurch eher breiten Struktur gelangt der Nutzer mit relativ wenigen Auswahlschritten zu der gesuchten Sektion. Dafür muss er aber auf jeder Ebene aus einer verhältnismäßig großen Menge an Kategorien auswählen.

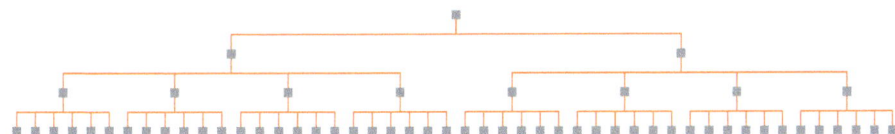

Bei einer taillierten Struktur steigt die Anzahl der zur Auswahl stehenden Sektionen mit jeder Ebene, ohne dass dadurch die Wahrscheinlichkeit einer fehlerhaften Auswahl größer wird.

in der dem Nutzer auf jeder Ebene und in jeder Kategorie etwa die gleiche Menge an Auswahlmöglichkeiten angeboten wird, am besten zu nutzen ist. Da aber in einer hierarchischen Struktur mit jeder Ebene eine Spezialisierung stattfindet, steigen bei einer interaktiven Anwendung mit jeder Kategorie, die ein Nutzer auswählt, seine spezifischen Kenntnisse über die ihm präsentierten Informationen. Je stärker der Nutzer seine Auswahl bereits spezifiziert hat, desto umfangreicher können daher die Auswahlmöglichkeiten sein, ohne dass dadurch die Wahrscheinlichkeit einer fehlerhaften Auswahl steigt. Eine ideale Websitestruktur mit einer hierarchischen Struktur weist daher eine Taillierung auf. In höher gelegenen Ebenen, besonders in der ersten, ist dabei die Anzahl der zur Auswahl stehenden Menüpunkte relativ gering, je tiefer sich der Nutzer in der Struktur befindet, desto umfangreicher ist die Auswahl.

Vor- und Nachteile von Hierarchien

Neben der bereits beschriebenen Polydimensionalität der meisten Sachverhalte, die von Hierarchien gar nicht oder nur unzureichend berücksichtigt wird, führen alle Formen einer hierarchischen Strukturierung auch noch aus anderen Gründen bei der praktischen Anwendung zu erheblichen Problemen. Viele davon treten bei Websites besonders deutlich hervor. Um komplexe Sachverhalte präzise in einer Hierarchie abzubilden, sind an sich sehr viele Sektionen auf sehr vielen Ebenen notwendig. Denn theoretisch erzeugt jedes spezifizierende Merkmal mindestens eine neue Sektion auf einer neuen Ebene. Das führt zu einer sehr umfangreichen Struktur, deren Umfang im Verhältnis zu den darin befindlichen Informationen umso größer ist, je weniger Informationen strukturiert werden. Auf einer Website hat das zur Folge, dass der Nutzer sehr häufig eine Auswahl treffen muss, bis er die gewünschte Information präsentiert bekommt, und zu den entsprechend hohen Abbruchraten. Zusätzlich entstehen dadurch so genannte *empty pages*, also Seiten, auf denen der Nutzer außer einer Beschreibung der darunterliegenden Sektionen keine Informationen erhält. Ruft der Nutzer mehrere Seiten hintereinander auf, die nicht wenigstens Teile der von ihm gesuchten Information enthalten, dann bemerkt er nicht, wie er sich schrittweise den gewünschten Inhalten nähert und bricht sein Vorhaben umso schneller ab.

Auch wenn ein Mensch das hierarchische Prinzip an sich sehr leicht versteht, passiert es häufig, dass er eine bestimmte Hierarchie nicht nachvollziehen kann, weil ihm die konkrete Zuordnung nicht geläufig ist. Bei einer Monohierarchie führt nur ein einziger Weg an das gesuchte Ziel. Gelingt es nicht, auf jeder Ebene genau die einzige richtige Zuordnung auszuwählen, wird die gewünschte Information nicht gefunden. Mit einer polyhierarchischen Struktur kann dieses Problem nicht völlig vermieden, aber doch verringert werden, da sie zwar nicht alle denkbaren, aber doch mehrere verschiedene Wege an das Ziel ermöglicht. Dafür fällt aber die Orientierung mit zunehmender Menge an Auswahlmöglichkeiten schwerer.

Aus all diesen Gründen sind nicht einmal die bedeutenden Universalklassifikationen ausschließlich hierarchisch strukturiert. So weist zum Beispiel die *DDC* zumindest in Ansätzen Merkmale einer Facettenklassifikation auf. Mit sieben so genannten Hilfstafeln werden immer wiederkehrende Aspekte wie Präsentationsformen oder betroffene Länder zugewiesen.

Bei den meisten Websites mit einer an sich hierarchischen Struktur ist diese daher nur formal hierarchisch. Das bedeutet, die Form entspricht weitgehend einer Baumstruktur, die Beziehungen der einzelnen Elemente entsprechen aber nur zu einem geringen Teil einer echten Hierarchie. Meistens werden mehrere Hierarchieebenen ausgelassen, sehr häufig sind die Relationen zwischen den Sektionen sogar nur assoziativ, das heißt, sie werden einander zugeordnet, weil sie gedanklich irgendwie miteinander verknüpfbar sind. Während bei der Klassifikation einer Bibliothek neue Informationen immer nach recht klaren Regeln eingeordnet werden, bedarf die Erstellung oder Erweiterung einer Website stets eines spezifischen Konzepts.

Nachrichten-Sites haben in der Regel eine besonders breite und flache Struktur. Dadurch ist es dem Nutzer möglich, sehr schnell an die gewünschten Informationen zu gelangen. Die daraus resultierende umfangreiche Auswahl an Menüpunkten ist hier wenig problematisch, da die Kategorien relativ eindeutig voneinander abzugrenzen sind und sie außerdem sowohl auf den Websites anderer Nachrichtenmagazine als auch in den Printausgaben konsistent verwendet werden und daher bekannt sind.

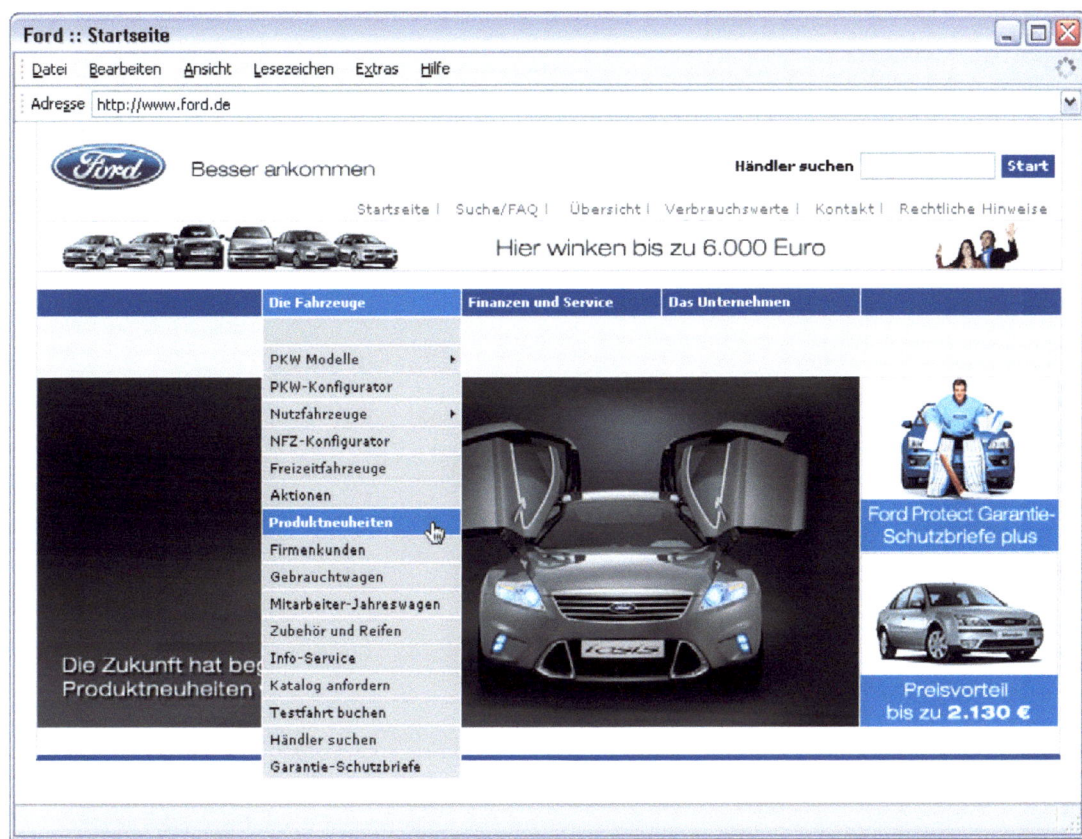

Eine besonders stark taillierte Struktur, die sehr effektiv zu nutzen ist, liegt der Website des Automobilherstellers Ford zugrunde. Auf lediglich drei Hauptmenüpunkte in der ersten Ebene folgen bis zu sechzehn Menüpunkte in der zweiten Ebene.

Hypertext

Die heute übliche, primär formalhierarchische Strukturierung vieler Websites ist buchstäblich nicht im Sinne des Erfinders. Denn dem World Wide Web liegt die Idee zugrunde, eine Informationsstruktur zu schaffen, die der Art entspricht, wie das menschliche Gehirn Informationen verarbeitet, und durch die so die typischen Probleme hierarchischer Strukturierung von Wissen überwunden werden. Diese Idee ist nicht so alt wie die hierarchischen Kategorien Aristoteles', jedoch sehr viel älter als es Computer in ihrer heutigen Form sind.

Memex

Im Juli 1945 druckt die amerikanische Zeitschrift *The Atlantic Monthly ein* bereits 1939 erstelltes Manuskript von Vannevar Bush, dem wissenschaftlichen Berater des damaligen amerikanischen Präsidenten Franklin Delano Roosevelt. Unter dem Titel *As We May Think* schreibt Bush einen Artikel, der aus heutiger Sicht zu einem der wichtigsten Texte über die Informationsverarbeitung zählt.

Denn in diesem Artikel wird das erste Mal eine Form der Strukturierung von Informationen beschrieben, die heute fast allen interaktiven Anwendungen zugrunde liegt, insbesondere dem World Wide Web. Im Jahr 1939 wird Bush Vorsitzender des *National Defense Research Committee (NDRC)* und 1941 Direktor des *Office of Scientific Research and Development (O.S.R.D.)*. Unter anderem koordiniert er in dieser Rolle die Aktivitäten von etwa sechstausend führenden amerikanischen Wissenschaftlern, mit dem Ziel, deren vollständige Forschungsergebnisse für militärische Zwecke nutzbar zu machen. Dabei stellt er fest, dass die Menge an Forschungsprojekten mittlerweile so groß geworden ist, dass es mit damaligen Mitteln nicht mehr möglich ist, mit angemessenem zeitlichem Aufwand relevante Ergebnisse aufzufinden. Den Grund sieht Bush weniger in fehlenden technischen Hilfsmitteln, als vielmehr in der seiner Meinung nach künstlichen Form der Indexierung. In seinen Augen steht die bis dahin übliche numerische Indexierung der natürlichen, primär assoziativen

As We May Think

„Professionally our methods of transmitting and reviewing the results of research […] by now are totally inadequate for their purpose. If the aggregate time spent in writing scholarly works and in reading them could be evaluated, the ratio between these amounts of time might well be startling. […] The difficulty seems to be, not so much that we publish unduly in view of the extent and variety of present day interests, but rather that publication has been extended far beyond our present ability to make real use of the record. […] Our ineptitude in getting at the record is largely caused by the artificiality of systems of indexing. When data […] are placed in storage, they are filed alphabetically or numerically, and information is found […] by tracing it down from subclass to subclass. […] The human mind does not work that way. It operates by association. With one item in its grasp, it snaps instantly to the next that is suggested by the association of thoughts, in accordance with some intricate web of trails carried by the cells of the brain. […] Man cannot hope fully to duplicate this mental process artificially. […] One cannot hope thus to equal the speed and flexibility with which the mind follows an associative trail, but it should be possible to beat the mind decisively in regard to the permanence and clarity of the items resurrected from storage. […] It affords an immediate step, however, to associative indexing, the basic idea of which is a provision whereby any item may be caused at will to select immediately and automatically another. This is the essential feature of the memex. […]" (Bush 1945)

Verknüpfung von Informationen durch das menschliche Gehirn entgegen. Bush kritisiert, dass die Menschen ihr Wissen seit Jahrhunderten in Büchern dokumentieren und dass von Ausnahmen wie zum Beispiel Lexika abgesehen das Wissen darin linear strukturiert und in einer festgelegten Abfolge gegliedert ist, meistens in Kapitel. Querverweise innerhalb eines Buches werden wenig oder gar nicht verwendet. Verknüpfungen mit den Inhalten anderer Bücher finden nur durch das Replizieren einzelner Ausschnitte statt, am häufigsten in Form von Zitaten, oder durch schlichte Hinweise auf weitere Literatur. Bush möchte einen schnelleren Zugriff auf miteinander zusammenhängende Forschungsergebnisse ermöglichen, als das bei Büchern der Fall ist. Dazu stellt er sich eine Wissenssammlung vor, in der die Dokumentationen der zahlreichen Forschungen miteinander assoziativ verknüpft werden, wie es seiner Vorstellung nach dem menschlichen Gehirn entspricht. In seinem Artikel beschreibt Bush einen Schreibtisch mit mehreren Projektionsflächen, auf denen der Nutzer die als Mikrofilme hinterlegten Dokumente betrachten kann. Mit mehreren Hebeln wird mechanisch zwischen den Dokumenten geblättert, ebenso lassen sich damit beliebige Pfade („trails") erstellen und später wieder aufrufen. Das Gerät nennt Bush *memex* (*memory extender*). Es wird nie realisiert, auch wenn etwas später nach Vorgaben von Bush vier detaillierte Zeichnungen des *memex* angefertigt werden, die einer verkürzten Fassung seines Artikels in der Novemberausgabe 1945 des Magazins *Life* beigefügt sind.

Xanadu

Durch die große Popularität des Magazins *Life* erzeugt die zweite Veröffentlichung des Artikels *As We May Think* von Bush sehr viel mehr Aufmerksamkeit als das Original. Auch Theodor Holm Nelson wird durch die Lektüre des *Life Magazine* von der Idee des *memex* fasziniert, besonders, da er die Überzeugung von Bush von dem assoziativen Charakter des Denkens teilt: „Ordinary writing is sequential […] the structures of ideas are not sequential." (Nelson 1987) Einige Jahre später nimmt er sich daher vor, ein ähnliches wie das von Bush erdachte System mit Hilfe von Computern zu realisieren. Dazu ruft Nelson 1960 ein Projekt ins Leben, dessen Ziel es ist, alles jemals dokumentierte Wissen der Welt in einem universalen, stetig wachsenden System zugänglich zu machen. Dieses System nennt Nelson *Docuverse*. Der Plan von Nelson geht in einigen Bereichen sehr viel weiter als der Artikel von Bush. Während das *memex* als Einzelarbeitsplatz konzipiert ist, soll das *Docuverse* über ein Netzwerk von jedem Punkt der Welt erreichbar sein. Ein einzelnes Dokument kann so von mehreren Autoren verändert und mit Verknüpfungen versehen werden. Darüber hinaus sollen nicht nur Dokumente, sondern auch einzelne Dokumentteile nicht-linear miteinander verknüpft werden. Dadurch ist es jedem Nutzer möglich, die von ihm gewünschten Informationen in einer selbst gewählten, individuellen Abfolge zu lesen. Dieser Art der Informationsstruktur gibt Nelson 1965 den Namen *Hypertext*, die Verknüpfungen zwischen einzelnen Dokumenten und Dokumentteilen nennt er *Hyperlink*: „Systems of paper have grave limitations for either organizing or presenting ideas. […] Let me introduce the word hypertext to mean a body of written or pictorial material interconnected in such a complex way that it could not conveniently be presented or represented on paper. […] Such a system could grow indefinitely, gradually including more and more of the world's written knowlede." (Nelson 1965) Obwohl Nelson selbst den *memex*-Artikel von Bush als Grundlage für seine Arbeit an dem *Docuverse* nennt, gilt er heute als „Father of Hypertext". (Nielsen 1987) Noch immer wird der Begriff in genau der von Nelson beschriebenen Form genutzt, wenngleich es mittlerweile Diskussionen über seine Unschärfe gibt. In einigen Veröffentlichungen wird daher zwischen *Hypertext* und *Hypermedia* unterschieden, wobei *Hypertext* reine Textdokumente meint, *Hypermedia* dagegen, wie von Bush und Nelson definiert, ein System mit unterschiedlichen Medienarten. Nach zwei Jahren erhält das Projekt den Namen *Xanadu*. Der Name wird auf das 1797 verfasste und 1816 veröffentlichte Gedicht *Kubla Khan* von Samuel Taylor Coleridge zurückgeführt. Es beschreibt die prunkvolle Residenz des Kublai Kahn, Enkel Dschingis Kahns und Gründer der Mongolen-Dynastie in China. Nelson möchte sein *Xanadu* zu einem „magic place of literary memory" werden lassen. (Nelson 1987) Er veröffentlicht zwei Bücher, die seine Ideen des Hypertext und das Projekt *Xanadu* beschreiben. Sein erstes Werk lässt Nelson 1974 im Selbstverlag drucken. Eigentlich handelt es sich dabei um zwei Bücher, *Computer Lib* und *Dream Machines*. Beide Bücher sind in der aktuellen Fassung gegeneinander verdreht auf dem Rücken zusammengebunden. Das Layout ist recht konfus. Nelson hat hunderte verschiedener Absätze und Kapitel auf seiner Schreibmaschine verfasst, sie anschließend ausgeschnitten, sortiert und auf Karton geklebt. Von diesen Vorlagen lässt er sich einige hundert Kopien anfertigen. Im Jahr 1987 erscheint Nelsons zweites Buch *Literary Machines* – ein Text, den er erstmals 1981 veröffentlicht. Seine tiefe Überzeugung von den Vorteilen der Hypertext-Struktur ist auch hier unübersehbar. Das Buch hat ein Kapitel Null, sieben Kapitel Eins, ein Kapitel Zwei und wieder sieben Kapitel Drei. In der Einleitung empfiehlt Nelson, dass der Leser mit einem beliebigen Kapitel Eins beginnen sollte, um dann Kapitel Zwei zu lesen und schließlich eines der Kapitel Drei zu wählen. Anschließend sollte der Leser mit einem weiteren Kapitel Eins fortfahren, Kapitel Zwei wiederholt lesen um dann ein Kapitel Drei anzuschließen. Obwohl Nelson nach wie vor davon ausgeht, dass sein System irgendwann einmal realisiert wird, gilt er heute als ungekrönter „king of unsuccessful software development". (Wolf 1995) Zwei Gründe spielen für das endgültige Scheitern des Projekts eine wichtige Rolle. Zum einen wird die stets angespannte finanzielle Situation des zwischenzeitlich recht umfangreichen Teams von Idealisten ausweglos, als sich der Hauptgeldgeber *Autodesk* im Jahr 1992 aus dem Projekt zurückzieht. Zum anderen unterschätzt Nelson den zur Indexierung notwendigen Zeitaufwand und auch die dafür benötigte Hardware maßlos. Eric Schmidt, der CEO von *Google*, geht auf Grund einer mathematischen Analyse davon aus, dass der Suchmaschinenbetreiber frühestens in 300 Jahren in der Lage ist, alle im Internet zugänglichen Informationen zu indexieren. (Mills 2005) Auch wenn das Prinzip von *Google* nicht direkt mit dem von *Xanadu* vergleichbar ist, so gibt die von Schmidt präsentierte Analyse zumindest einen Anhaltspunkt für die Zeit, die notwendig ist, bis *Xanadu* in der von Nelson geplanten endgültigen Form nutzbar ist.

World Wide Web

Entscheidend für Nelsons Scheitern ist sicherlich, dass seit 1989 parallel zu *Xanadu* ein Informationssystem entwickelt wird, in dem viele der Ideen von Nelson umgesetzt sind, in dem aber auch viele Probleme von *Xanadu* zu Gunsten einer möglichst praktikablen Umsetzung weniger idealistisch gelöst wurden. Im März 1989 reicht der britische Physiker Tim Berners-Lee bei seinem Arbeitgeber, dem Genfer Hochenergieforschungszentrum CERN, einen Projektvorschlag ein, auf den heute die Gründung des World Wide Web zurückgeführt wird. (Berners-Lee 1989) Wie Nelson möchte auch Berners-Lee in einem weltweiten Netzwerk den Austausch und die Bearbeitung von wissenschaftlichen Forschungsergebnissen ermöglichen und einen „pool of human knowledge" schaffen. (Berners-Lee et al. 1994) Auch er hält dazu eine Hypertext-Struktur für besonders geeignet. Zu dieser Idee inspiriert wird Berners-Lee nach eigenen Angaben allerdings nicht durch Nelsons Projekt, sondern durch ein Gespräch mit seinem Vater, einem Mathematiker der Firma Ferranti Inc., die zu dieser Zeit einen der ersten kommerziellen Computer entwickelt. Zu Beginn des Projekts sind bereits Teile des Konzepts in dem Programm *Enquire* realisiert, das sich Berners-Lee schon 1980 für die Verwaltung seiner eigenen Dokumente selber schreibt. Den Namen *Enquire* erhält das Programm von einem Lexikon, das Berners-Lee als Kind in der Bibliothek seiner Eltern entdeckt: *Enquire within upon everything*. Das Programm *Enquire* wird jedoch nie veröffentlicht. Stattdessen beginnt Berners-Lee im Oktober 1990 zusammen mit seinem Kollegen Robert Cailliau das bald darauf die Welt umspannende Netz zu programmieren. Von Anfang an ist Berners-Lee bewusst, dass das World Wide Web nur dann weltweit akzeptiert wird, wenn es nur so weit wie unbedingt notwendig Regelungen unterliegt. Daher entscheidet er sich, das dem WWW zugrunde liegende *hypertext transfer protocol (http)* plattformübergreifend zu entwickeln und lizenzfrei anzubieten. Die Dokumentbeschreibungssprache entwickelt Berners-Lee so, dass sie unidirektionale Links zulässt. Er erkennt, dass eine sonst notwendige Link-Datenbank, so wie Nelson sie für sein *Xanadu* vorsieht, mit dem Wachstum des WWW nicht schritthalten würde. (Berners-Lee 1996) Dadurch haben Verknüpfungen zwar nur temporäre Gültigkeit und es sind so genannte tote Links möglich, also Verknüpfungen mit Dokumenten, die im WWW gar nicht mehr bestehen. Die Erstellung eines Links aber ist mit sehr wenig Aufwand möglich, lediglich durch die Angabe der Adresse des

Information Management: A Proposal

„*CERN [...] involves several thousand people, many of them very creative, all working toward common goals. Although they are nominally organised into a hierarchical management structure, this does not constrain the way people will communicate, and share information, equipment and software across groups. [...] The problems of information loss may be particularly acute at CERN, but in this case (as in certain others), CERN is a model in miniature of the rest of world in a few years time. [...] In providing a system for manipulating this sort of information, the hope would be to allow a pool of information to develop which could grow and evolve with the organisation and the projects it describes. For this to be possible, the method of storage must not place its own restraints on the information. This is why a „web" of notes with links (like references) between them is far more useful than a fixed hierarchical system. When describing a complex system, many people resort to diagrams with circles and arrows. Circles and arrows leave one free to describe the interrelationships between things in a way that tables, for example, do not. The system we need is like a diagram of circles and arrows, where circles and arrows can stand for anything. We can call the circles nodes, and the arrows links. Suppose each node is like a small note, summary article, or comment. [...] The system must allow any sort of information to be entered. Another person must be able to find the information, sometimes without knowing what he is looking for."* (Berners-Lee 1989)

Dokuments, der URL, ohne dass der Besitzer des Dokuments eingreifen muss. Vielfach wird diese Entscheidung als maßgeblich für den Erfolg des WWW angesehen. Entgegen des ursprünglichen Plans von Berners-Lee ist im WWW zunächst das Editieren der Dokumente durch mehrere Nutzer nicht möglich. Heute jedoch wird diese Funktion in Systemen wie dem Wikipedia realisiert.

Um die Unabhängigkeit und damit den Erfolg des WWW zu bewahren, gründet Berners-Lee im Jahr 1994 das World Wide Web Consortium (W3C), ein offenes Industriekonsortium, das sich um die Schaffung und Einhaltung von technischen Vorgaben im Zusammenhang mit dem WWW bemüht. „Ziel des W3C ist: Dem World Wide Web dadurch seine vollen Möglichkeiten zu erschließen, dass Protokolle und Richtlinien entwickelt werden, die ein langfristiges Wachstum des Web sichern." (W3C 2005) Dadurch sollen die vier zur Zeit definierten langfristigen Ziele des W3C unterstützt werden.

Das Web für jedermann
Das erklärtermaßen wichtigste Ziel für das W3C ist die Schaffung eines Zugangs zum WWW für alle Menschen auf der Welt. Dabei wird explizit die technologische Unterstützung von Entwicklungsländern genannt.

Das Web auf allen Geräten
Die Nutzung des WWW soll mit allen Geräten, die darauf zugreifen können, „einfach und bequem" möglich sein.

Wissensschatz
Das WWW soll so weiterentwickelt werden, dass die darin enthaltenen Informationen sowohl für Menschen, als auch für Maschinen ohne Einschränkungen verarbeitet werden können. Damit soll es dabei helfen, „Probleme zu lösen, die anderenfalls zu aufwendig oder komplex wären."

Sicherheit und Vertrauen
Schließlich möchte das W3C Technologien unterstützen, „die eine stärker gemeinschaftlich orientierte Umgebung fördern, ein Web, in dem Verantwortung, Sicherheit, Vertrauen und Vertraulichkeit allesamt möglich sind." (W3C 2005)

Probleme von Hypertextstrukturen

Die Nutzung vor allem besonders umfangreicher Hypertextstrukturen ist für die meisten Menschen sehr problematisch, da sie relativ schnell die Orientierung darin verlieren.

Cognitive Overhead
Die Bezeichnung *Cognitive Overhead* wird genutzt, um den extrem großen kognitiven Aufwand zu benennen, der für das Auffinden einer bestimmten Information in einer Hypertextstruktur notwendig ist. (Conklin 1987; Ransom et al. 1997) Für jeden Schritt innerhalb der Struktur hat der Nutzer jeweils drei Aufgaben zu lösen, die als *navigational tasks*, *informational tasks* und *task management* bezeichnet werden. (Kim u. Hirtle 1995) Zum einen muss ein Weg durch die Struktur gewählt werden, dann müssen die angezeigten Informationen sowie ihre

Beziehung zu den vorher bereits aufgerufenen Informationen aufgenommen und verstanden werden, und schließlich müssen *navigational tasks* und *informational tasks* aufeinander abgestimmt werden (*task management*). Je umfangreicher und je komplexer eine Hypertextstruktur ist, desto größer wird der kognitive Aufwand, um die Struktur zu nutzen. (Conklin 1987; Ransom et al. 1997; Kearsley u. Shneiderman 1989) Ab einem bestimmten Umfang ist ein Nutzer schließlich nicht mehr imstande, die Ausmaße einer Hypertextstruktur zu erfassen. Er kann nicht erkennen, wie viele relevante Informationen in der Struktur enthalten sind und wie groß der Anteil der Informationen ist, die er schon gefunden hat. So entsteht das Gefühl, bei der Nutzung von Hypertextstrukturen niemals zu einem Ende zu gelangen. (Shneiderman 1992)

Lost in Hypertext
Das schwerwiegendste Symptom des *Cognitive Overhead* ist ein Phänomen, das *Lost in Hypertext* genannt wird. Da die meisten Nutzer nicht in der Lage sind, ein korrektes und vollständiges Modell eines Hypertextes zu bilden, stellt sich schon nach kurzer Nutzungsdauer eine Orientierungslosigkeit ein, die immer größer wird, je länger die Struktur genutzt wird. (Conklin 1987; Elm u. Wood 1985; Ransom et al. 1997)

Art Museum Problem
Durch die große Anzahl an Informationssektionen, die bei der Nutzung einer umfangreichen Hypertextstruktur alleine deswegen betrachtet und analysiert werden müssen, um sich zu orientieren, nimmt die Aufmerksamkeit bei jeder neu ausgewählten Informationssektion ab. Dieses Symptom des *Cognitive Overhead* wird *Art Museum Problem* genannt. (Foss 1989) Hat der Nutzer schließlich die gesuchte Information erreicht, ist die Aufmerksamkeit, die er dieser Information widmet, nur noch sehr gering.

Obwohl die Hypertextstruktur ursprünglich die zentrale Idee des World Wide Web ist und auch dessen Programmiersprache darauf aufbaut, entspricht die Inhaltsstruktur der meisten heutigen Websites zumindest formal einer Hierarchie. Um aber dennoch die Vorteile einer Hypertextstruktur wenigstens teilweise zu nutzen, sind die Sektionen fast aller Websites nicht nur durch eine Baumstruktur miteinander verbunden, sondern zusätzlich durch einige, verhältnismäßig wenige Hyperlinks. Die formal hierarchische Verknüpfung der Sektionen steht jedoch im Vordergrund und wird in der Regel auch durch die Hauptnavigation abgebildet.

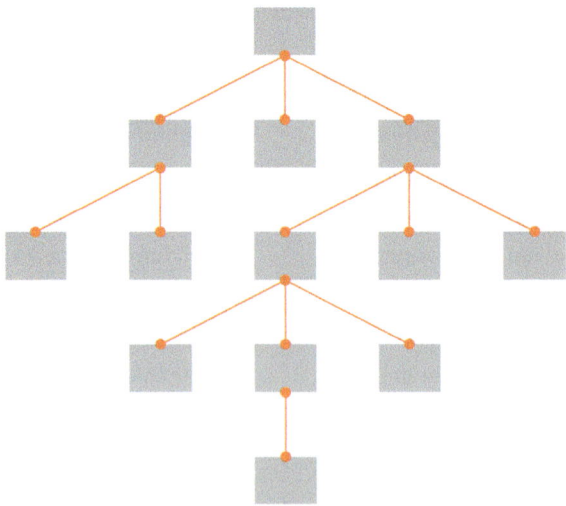

Eine hierarchische Struktur verzweigt sich formal wie ein Baum. Sie wird daher auch Baumstruktur genannt.

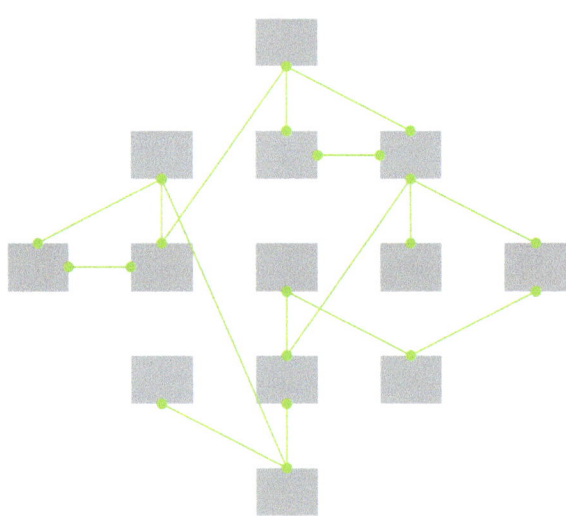

In einer Hypertext-Struktur sind die Sektionen gemäß ihrer assoziativen Beziehungen miteinander verknüpft.

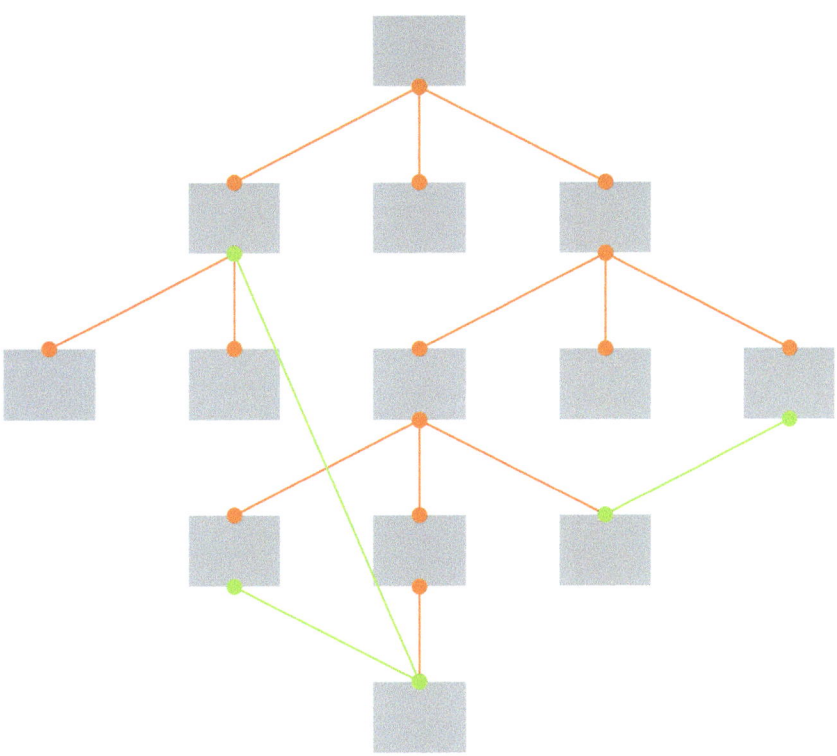

Die Sektionen einer typischen Website sind primär formal hierarchisch strukturiert. Darüber hinaus sind einzelne Sektionen durch so genannte Hyperlinks assoziativ verknüpft, ohne dass die Baumstruktur dabei berücksichtigt wird.

Facetten und Tags

Nahezu alle Universalklassifikationen, die bis in die 1930er Jahre entwickelt wurden, sind präkoordiniert, in der Regel monohierarchisch. Das bedeutet, dass alle Verknüpfungen der Elemente bereits durch die Erstellung der Struktur festgelegt werden. Diese Präkoordination hat entscheidende Nachteile zur Folge, sowohl für denjenigen, der die Struktur pflegt, als auch für den Nutzer der Struktur. So sind präkoordinierte Strukturen zum einen nur sehr eingeschränkt erweiterbar. Theoretisch müssen sie bereits vor der ersten Nutzung vollständig definiert sein, also auch alle Elemente berücksichtigen, die erst in der Zukunft in die Struktur eingefügt werden. Für den Nutzer bedeutet das zum anderen, dass er nur auf den definierten Wegen, bei einer Monohierarchie sogar nur auf einem einzigen Weg, zu den gesuchten Informationen gelangen kann.

Facettenklassifikationen

Der indische Bibliothekar und Mathematiker sowie spätere Professor Shiyali Ramamrita Ranganathan beginnt aus diesem Grund mit der Entwicklung einer neuartigen Ordnungsstruktur für Bibliotheken, die diese Nachteile nur noch in sehr geringem Maße aufweist. So führt er in den 1920er Jahren das Prinzip der Facettierung in die Klassifikationspraxis der Universitätsbibliothek von Madras ein. Im Gegensatz zur Monohierarchie, die immer nur eine bestimmte Sichtweise zulässt, beschreibt eine Facettenklassifikation die Elemente einer Struktur gleichzeitig aus verschiedenen Perspektiven. Dennoch benötigt sie dazu sehr viel weniger Klassen als eine Hierarchie, in der die gleiche Menge an Informationen strukturiert ist. Eine Facettenklassifikation wird erstellt, indem zunächst einige typische Elemente identifiziert und entsprechend ihrer relevanten Eigenschaften in so genannte Einfachklassen unterteilt werden. Anschließend werden die klassifizierten Eigenschaften, die auch Foci genannt werden, zu mehreren gleichrangigen, voneinander unabhängigen Gruppen, den so genannten Facetten zusammengefasst. Bei der Klassifizierung einer bestimmten Menge von

Taschen bilden zum Beispiel die Eigenschaften *blau*, *grün* und *orange* die Facette *Farbe*, die Eigenschaften *gepunktet*, *gestreift* und *kariert* die Facette *Muster*. Eine Ordnung entsteht erst aus der Kombination einzelner, in den Facetten zusammengefassten Eigenschaften. In dem Beispiel der Tasche kann aus der Menge aller Taschen eine ganz bestimmte gefunden werden, indem man beispielsweise die Eigenschaften *grün* und *gestreift* kombiniert. Die in einer Facette zusammengefassten Eigenschaften können gleichwertig sein oder in sich strukturiert, beispielsweise hierarchisch. So kann in der Facette *Farbe* die Eigenschaft *blau* noch einmal unterteilt sein in die Eigenschaften *Ultramarin*, *Kobalt* und *Indigo*. Daher werden Facettenklassifikationen auch postkoordinierend genannt. Die Beziehungen der Elemente zueinander werden nicht von vornherein bestimmt, sondern diese Bestimmung findet erst bei der Nutzung der Klassifikation statt. Durch die Art ihrer Erstellung, das Zergliedern und Zusammensetzen, werden Facettenklassifikationen als analytisch-synthetisch bezeichnet, im Gegensatz zu Hierarchien, die nur analytisch genannt werden, da bei deren Erstellung ausschließlich eine Zergliederung stattfindet. Im Jahr 1933 stellt Ranganathan als vorläufiges Ergebnis seiner Arbeit die *Colon Classification (CC)* vor. Diese Klassifikation wird in der darauf folgenden Zeit immer wieder verbessert und erweitert und liegt nun in der 1972 veröffentlichten siebten Ausgabe vor. Obwohl Ranganathan die Facettierung nicht als erster beschreibt, demonstriert er mit der *Colon Classification* die praktische Anwendbarkeit dieses Prinzips.

Tagging

Die *Colon Classification* findet zunächst jedoch nur wenig Beachtung. Denn sie ist ausschließlich manuell nur mit unverhältnismäßig großem Aufwand umsetzbar. Vermehrte Aufmerksamkeit erhält sie aber mit der Einführung von Computern und Datenbanksystemen für die Verwaltung von Bibliotheksbeständen. Und schließlich setzt sich auch im World Wide Web das Prinzip der Facettenklassifikation vermehrt durch, da die Informationsstrukturen vieler Websites in Umfang und Komplexität denen von Bibliotheken mittlerweile in nichts mehr nachstehen. Da fast alle Websites aber ein relativ eng begrenztes Fachgebiet betreffen, werden im WWW nahezu ausschließlich Spezialklassifikationen oder Fachklassifikationen eingesetzt, die für die Inhalte der jeweiligen Website maßgeschneidert sind. Anstatt von Klassifizierung oder Facettierung wird in Zusammenhang mit dem WWW meistens von *Tagging* gesprochen. Der Begriff *Tag* kann in etwa mit Etikett übersetzt werden. *Tagging* betont vor allem das Auszeichnen einer Information mit Daten und weniger das Erstellen einer Systematik für die Auszeichnung. Das hat einen einfachen Grund. Denn um in einem Computersystem Informationen aufzufinden, ist zunächst einmal überhaupt keine Auszeichnung notwendig. Entsprechende Suchprogramme können in der Regel die Daten selbst durchsuchen. Als Suchergebnis wird dann beispielsweise bei Textdokumenten jeweils die Passage um den gesuchten Begriff dargestellt, bei Bild- oder Filmdateien kann eine Vorschau erzeugt werden. Im Vergleich mit dem direkten Durchsuchen von Dateien führt aber bereits eine völlig unsystematische Auszeichnung zu erheblich hochwertigeren Suchergebnissen, wenn diese Auszeichnungen von dem genutzten Suchprogramm berücksichtigt werden. Ganz im Unterschied zu manuell organisierten Bibliotheken, bei denen eine Auszeichnung ohne zugrunde liegendes System völlig wertlos ist. Für die Auffindbarkeit von bestimmten Informationen entsteht bei Computersystemen der entscheidende Vorteil durch irgendeine Auszeichnung, während dieser bei Bibliotheken erst durch eine systematische Auszeichnung überhaupt entsteht. Jedoch ist mit einer unsystematischen Auszeichnung auch bei Computersystemen eine Vollständigkeit des Suchergebnisses nicht gewährleistet. Denn ohne System kann die gleiche Eigenschaft bei verschiedenen Dateien mit unterschiedlichen Etiketten kenntlich gemacht sein. So kann in dem Beispiel der Taschen eine der grünen Varianten als *gepunktet* gekennzeichnet werden, eine der orangenen Taschen als *mit Punkten*. Gibt der Nutzer in einem entsprechenden Computersystem nun die Eigenschaft *gepunktet* ein, so bekommt er die orangene Tasche nicht angezeigt, auch wenn sie eigentlich die gesuchte Eigenschaft hat. Wirklich präzise und vor allem vollständig können nur systematisch ausgezeichnete Dateien gefunden werden. Ebenso wie bei den Bibliotheksklassifikationen werden auch bei digitalen Dateien mittlerweile zahlreiche verschiedene Systematiken angewendet. Ein populäres Beispiel eines solchen systematischen Etiketts ist der besonders von mp3-Dateien bekannte *id3-Tag*. In der ersten veröffentlichten Version *id3v1* enthält der *id3-Tag* folgende Facetten:

- Songtitel
- Name des Interpreten
- Albumname
- Erscheinungsjahr
- beliebiger Kommentar
- Genre

Da alle professionell erzeugten mp3-Dateien mit allen Eigenschaften ausgezeichnet sind, die in dem *id3-Tag* festgelegt sind, kann der Nutzer eines Download-Services genau und vollständig die dort erhältlichen Dateien finden, die einer ausgewählten Eigenschaft oder einer beliebigen Kombination davon entsprechen. Doch die Computertechnik macht eine viel flexiblere Nutzung von Facettenklassifikationen möglich, als sie von Ranganathan ursprünglich vorgesehene ist; zum Beispiel durch die sehr vielseitigen Kombinationsmöglichkeiten von Eigenschaften. Während die Eigenschaften in der *Colon Classification* immer mit *und* verknüpft sind, können sie mit einem Computer nahezu grenzenlos kombiniert werden. In einem sehr einfachen Fall sind das beispielsweise die Booleschen Operatoren *und*, *oder*, *nicht*. Der Nutzer eines mp3-Download-Service kann sich damit zum Beispiel alle Dateien mit einem Musiktitel aus einem bestimmten Jahr und einem bestimmten Genre anzeigen lassen, einen bestimmten Interpreten aber ausschließen. Auch die Form der Auszeichnung kann mit heutigen Computern sehr viel flexibler

Rebsorte	Anbaugebiet	Qualitätsstufe	Geschmacksrichtung
weiß	Ahr	Tafelwein	trocken
└ Bacchus			
└ Chardonnay	Baden	Landwein	halbtrocken
└ Elbling			
└ Gewürztraminer	Franken	Qualitätswein b. A.	lieblich
└ Grauburgunder			
└ Gutedel	Hessische Bergstraße	Qualitätswein mit Prädikat	süß
└ Huxelrebe		└ Kabinett	
└ Kerner	Mittelrhein	└ Spätlese	
└ Müller-Thurgau		└ Auslese	
└ Ortega	Mosel-Saar-Ruwer		
└ Riesling		Beerenauslese	
└ Scheurebe	Nahe		
└ Silvaner		Trockenbeerenauslese	
└ Weißburgunder	Pfalz		
		Eiswein	
rot	Rheingau		
└ Dornfelder			
└ Helfensteiner	Rheinhessen		
└ Lemberger			
└ Portugieser	Saale-Unstrut		
└ Regent			
└ Rotberger	Sachsen		
└ St. Laurent			
└ Schwarzriesling	Württemberg		
└ Spätburgunder			
└ Trollinger			

Facettierung des Angebots eines Weinhändlers für deutsche Weine in acht Facetten, von denen zwei eine hierarchische Strukturierung in der Tiefe einer Ebene aufweisen.

Servierempfehlungen	Preisstufen	Kundenbewertung	Verkaufsstufe
Aperitif	0 – 9 EUR	1 Punkt	Platz 1
Desserts	10 – 19 EUR	2 Punkte	Platz 2
Digestif	20 – 49 EUR	3 Punkte	Platz 3
dunkles Fleisch	über 50 EUR	4 Punkte	Platz 4
helles Fleisch		5 Punkte	Platz 5
Käse			Platz 6
Meeresfrüchte & Fisch			Platz 7
Vegetarisches			Platz 8
			Platz 9
			Platz 10

gehandhabt werden, als bei der *Colon Classification* vorgesehen. Dort, wie auch bei allen anderen ursprünglich für Bibliotheken entwickelten Klassifikationen, werden die Eigenschaften eines Buches mit einem System aus Zahlen, Buchstaben und Satzzeichen erfasst, einer so genannten Notation. Der Grund dafür ist der in der Regel sehr beschränkte Platz auf dem Rücken der Bücher, der nicht ausreicht, um alle Eigenschaften vollständig auszuschreiben. So steht auf einem Buch in einer Bibliothek, die die *Colon Classification* nutzt, *L,45;421:6;253:f.44'N5* was *Medicine,Lungs;Tuberculosis:Treatment;X-ray:Research.India'1950* entspricht und *Erforschung der Heilung von Tuberkulose der Lungen mittels Röntgen durchgeführt in Indien in den 1950er Jahren* bedeutet. (Chan 1994) Bei digitalen Dateien gibt es eine solche räumliche Begrenzung nicht, daher werden die Auszeichnungen in der Regel im Klartext formuliert. Sie können dadurch direkt als ergänzende Information angezeigt werden. So lassen sich in den meisten Autoradios bestimmte Eigenschaften einer mp3-Datei ablesen, während sie gespielt wird.

Wie eine Auswahl oder eine Sortierung von getaggten Dateien am sinnvollsten visualisiert wird, hängt stark von dem Zweck und Einsatzgebiet der interaktiven Anwendung ab. Die Möglichkeiten sind dabei sehr vielfältig. Ich benenne und beschreibe an dieser Stelle zwei typische Darstellungsformen, die verwendet werden, um aus einer Menge von Elementen eines oder mehrere auszuwählen, die genau die vom Nutzer gewünschten Eigenschaften besitzen. Die erste Darstellungsform nenne ich *inverses Ausblenden* (engl. *inverse removing*). Dazu werden dem Nutzer zunächst gleichwertig nebeneinander Abbildungen aller zur Verfügung stehenden Elemente präsentiert, zum Beispiel Taschen in verschiedenen Farben und mit verschiedenen Mustern. Wählt der Nutzer dann eine von ihm gewünschte Eigenschaft aus, werden alle Abbildungen der Elemente die die gewählte Eigenschaft nicht besitzen, ausgeblendet. Wählt der Nutzer beispielsweise aus den Farben blau, grün und orange die Farbe grün, werden alle Abbildungen der Taschen in den Farben blau und orange ausgeblendet. Wählt der Nutzer in einem zweiten Schritt aus den drei zur Verfügung stehenden Mustern kariert, gepunktet und gestreift das letztere aus, so werden alle Abbildungen von grünen gepunkteten und grünen karierten Taschen ausgeblendet. Die zweite typische Darstellungsform nenne ich *Attribut-Addition* (engl. *attribute adding*). Dem Nutzer wird die Abbildung eines einzigen der zur Verfügung stehenden Elemente präsentiert, das in Bezug auf die auswählbaren Eigenschaften neutral ist. Haben beispielsweise die Taschen, aus denen der Nutzer auswählen kann, verschiedene bunte Farben, so ist die Abbildung der Tasche zu Beginn der Auswahl farblos oder grau. Kann der Nutzer aus mehreren Mustern auswählen, so zeigt die Abbildung der Tasche zunächst überhaupt kein Muster. Erst wenn der Nutzer eine bestimmte Eigenschaft auswählt, wird sie an der Abbildung auch sichtbar. Wählt er zum Beispiel ein Streifenmuster, dann ist die Abbildung in Bezug auf die Farbe der Tasche weiter neutral, zeigt aber die ausgewählten Streifen. Erst wenn anschließend eine Farbe ausgewählt wird, ist auch die Abbildung farbig. Beide Darstellungsformen haben verschiedene Vor- und Nachteile. Das *inverse Ausblenden* bietet dem Nutzer die Möglichkeit, alle zur Auswahl stehenden Elemente direkt miteinander zu vergleichen. Ab einer bestimmten Menge an Elementen verliert sich aber diese Möglichkeit, da durch den begrenzten Platz für die Darstellung jedes einzelne Element mit zunehmender Menge an Elementen immer kleiner abgebildet werden muss und die Unterschiede zwischen den Elementen nicht mehr wahrgenommen werden können. So ist es beispielsweise unmöglich, alle erhältlichen Ausstattungskombinationen eines Fahrzeugmodells mittels *inversem Ausblenden* auf einem Computermonitor darzustellen. Mit der Darstellungsform der *Attribut-Addition* lässt sich dagegen auch eine sehr große Menge an verschiedenen Elementen abbilden. Es entstehen jedoch Probleme, wenn nicht alle möglichen Kombinationen der auswählbaren Eigenschaften auch als ein Element existieren. Zum Beispiel wenn karierte und gepunktete Taschen in blau, grün und orange erhältlich sind, gestreifte Taschen aber nur in grün. Während beim inversen Ausblenden diese Taschen einfach nicht abgebildet werden, muss bei der *Attribut-Addition* ein Nutzer, der solch eine nicht vorhandene Kombination auswählt, darauf aufmerksam gemacht werden, dass ein Element mit den gewünschten Eigenschaften nicht existiert. Da solch ein Hinweis immer erst nach mindestens einer durch den Nutzer vorgenommenen Auswahl eines Attributs erscheinen kann, verhält sich solch eine Anwendung nicht erwartungskonform, da der Nutzer durch die ihm zu Beginn angebotenen Auswahlmöglichkeiten davon ausgeht, dass jede der Auswahlmöglichkeiten auch an einem Element existiert. Bei der Konzeption einer interaktiven Anwendung, die dem Nutzer eine Auswahl getaggter Dateien durch eine *Attribut-Addition* ermöglicht, ist es notwendig, nicht nur für jede Eigenschaft innerhalb einer Facette eine Darstellung zu entwickeln, sondern auch eine neutrale Darstellung zu finden, die dem Nutzer präsentiert wird, solange er aus der Facette keine Auswahl getroffen hat. Wenn beispielsweise nur gemusterte Taschen erhältlich sind, kann als neutrale Darstellung eine Tasche ohne Muster dienen, die dem Nutzer angezeigt wird, wenn er noch kein Muster ausgewählt hat. Gibt es aber auch Taschen ohne Muster, kann eine lediglich musterlose Abbildung der Tasche nicht mehr als neutrale Darstellung verwendet werden.

Vereinheitlichte Auszeichnung

Wie in fast allen Bereichen des World Wide Web gibt es auch bei der Auszeichnung von Dateien Bemühungen um eine weltweite Vereinheitlichung. Es bestehen zahlreiche Initiativen, die dieses Ziel verfolgen. Die bekannteste von ihnen ist die *Dublin Core Metadata*. Sie setzt sich für eine einheitliche Kennzeichnung von Dateien im WWW ein, um angesichts der rasant zunehmenden Menge an Dokumenten deren Auffindbarkeit auch in Zukunft zu gewährleisten. Dazu wurde eine Gruppe von Attributen entwickelt, das so genannte *Dublin Core*

Schritt 1

Schritt 2

Schritt 3

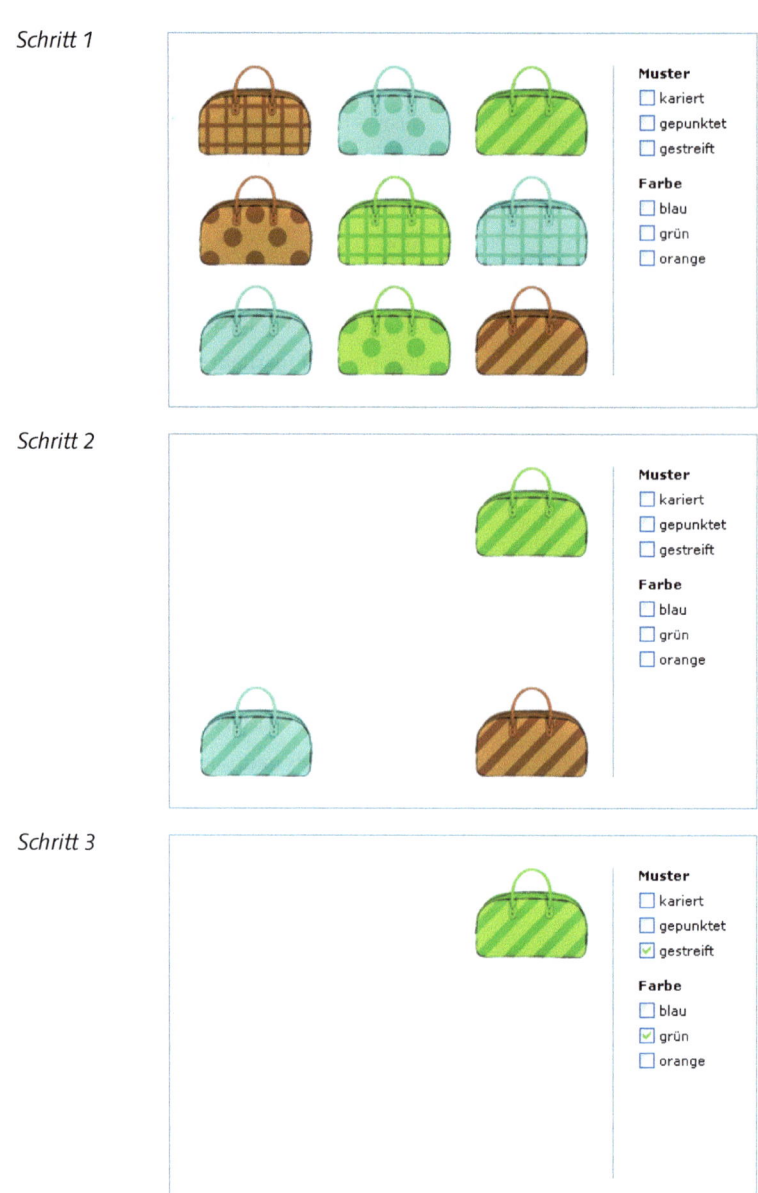

Bei der Darstellung einer Auswahl durch inverses Ausblenden (engl. inverse removing) werden zunächst alle im System vorhandenen Elemente angezeigt. Wählt der Nutzer die Bezeichnung einer gewünschten Eigenschaft aus, werden die Elemente ausgeblendet, die diese Eigenschaft nicht besitzen.

Schritt 1

Schritt 2

Schritt 3

Bei der Darstellungsform der Attribut-Addition (attribute adding) wird dem Nutzer zu Beginn eine in Bezug auf die auswählbaren Eigenschaften neutrale Darstellung des Elements präsentiert. Wählt der Nutzer die Bezeichnung einer bestimmten Eigenschaft aus, wird ihm diese statt der neutralen Darstellung angezeigt.

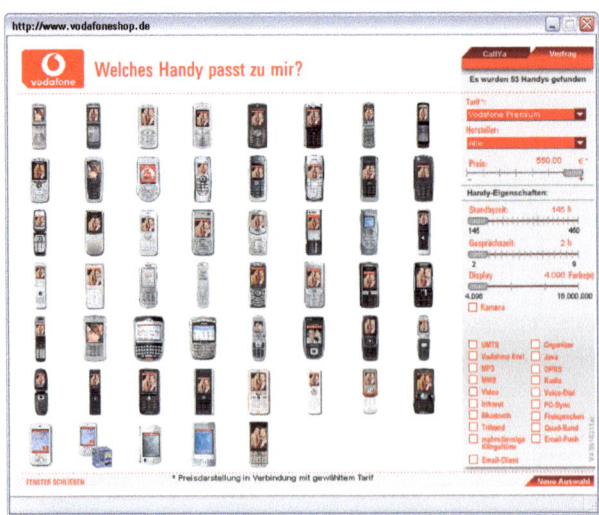

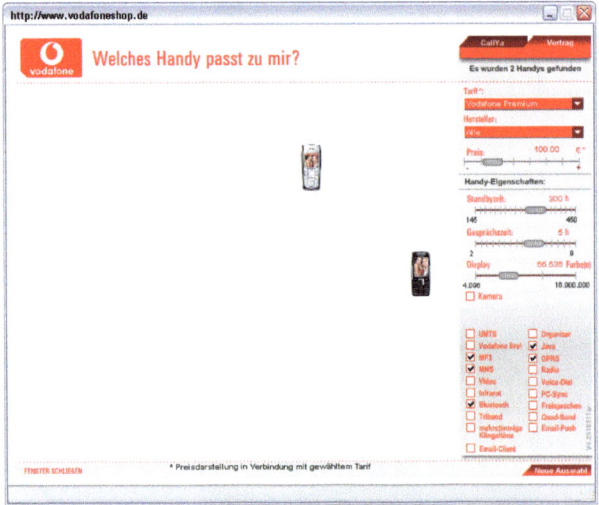

Indem der Nutzer in dem Handy-Finder des Mobilfunkproviders Vodafone die für ihn wichtigen Eigenschaften auswählt, erhält er aus dem sehr umfangreichen Angebot eine kleine, seinen Angaben entsprechende Auswahl von Handys angeboten, die die entsprechenden Eigenschaften besitzen.

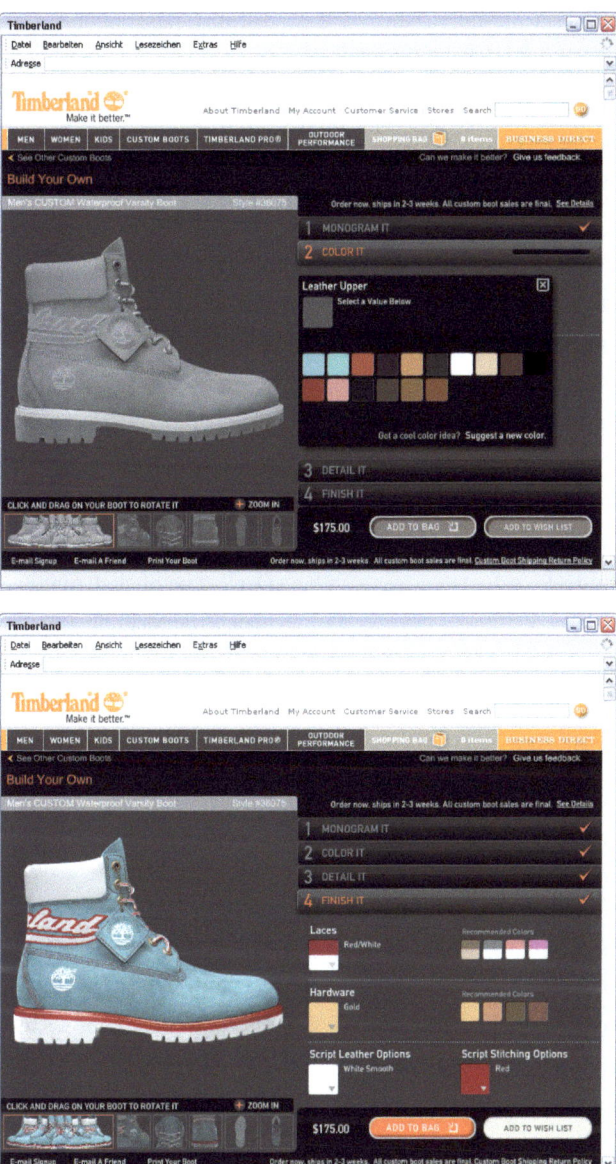

Der Schuhersteller Timberland bietet den Nutzern seiner Website die Möglichkeit, durch Attribut-Addition (attribute adding) die Schuhe mit den gewünschten Farbeigenschaften auszuwählen. Als neutrale Darstellung dient eine Abbildung eines Schuhs in Graustufen.

Element Set. Es liegt mittlerweile in zahlreichen Sprachen vor, unter anderem auch in Deutsch. Demnach soll jedes Dokument im WWW mit folgenden Metadaten versehen werden:

- Titel
- Verfasser oder Urheber
- Thema und Stichwörter
- inhaltliche Beschreibung
- Verleger bzw. Herausgeber
- weitere beteiligte Personen und Körperschaften
- Datum
- Ressourcenart
- Format
- Ressourcen-Identifikation
- Quelle
- Sprache
- Beziehung zu anderen Resourcen
- räumliche und zeitliche Maßangaben
- rechtliche Bedingungen

Geschlossene Auszeichnung

Eine weltweite Akzeptanz und Umsetzung einer Auszeichnung ist eine große Unterstützung für den Nutzer bei der Suche nach bestimmten Dokumenten im WWW. Da zudem eine Einhaltung eines solchen Standards wenig Aufwand bedeutet, ist die Arbeit entsprechender Initiativen hoch zu bewerten. Doch wird an Standard-Tags wie dem *Dublin Core Element Set* auch deutlich, wie allgemein und damit wenig leistungsfähig standardisierte Metadaten sind. Mit dem *Dublin Core Element Set* sind beispielsweise noch nicht einmal alle sechs Attribute des mp3-Tag abbildbar. Das ganze Potential des Tagging lässt sich daher nur in geschlossenen Systemen nutzen, auf das die Attribute maßgeschneidert werden. Ein Paradebeispiel eines solchen geschlossenen, getaggten Systems im World Wide Web ist Pandora, eine Audio-Streaming-Website, die seit Juli 2005 zugänglich ist. Kernstück der Website ist das im Januar 2000 gegründete *Music Genome Project*, eine Musikbibliothek mit inzwischen über 300.000 Musikstücken von über 10.000 Gruppen und Interpreten. Jedes dieser Musikstücke, sowie jede Gruppe und jeder Interpret, ist mit einem Tag versehen, der fast 400 musikspezifische Attribute beinhaltet, die den Klang beschreiben. Der Tag beinhaltet zum Beispiel Attribute zu Merkmalen wie Melodie, Rhythmus, Harmonie, Instrumentialisierung und Gesang. Um alle Attribute eines einzigen Musikstücks zu bestimmen, benötigt einer der Musikexperten des *Music Genome Project* nach eigenen Angaben zwanzig bis dreißig Minuten. Der Nutzer von Pandora gibt auf der Website den Namen eines ihm bekannten Musikstücks oder Interpreten ein. Damit eröffnet er eine so genannte Station, in der Musikstücke gespielt werden, deren Attribute dem zu Beginn angegebenen Musikstück oder Interpreten möglichst ähnlich sind. Es können auch mehrere Musikstücke oder Interpreten in einer Station kombiniert werden. Ziel der Website ist es, den Nutzer an die Lieder von Interpreten oder Bands heranzuführen, die seinem Musikgeschmack entsprechen, die er aber dennoch bisher nicht kennt. Gefällt dem Nutzer eines der Musikstücke, so kann er es zu einer Favoritenliste hinzufügen.

Der Nutzer des Audio-Streaming-Service Pandora gibt in ein Eingabefeld der Website einen Interpreten bzw. eine Gruppe oder ein Musikstück ein. Aufgrund eines Vergleichs der fast 400 Klang-Attribute, die jedem Musikstück und jedem Interpreten bzw. jeder Gruppe zugeordnet sind, werden ähnliche Musikstücke gespielt.

Verschiedene Formen des Tagging

Abhängig davon von wem oder woher die Auszeichnungen von digitalen Dateien stammen, können drei verschiedene Formen des Tagging unterschieden werden:

Author Tagging

Die bisher häufigste Form der Auszeichnung ist das *Author Tagging*. Dabei bestimmt der Verfasser oder der Herausgeber einer digitalen Datei die Attribute des Tags. Der Vorteil des *Author Tagging* ist, dass die vollständige Kontrolle über die Auszeichnung bei einer einzelnen Person oder bei einer überschaubaren Gruppe von Personen liegt. Dadurch ist möglich, eine sehr systematische und vollständige Auszeichnung sicherzustellen. Eine besondere Herausforderung für den Autor oder den Herausgeber ist es, genau dieselben Auszeichnungen zu verwenden, nach denen ein potentieller Nutzer eine Datei zuordnet, auswählt oder sucht: bei der Auszeichnung mit Wörtern beispielsweise genau die entsprechenden Begriffe, in derselben Formulierung und Schreibweise. In der Regel ist es dazu notwendig, bei der Erstellung der Tags auf Studien zurückzugreifen oder eigene Tests durchzuführen. Durch ein laufendes Tracking der von den Nutzern verwendeten Auszeichnungen, beispielsweise durch eine Analyse der eingegebenen Suchbegriffe, können die Tags während des Betriebs der Anwendung laufend optimiert werden. Werden dabei Ausdrücke oder Schreibweisen offensichtlich, die in dieser Form bisher nicht berücksichtigt sind, können diese dem Tag hinzugefügt werden.

Social Tagging

Mit Social Tagging oder Collaborative Tagging wird das gemeinschaftliche Auszeichnen von digitalen Dateien durch den Autor einer digitalen Datei und durch mehrere der Nutzer dieser Datei, oder ausschließlich durch die Nutzer, bezeichnet. An sich findet Social Tagging schon sehr lange im World Wide Web statt. Die Bewertung eines Produkts in einem Online-Shop mit einer bestimmten Zahl von möglichen Punkten durch die Käufer ist beispielsweise eine sehr einfache Form des Social Tagging. Ein potentieller Kunde kann dann diese gemeinschaftliche Auszeichnung nutzen, um einen bestimmten Ausschnitt des Angebots des Shops nach den Kundenbewertungen anzuordnen *(die am besten bewerteten CD-Player zuerst)* oder zu filtern *(nur die CD-Player mit 5 von 5 möglichen Punkten)*. Mittlerweile haben sich die Möglichkeiten des Social Tagging stark weiterentwickelt. Sehr populär wird diese Form des Tagging im Jahr 2003 mit dem Launch der Website del.icio.us von Joshua Schachter. Von ihm zunächst als Hobby programmiert, um Bookmarks mit seinen Freunden auszutauschen und diese mit Kommentaren zu versehen, entwickelt sich die Website bald zum Ausgangspunkt eines regelrechten Hype. Im Jahr 2005 gründet Schachter daher die Firma *del.icio.us Inc.*, die im Dezember desselben Jahres von *Yahoo!* gekauft wird. Ein Nutzer von del.icio.us kann beliebige URLs mit beliebigen Schlagworten versehen und diese auf der Website veröffentlichen. Gibt ein weiterer Nutzer solch ein Schlagwort in die Suchmaske der Website ein, so bekommt er eine Liste mit allen Bookmarks angezeigt, die andere Nutzer mit dem eingegebenen Schlagwort ausgezeichnet haben. Dadurch, dass beim Social Tagging die Nutzer selbst die Auszeichnung der Dateien vornehmen, wird auch ohne Zuhilfenahme von Studien oder Tests erreicht, dass sehr viele der dazu verwendeten Schlagworte in derselben Form auch tatsächlich von den anderen Nutzern zum Aufsuchen der Datei verwendet werden. Da aber keine Kontrolle über die zum Auszeichnen verwendeten Begriffe besteht, werden gleiche Sachverhalte sehr häufig mit unterschiedlichen Auszeichnungen versehen. Dadurch erhält ein Nutzer bei Eingabe eines bestimmten Suchbegriffs nur ein unvollständiges Auswahlergebnis. Sehr viele Elemente, die eigentlich inhaltlich der Suchanfrage entsprechen, aber mit einer anderen Auszeichnung versehen sind, werden nicht angezeigt. Je mehr Nutzer an der Auszeichnung beteiligt sind, desto mehr unterschiedliche Auszeichnungen werden für an sich gleiche Sachverhalte verwendet, und desto unvollständiger wird das Such- oder Auswahlergebnis.

Automatic Tagging

Digitale Dateien können auch vollautomatisch mit Tags versehen werden. Bei Websites geschieht dies in der Regel aufgrund eines Trackings des Nutzerverhaltens. Ein bekanntes Beispiel ist eine Funktion auf den Websites des Versandhandels *Amazon*. Wählt der Nutzer ein bestimmtes Produkt aus, so werden ihm weitere Produkte vorgeschlagen, die andere Kunden zuvor zusammen mit dem ausgewählten Produkt bestellt haben. Mit jeder Bestellung wird also die Beschreibung des bestellten Produkts automatisch mit den Beschreibungen der außerdem noch bestellten Produkte ausgezeichnet. Aber auch die automatische Erstellung einer Bestseller-Liste, also die Auszeichnung einer Produktbeschreibung mit den Verkaufszahlen des entsprechenden Produkts, zählt zum Automatic Tagging.

Kontrolliertes Vokabular

Beim Automatic Tagging wird immer ein kontrolliertes Vokabular verwendet. Der Begriff Vokabular ist hier nicht auf Sprache beschränkt, sondern meint jede Form eines Kennzeichensystems. Automatisch können digitale Dateien immer nur mit dem ausgezeichnet werden, was zumindestens prinzipiell schon vorher festgelegt ist. Beim Generieren zum Beispiel einer Bestseller-Liste ergeben sich die Verkaufszahlen und damit die absoluten Platzierungen zwar erst durch die Verkäufe selbst, das Prinzip aber, dass aus einem Vergleich der Verkaufszahlen untereinander eine Rangfolge erstellt wird, ist von Anfang an festgelegt. Das Ergebnis einer Auswahl eines automatisch generierten Tags ist daher immer vollständig. Doch auch beim Author Tagging und sogar beim Social Tagging kann mit Hilfe eines kontrollierten Vokabulars die Vollständigkeit eines Auswahl- oder Suchergebnisses bis auf 100% gesteigert werden. Dazu kann ein geschlossenes Vokabular verwendet werden, das nur die darin enthaltenen Eigenschaften für die Auszeichnung zur Verfügung stellt, oder ein offenes Vokabular, dass darüber hinaus auch frei erstellte Auszeichnungen zulässt.

Multiple Strukturen

Genau genommen besteht eine Facettenklassifikation aus multiplen Strukturen, wenn denn die Eigenschaften innerhalb einer Facette beispielsweise hierarchisch geordnet sind. Doch auch wenn diese Strukturen sich teilweise überschneiden, betreffen sie immer nur Ausschnitte des Gesamtsystems. In bestimmten Situationen kann es jedoch auch sinnvoll sein, ein Informationssystem, zum Beispiel eine Website, vollständig auf mehrere verschiedene Arten zu strukturieren, möglicherweise sogar nach demselben Prinzip, zum Beispiel hierarchisch. In der Regel ist das der Fall, wenn mehrere völlig unterschiedliche Zielgruppen die interaktive Anwendung nutzen.

Die B. Braun AG, ein Hersteller von medizinischen Geräten und Verbrauchsprodukten, bietet auf seiner Website zu mehreren Millionen Artikeln detaillierte Informationen an, die sehr regelmäßig vor allem von Fachärzten und Krankenhauspersonal genutzt werden. Nicht zuletzt durch diese regelmäßige Nutzung findet sich die Zielgruppe in dem äußerst komplexen Angebot gut zurecht.

Dasselbe gilt für die Nutzer der Aesculap AG, einem weiteren Anbieter von ebenfalls mehreren Millionen unterschiedlicher medizinischer Produkte, dessen Angebot sich in weiten Teilen mit dem der B. Braun AG überschneidet. Die Aesculap AG wird schließlich von der B. Braun AG übernommen, das gesamte Angebot aber weitergeführt. Die B. Braun AG hat nun die Aufgabe, zusätzlich das gesamte Produktportfolio der Aesculap AG auf ihrer Website zu präsentieren, so dass es zum einen nun auch von den Ärzten und Krankenhausangestellten gefunden wird, die mit der bisherigen Struktur vertraut sind, zum anderen auch von den Kunden der Aesculap AG, die bis zu diesem Zeitpunkt die Website dieser Firma genutzt haben und damit vertraut sind. Um beiden Zielgruppen den uneingeschränkten Zugriff auf die benötigten Informationen zu ermöglichen, entscheidet sich die B. Braun AG dazu, ihr neues Gesamtangebot in multiplen Strukturen zu ordnen. Die von der Aesculap AG neu hinzugekommenen Produkte werden in die bestehende Struktur der Website der

B. Braun AG integriert, gleichzeitig wird das gesamte Angebot gemäß der Struktur der bisherigen Website der Aesculap AG geordnet. Dem Nutzer der Website wird für jede der beiden Strukturen eine eigene Navigation angeboten. Die Navigation, mit der die Struktur der bisherigen Website der Aesculap AG genutzt wird, ist sogar visuell der früheren Website angepasst. Da den Nutzern der früheren Website der Aesculap AG auf der Website der B. Braun AG nach der Auswahl einer Produktinformation parallel immer auch die Struktur der ihnen bisher unbekannten Website angezeigt wird, werden sie nach und nach mit der für sie neuen Website vertraut. Dieser Prozess verläuft so erfolgreich, dass die zusätzliche Navigation mittlerweile nicht mehr benötigt wird.

Die Informationen der Website der B. Braun AG sind eine Zeit lang vollständig in multiplen Strukturen eingeordnet. Für jede der Strukturen steht eine eigene Navigation zur Verfügung, zwischen denen der Nutzer frei wählen kann.

Interaktionscharakter

Neben der Gestalt einer interaktiven Anwendung, die primär durch deren visuelle Erscheinung und durch auditive Elemente geprägt wird, und neben ihrer Struktur, die vor allem durch die Art und Anzahl der Beziehungen zwischen den Informationssektionen bestimmt wird, definiert noch ein dritter, übergreifender Bestandteil das Erlebnis einer interaktiven Anwendung. Diesen Bestandteil nenne ich Interaktionscharakter. Der Interaktionscharakter einer interaktiven Anwendung wird bestimmt durch die Menge, Geschwindigkeit und Form der zur Interaktion notwendigen Dateneingabe durch den Nutzer sowie die Menge, Geschwindigkeit und Form der darauf folgenden Datenausgabe durch die Anwendung. So wie die Visualisierung einer interaktiven Anwendung stark von ihrer Struktur abhängt – also davon, wie viele Sektionen in welcher Beziehung zueinander gemäß den inhaltlichen Anforderungen abgebildet werden müssen – und die Struktur durch die Möglichkeiten der Darstellungsform begrenzt wird – also wie viele Sektionen und welche Art von Beziehungen sich unter Berücksichtigung der Anforderungen abbilden lassen – so beeinflussen sich auch Interaktionscharakter und Struktur sowie Interaktionscharakter und Gestalt gegenseitig. Trotz dieser engen Verknüpfung und obwohl sich die Bestandteile teilweise überschneiden, ist der Interaktionscharakter ein eigenständig zu betrachtender, und ebenso zu konzipierender und definierender Bestandteil jeder interaktiven Anwendung.

Zunächst ist daher festzustellen, dass sich der Charakter der Interaktion durch eine definierte Aufgabe genauso wenig von selbst ergibt, wie das für die Gestalt oder auch die Struktur einer interaktiven Anwendung der Fall ist, weder die Menge oder die Geschwindigkeit der Datenein- und -ausgaben, noch deren Form. Besonders Letzteres wird sehr anschaulich durch den Vergleich eines Funkweckers mit so genannter analoger Anzeige, also mittels Zeiger, mit einem Funkwecker mit so genannter digitaler Anzeige, also mittels Ziffern. Beide Produkte erfüllen genau die gleiche Aufgabe, sie wecken einen Menschen zu der von ihm gewünschten Zeit. Leichter nachzuvollziehen ist der Vergleich, wenn diese Aufgabe zunächst in vier Teile aufgliedert wird: Die Produkte zeigen die durch ein Funksignal gesendete Zeit an. Sie bieten dem Nutzer die Möglichkeit, eine bestimmte Weckzeit einzustellen. Sie zeigen die eingestellte Weckzeit an. Sie spielen ein Audiosignal zu der eingestellten Weckzeit ab. Obwohl das empfangene Funksignal das gleiche ist, hat bereits die Anzeige der mit dem Funksignal übertragenen Informationen bei beiden Uhren, also die Datenausgabe, einen ganz eigenen Charakter. Die eine Uhr betont mit ihrem Stundenzeiger, Minutenzeiger und Sekundenzeiger besonders die bereits vergangenen Abschnitte des Tages, der Stunde und der Minute, und deutet diese als Kreissegmente an. Das wird auch in der Art deutlich, wie eine bestimmte Uhrzeit in der Regel sprachlich formuliert wird, wenn sie von einer Uhr mit Zeigern abgelesen wird. So spricht man von *halb zehn* oder *Viertel nach zwölf*. Die andere Uhr stellt diese Abschnitte ausschließlich numerisch dar. Entsprechend wird auch die Uhrzeit ausgesprochen, wenn sie von einer solchen numerischen Anzeige abgelesen wird. So spricht man von *neun Uhr dreißig* oder *zwölf Uhr fünfzehn*. Ebenso unterschiedlich ist die Einstellung der Weckzeit bei beiden Uhren, also die Dateneingabe. Während bei der einen Uhr durch Drehen eines Knopfes ein weiterer Zeiger in die gewünschte Position gebracht wird, stellt der Nutzer bei der anderen Uhr die Weckzeit durch mehrere Knöpfe ein, von denen einer dem Wechsel zwischen Stunden und Minuten dient, während zwei andere für die Addition und Subtraktion von Stunden und Minuten genutzt werden. Und schließlich kann das Wecksignal einen völlig unterschiedlichen Charakter haben, bei dem einen Wecker wird es zum Beispiel durch das Anschlagen einer Glocke erzeugt, bei dem anderen ist es ein Piepton, der über einen kleinen Lautsprecher abgespielt wird.

Die unterschiedlichen Interaktionscharaktere des Fahrzeug-Konfigurators von Opel

Zahlreiche Studien belegen, dass sich das Internet mittlerweile zu einer der wichtigsten Informationsquellen für den Neuwagenkauf entwickelt hat (Taylor et al. 2004; Autret 2004; Bünger et al. 2003). Stets wird der Fahrzeug-Konfigurator als die nützlichste Funktion im Kaufentscheidungsprozess genannt. Ein ausschlaggebendes Kriterium für die Qualität eines Fahrzeug-Konfigurators ist dabei die so genannte Baubarkeitsprüfung, d.h. der Nutzer erwartet, dass das von ihm im Internet konfigurierte Fahrzeug tatsächlich in genau dieser Form erhältlich ist. Das führt zu einer enormen Komplexität dieser Anwendungen, da der Nutzer nicht nur über eine sehr große Menge von Ausstattungsmerkmalen entscheiden muss, sondern zwischen diesen Merkmalen zahlreiche Abhängigkeiten bestehen, die bestimmte Kombinationen der Ausstattungsmerkmale nicht zulassen. Um den Nutzer trotz der hohen Komplexität des Auswahlprozesses zu einem zufriedenstellenden Ergebnis zu führen, ist der Konfigurationsprozess auf den meisten Automobil-Websites in mehrere Schritte unterteilt. So auch auf der deutschen Website des Automobilherstellers Opel. Der Prozess dieses Konfigurators ist in sechs Schritte unterteilt (Karosserievariante, Ausstattungsvariante, Motor und Getriebe, Außenfarbe und Polster, Sonderausstattungen, Zubehör) von denen die ersten vier abgeschlossen werden müssen, um als Ergebnis ein definiertes und damit bestellbares Fahrzeug zu erhalten. Dem Konfigurator von Opel wird in mehreren Studien eine grundsätzlich führende Position im Vergleich mit den Konfiguratoren anderer Automobil-Websites bescheinigt. Ein Usability-Test mit 21 Probanden (leitfadengestütztes Surfen) kommt dennoch zu einem denkwürdigen Ergebnis. Während 11 der 21 Probanden das schrittweise Vorgehen in einer bestimmten Reihenfolge besonders positiv bewerten, weil sie sich „an die Hand genommen" und unterstützt fühlen, zeigt sich die andere Hälfte (10 Probanden) äußerst unzufrieden mit diesem festgelegten Ablauf. Diese Probanden stören sich besonders daran, dass sie die Konfiguration des Fahrzeugs nicht mit dem Ausstattungsmerkmal beginnen können, das sie persönlich für am interessantesten halten. Zudem wünschen sie sich, einen Überblick über die Kombination verschiedener Ausstattungsmerkmale zu bekommen und diese mehrmals zu wechseln, um sie so miteinander zu vergleichen. Da die beiden Nutzergruppen zum großen Teil sehr gegensätzliche Anforderungen an die interaktive Anwendung formulieren, hätte eine Optimierung des Konfigurators an die Bedürfnisse der einen Gruppe immer die Unzufriedenheit der jeweils anderen zur Folge. Daher wurde die Entwicklung eines zweiten Interfaces für die Anwendung beschlossen.

Tatsächlich kann der Nutzer des Fahrzeug-Konfigurators der deutschen Opel-Website heute zwischen zwei verschiedenen Interfaces wählen. Beiden Varianten liegt die gleiche Applikation zugrunde, sie nutzen beide dieselben Daten und Regelwerke. Auch die Menge der Informationen, die dem Nutzer zur Verfügung gestellt wird, ist identisch. Der Charakter der Interaktion zwischen dem Nutzer und der Anwendung ist dennoch völlig unterschiedlich. Während das ursprüngliche Interface den Nutzer unverändert Stück für Stück durch den Konfigurationsprozess führt, und bei jedem Schritt alle zur Verfügung stehenden Informationen anzeigt, bietet das neu entwickelte Interface ein hohes Maß an Flexibilität und Dynamik. Alle wichtigen Ausstattungsmerkmale werden in einer Matrix abgebildet, sie können in beliebiger Reihenfolge aus- und wieder abgewählt werden. Bei jeder Auswahl werden dem Nutzer alle möglichen und nicht möglichen Kombinationen mit den anderen Ausstattungsmerkmalen angezeigt. Detaillierte Informationen zu jedem einzelnen Merkmal können bei Bedarf jederzeit aufgerufen werden.

Ein nachfolgender Vergleich beider Interface-Varianten in einem Usability-Test bestätigt das Erreichen des angestrebten Ziels. Während sich auch diesmal wieder die Hälfte (11 von 21) der Probanden über die ursprüngliche Konfigurator-Variante völlig zufrieden äußert, sieht die andere Hälfte (10 Probanden) dagegen in dem neu entwickelten Interface ihre Anforderungen vollständig erfüllt

Diese für Opel entwickelte Lösung ist wegweisend. An einem konkreten Projekt ist deutlich zu erkennen, dass die Anforderungen der Nutzer an den Charakter der Interaktion mit einer komplexen Internet-Applikation je nach persönlicher Situation und vorhandenen Fähigkeiten sehr stark differenzieren können, selbst wenn das angestrebte Ziel identisch ist. Es kann damit gezeigt werden, dass eine einzige Applikation in der Lage ist, diese teilweise völlig konträren Anforderungen vollständig zu erfüllen, wenn sie die Möglichkeit bietet, zwischen mehreren verschiedenen Interaktionscharakteren zu wählen.

Um dem Nutzer die Verbindung zwischen dem Konfigurator im Internet und dem Verkaufsgespräch beim Händler vor Ort zu erleichtern, wird eine weitere Variante dieser Anwendung entwickelt, die im Showroom mehrerer Opel-Niederlassungen auf großen Terminals mit einem Touchscreen betrieben wird. Das konfigurierte Fahrzeug wird dabei mittels 3D-Daten auf einem separaten, hochauflösenden 40"-Monitor präsentiert. Dazu wird das neu entwickelte Interface mit möglichst wenig Veränderungen für die Verwendung auf einem Touchscreen angepasst. Der Nutzer kann an dem Terminal den Blickwinkel auf das Fahrzeug beliebig verändern, die Türen öffnen und sich den Innenraum darstellen lassen.

Obwohl sich die Form der Nutzereingaben und die Darstellung der Fahrzeuge auf dem POS-Terminal und auf der Opel-Website stark unterscheiden, wird der Interaktionscharakter von den Nutzern als identisch wahrgenommen. Dieser Umstand zeigt, dass sich ein Interaktionscharakter unabhängig von einer spezifischen Applikation entwickeln lässt, und dass sich dieser auf unterschiedliche interaktive Anwendungen übertragen lässt, die sogar auf verschiedenen Endgeräten betrieben werden.

Da im Internet immer umfangreichere Anwendungen für eine immer breitere Nutzergruppe zur

Verfügung gestellt werden, zeichnet sich ein wachsender Bedarf an frei wählbaren, unterschiedlichen Interaktionscharakteren ab. Dieser Bedarf wird aber nicht nur durch die Fähigkeiten des Nutzers im Umgang mit Software bestimmt, sondern auch durch dessen persönliche Situation, also seine Interessen, Vorlieben und Kenntnisse bestimmter inhaltlicher Themen. So würde beispielsweise ein von Fahrzeugtechnik begeisterter Nutzer für die Konfiguration eines Automobils den Interaktionscharakter „Alles auf einen Blick" bevorzugen, während er wegen mangelnder Sachkenntnis das dazu passende Finanzierungsangebot „Schritt für Schritt" erklärt bekommen möchte.

Bei der Entwicklung von Internet-Anwendungen sollte die Konzeption und Definition der Interaktionscharaktere so früh wie möglich vorgenommen werden. Mehr als für alle anderen Bestandteile einer Website gilt, je später die entsprechenden Anforderungen berücksichtigt werden, desto höher ist der dazu notwendige Aufwand. Wenngleich die nachträgliche Entwicklung zusätzlicher Interaktionscharaktere generell durchaus möglich ist, wie das beschriebene Projekt zeigt. (Arndt 2005B)

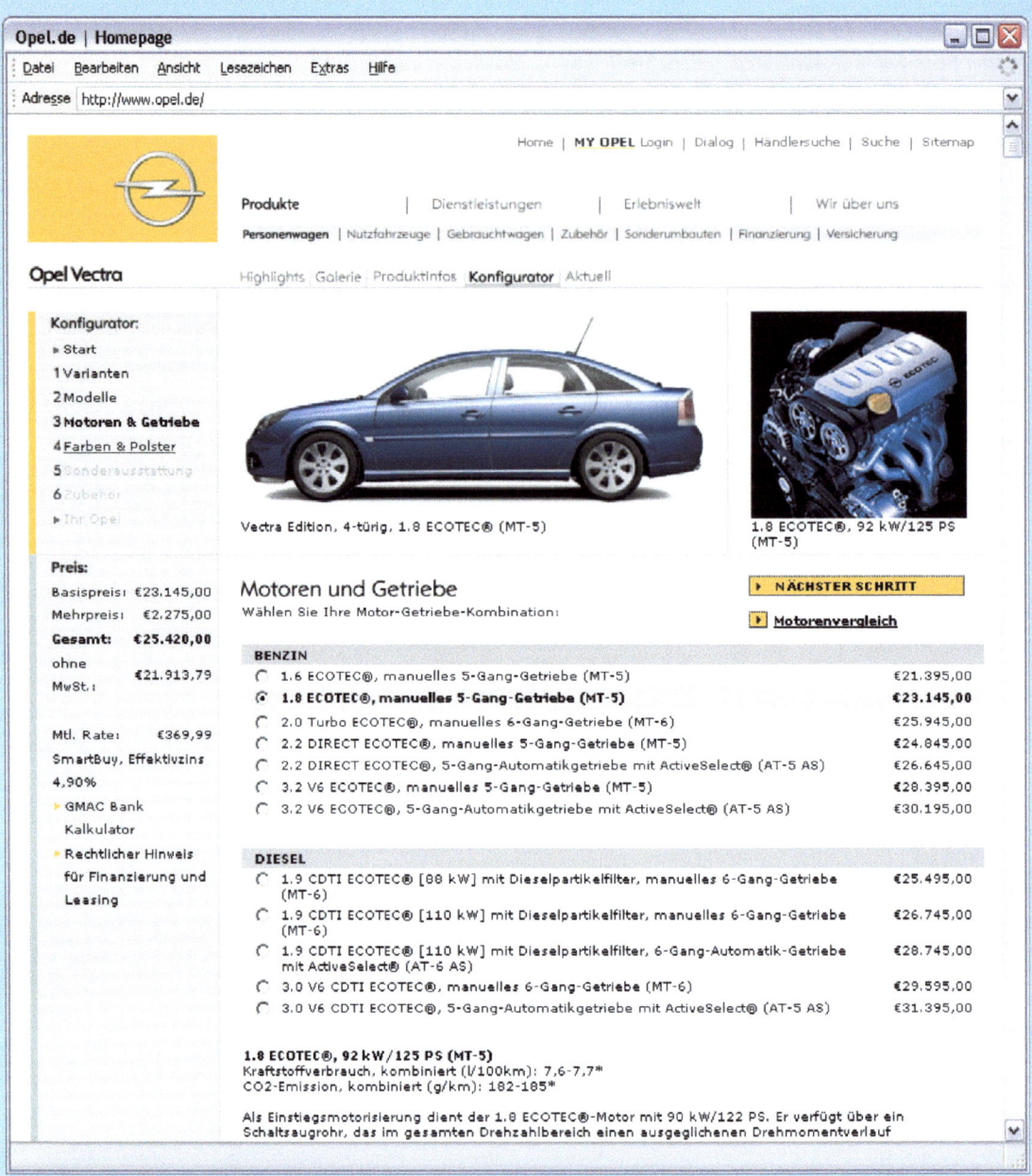

Die ursprüngliche Variante des Konfigurators, bei dem der Nutzer schrittweise durch den Konfigurationsprozess geführt wird.

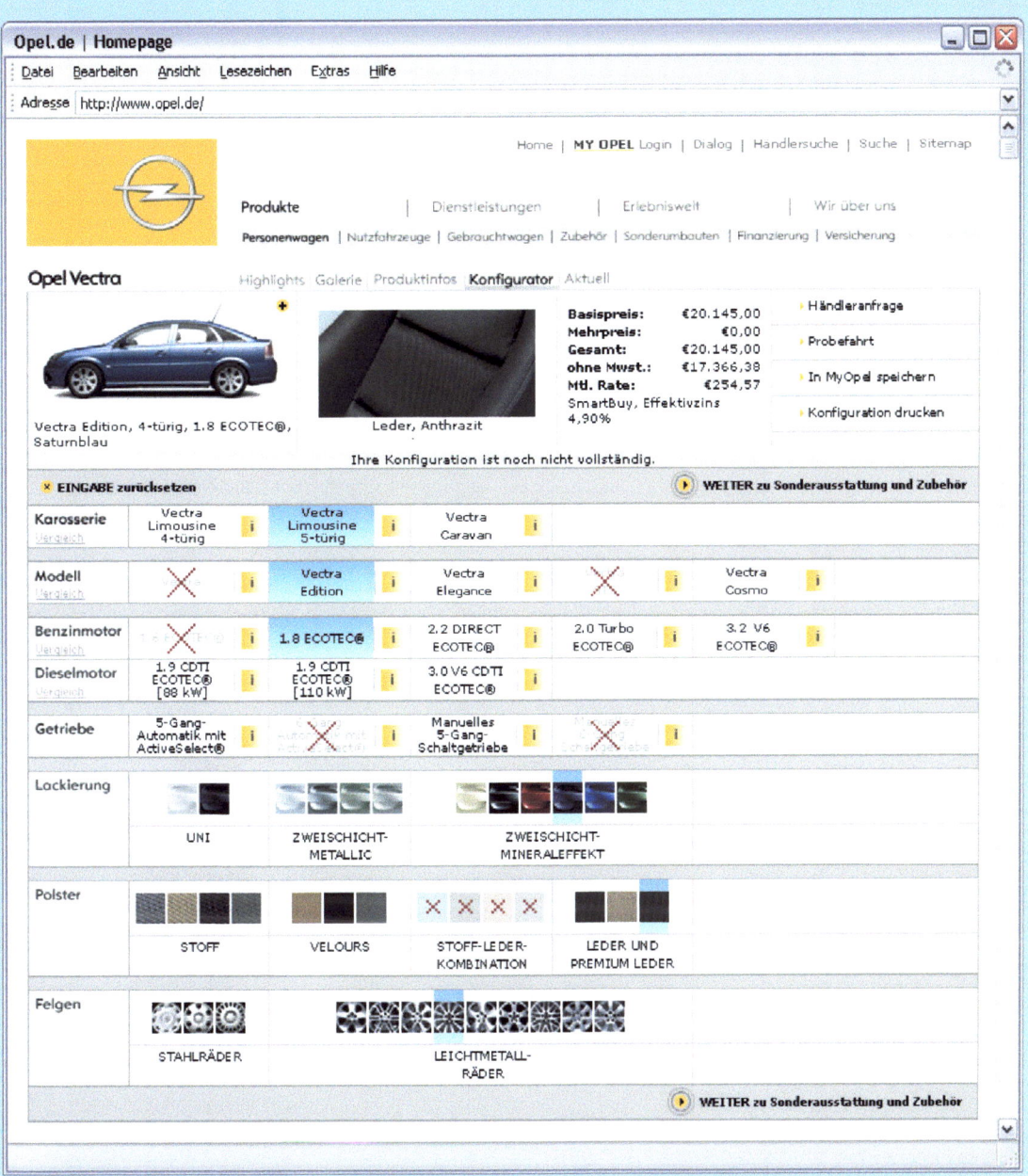

Die neuentwickelte Variante des Konfigurators, die dem Nutzer einen Gesamtüberblick über die Konfigurationsmögliichkeiten gibt.

Visualisierung

In der Regel bilden sich die Nutzer einer interaktiven Applikation ein zweidimensionales oder sogar räumliches, dreidimensionales Modell von deren Informationsstruktur. Deutlich wird das an zahlreichen, die Struktur betreffenden Formulierungen, beispielsweise an den so genannten *Nievergeltschen Fragen*, die vielfach für die Bewertung von Navigationssystemen herangezogen werden. Demnach muss der Nutzer eines solchen Systems zu jeder Zeit die richtige Antwort auf folgende Fragen geben können:

- Wo bin ich?
  (Where am I?)
- Was kann ich hier tun?
  (What can I do here?)
- Wie bin ich hierher gelangt?
  (How did I get here?)
- Wohin kann ich gelangen und wie kann ich dorthin gelangen?
  (Where can I go and how do I get there?)

(Nievergelt u. Weydert 1980)

Auf den meisten Websites steht dem Nutzer dazu ein Navigationssystem zur Verfügung, in dem immer ein Teil der Websitestruktur abgebildet ist. Damit ist eine sehr gute Orientierung über alle direkt verknüpften Sektionen gegeben. Ein Überblick über einen größeren Ausschnitt oder gar über die gesamte Websitestruktur ist damit aber nicht möglich. Da liegt es nahe, zu fragen, ob nicht alle Sektionen einer Website und deren Verknüpfung miteinander, ähnlich einem Stadtplan, gleichzeitig dargestellt werden können. Die in London ansässige Gruppe I/O/D, die sich selbst als Künstlergruppe bezeichnet, versucht diese Frage gleich möglichst umfassend zu beantworten. Ihre Mitglieder Matthew Fuller, Simon Pope und Colin Green beschränken sich daher nicht auf eine einzelne Website, sondern entwickeln einen Browser, der von jeder beliebigen Website alle HTML-Dokumente und deren Verknüpfungen als zweidimensionales Strukturgitter darstellt. Im Jahr 1997 wird der nur 1,8 MB große *Web Stalker* auf der I/O/D-Website zum Download zur Verfügung gestellt. Gibt man im

Web Stalker die URL einer Website ein, so erscheint zunächst eine große Menge an Kreisen, die miteinander durch Linien verbunden sind. Jeder Kreis stellt ein HTML-Dokument dar, jede Linie einen Link zwischen zwei Dokumenten. Die Darstellung wird ständig aktualisiert. Findet ein Update der Website statt, während der Nutzer eine Website aufgerufen hat, werden ihm die neuen Dokumente unmittelbar angezeigt, lange bevor sie der Nutzer eines herkömmlichen Browsers beispielsweise durch einen neuen Menüpunkt oder eine Meldung auf der Homepage bemerken würde. *Web Stalker* ist der erste öffentlich zugängliche alternative Webbrowser zum Netscape Navigator und zu Microsofts Internet Explorer. In den Augen der drei I/O/D-Mitglieder sind die beiden zu dieser Zeit von der Mehrheit der Internet-Nutzer verwendeten Browser primär auf die Belange der Werbeindustrie ausgelegt und werden dem Medium WWW nicht gerecht. Sie kritisieren, dass die damals noch sehr begrenzte Bandbreite vor allem für die Übertragung von Grafiken genutzt wird, die für den Nutzer wertlos sind: „So much of visuals on the Web are just noise – ad banners and eye candy." (Brown 1997) Den eigentlichen Wert des WWW für den Nutzer stellen nach Meinung von I/O/D neben den Informationen selbst vor allem ihre Verknüpfungen miteinander dar. Die Navigation mit dem *Web Stalker* ist an sich sehr einfach. Der Nutzer kann alle Verknüpfungen direkt ablesen. Um ein bestimmtes Dokument aufzurufen, muss er sich nicht durch die Struktur hangeln, stattdessen wählt er ein beliebiges HTML-Dokument unmittelbar aus. Zu einem ausgewählten Dokument kann er sich isoliert alle direkten Verknüpfungen anzeigen lassen, oder er erhält das Dokument selbst als HTML-Text. Die Abbildung von Grafiken ist ursprünglich für ein späteres Release geplant, wird aber nie realisiert. Denn seit der ersten veröffentlichten Version entwickeln die Mitglieder von I/O/D den *Web Stalker* nicht weiter. Sie begründen das mit ihrem Selbstverständnis als Künstler: „I/O/D has the same relation to the software industry as the production of hot-rods has to the car industry." (Saint-Claire 1999) Auch wenn sich I/O/D so praxisfern geben, demonstriert diese Gruppe eindrucksvoll, dass es prinzipiell möglich ist, die Struktur jeder beliebigen Website mit einem universellen Browser so zu visualisieren, dass man sie ohne Einschränkungen nutzen kann.

In der Forschung wird die Frage nach einer möglichst gut lesbaren Darstellungsform vollständiger, umfangreicher digitaler Strukturen bereits etwa 35 Jahre früher untersucht. Im Jahr 1963 veröffentlicht der britische Mathematiker William T. Tutte den Aufsatz *How to Draw a Graph*, der heute als eines der wichtigsten Dokumente der algorithmischen Graphentheorie gilt. (Tutte 1963) Seitdem ist eine große Zahl völlig unterschiedlicher Visualisierungsmethoden entstanden, mit teilweise sehr spezifischen Vor- und Nachteilen.

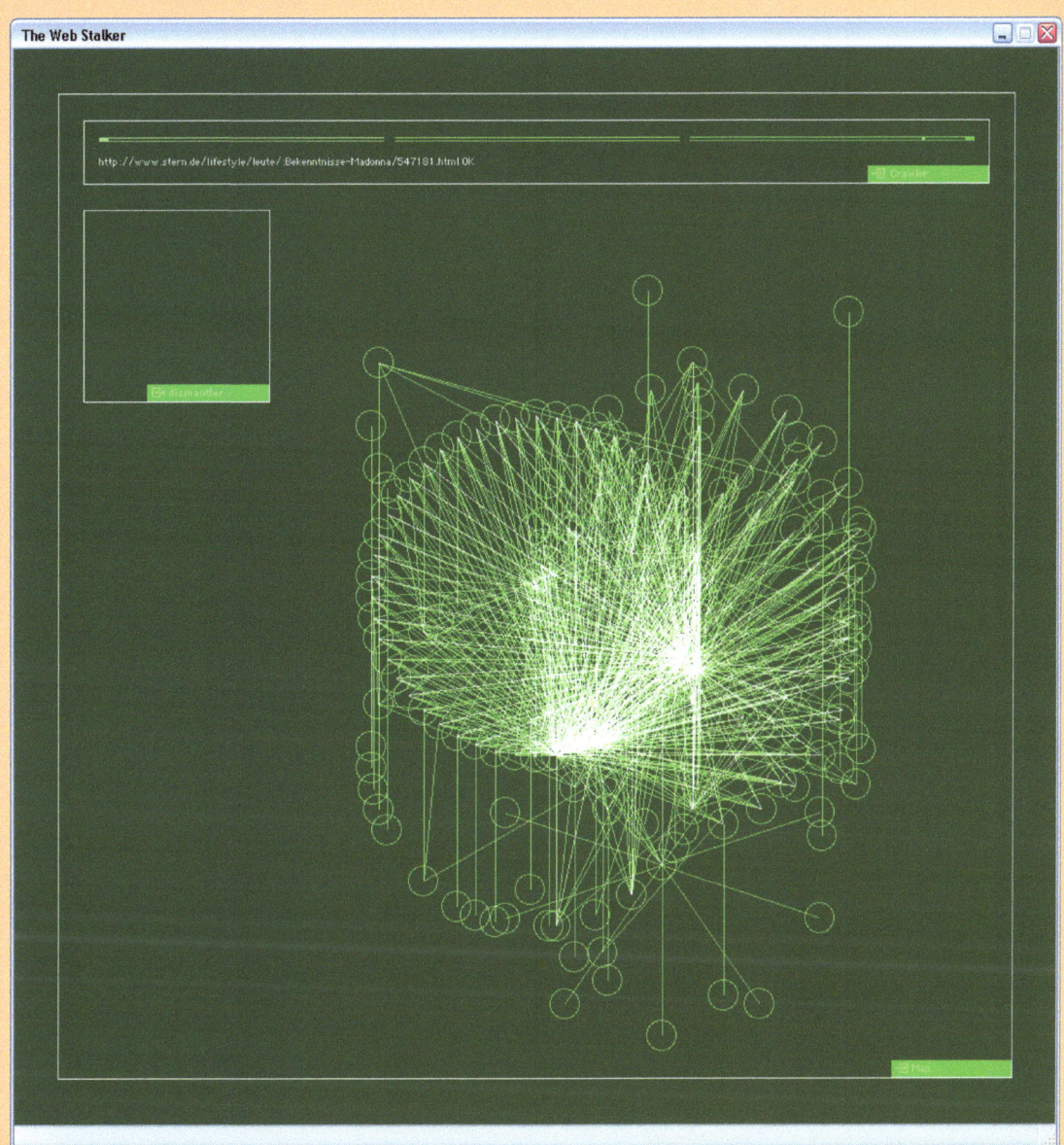

Die Website http://www.stern.de im Browser Web Stalker. Die einzelnen HTML-Dokumente sind als Kreise dargestellt, deren Verknüpfungen als Linien. Der Nutzer kann einen einzelnen Kreis auswählen, um sich das entsprechende HTML-Dokument in einem weiteren Fenster als HTML-Code anzeigen zu lassen.

Listen

Die sicherlich am einfachsten zu erstellende und daher auch eine der am häufigsten verwendete Darstellungsform vollständiger hierarchischer Strukturen der Inhalte von interaktiven Anwendungen ist eine Liste, mit der die in der Struktur enthaltenen Sektionen der Reihe nach aufgeführt werden. Um die verschiedenen Ebenen der Struktur kenntlich zu machen, werden Einrückungen vorgenommen, jede zusätzliche Einrückung steht für eine weitere Ebene. Menschen sind seit vielen Jahrhunderten an diese Form der Darstellung hierarchischer Strukturen gewöhnt, vor allem aus Büchern. Deren zumindest formal hierarchische Strukturierung in Kapitel, Unterkapitel und Absätze wird, je nach Buchform, zu einem großen Teil im Inhaltsverzeichnis in der Form einer Liste mit Einrückungen dargestellt. Auch die den meisten interaktiven Anwendungen zu Grunde liegenden Programmiersprachen nutzen diese Form der Darstellung. Und seit Beginn der grafischen User Interfaces werden Dateiverzeichnisse in Listenform mit Einrückungen dargestellt. Nicht zuletzt weil Menschen seit so langer Zeit an Listen gewöhnt sind, hat diese Form der Visualisierung gegenüber vielen anderen Darstellungsmethoden von Inhaltsstrukturen interaktiver Anwendungen große Vorteile bei ihrer Nutzung. (Cockburn u. McKenzie 2000) Der Umfang einer Struktur, der mittels einer Liste auf einem Computermonitor vollständig abgebildet werden kann, ist durch die minimal darstellbare Schriftgröße und die maximale Auflösung des Monitors klar begrenzt. Der Umfang der Strukturen der meisten Websites geht jedoch weit über diese Darstellungsgrenzen hinaus. Wird solch eine Liste dennoch beispielsweise auf einer Seite einer Website abgebildet, so ist der Nutzer gezwungen zu scrollen, um das vollständige Ausmaß der Struktur zu erfassen und um in jedem Bereich der Struktur Sektionen auswählen zu können. Eine andere Möglichkeit, die gesamte Struktur nutzbar zu machen, besteht darin, die Darstellung für den Nutzer zumindest teilweise skalierbar zu gestalten. Er kann damit bestimmte so genannte Zweige der Baumstruktur expandieren. Mit dieser Methode werden zum Beispiel die Dateistrukturen von Computern durch die gängigen Betriebssysteme dargestellt. Bei einem Betriebssystem gewährleistet diese Darstellungsmethode außerdem, dass der Nutzer Dateien zwischen zwei in der Struktur weit voneinander entfernten Sektionen verschieben oder kopieren kann. Doch auch wenn der Nutzer einer Website nicht ohne weiteres in der Lage ist, deren Struktur zu verändern, so bietet diese Form der Visualisierung auch im World Wide Web große Vorteile. Denn in der Regel ist ein Nutzer nur an ganz bestimmten Strukturzweigen im Detail interessiert, für die übrigen Bereiche genügt ihm ein Überblick. Bei einer Listendarstellung mit expandierbaren Zweigen ist genau das gewährleistet. Der Nutzer kann sogar mehrere Bereiche detailliert betrachten, während er weiterhin deren Einordnung in die Gesamtstruktur nachvollziehen kann.

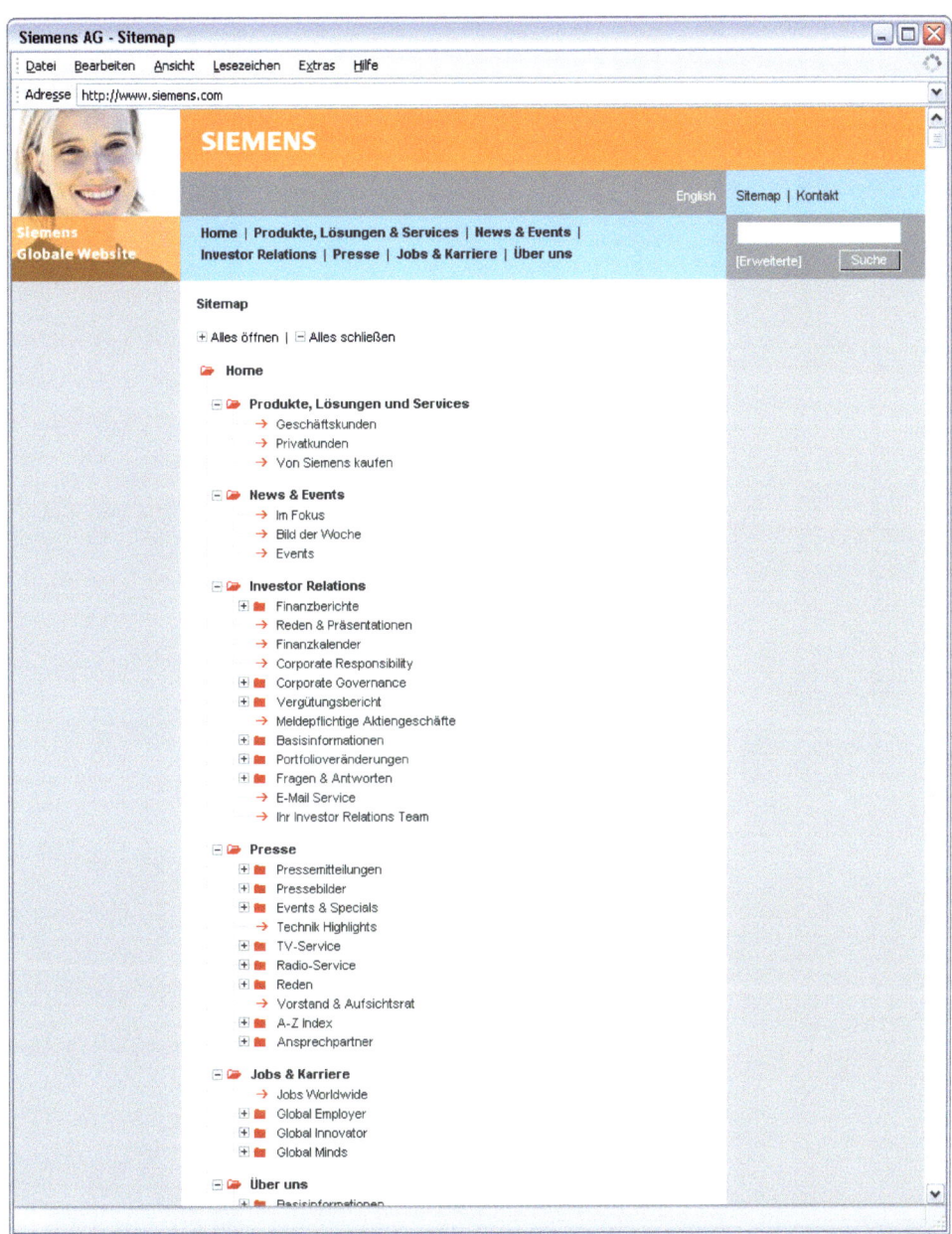

Die Struktur der Website von Siemens dargestellt mit einer expandierbaren Liste. Ausgewählte Zweige der Struktur können bei Bedraf detailliert betrachtet werden, der Gesamtzusammenhang bleibt stets nachvollziehbar.

Radial Tree Layouts

Radial Tree Layouts sind sehr gut geeignet, um besonders breite und flache hierarchische Strukturen abzubilden. Die einzelnen Sektionen sind dabei gleichmäßig auf konzentrischen Ringen angeordnet, ihre Verknüpfungen miteinander werden in der Regel durch Linien dargestellt. Im Mittelpunkt der Ringe befindet sich die gerade ausgewählte Sektion, jeder Ring entspricht einer Ebenenstufe, ausgehend von der aktuellen Auswahl. Wenn die so genannte Wurzel der Struktur ausgewählt ist, bei einer Website beispielsweise die Homepage, dann weisen die hierarchischen Verknüpfungen sternenförmig nach außen. Wird eine andere Sektion ausgewählt, dann ordnen sich alle Sektionen in direktem Bezug zu der Auswahl an. Eine Sektion, die sich in der Hierarchie auf der vierten Ebene befindet und dadurch zu Beginn, vom Zentrum aus gesehen, auf dem vierten Ring abgebildet wird, kann sich nach der Auswahl einer anderen Sektion beispielsweise auf der zweiten Ebene befinden, wenn das die relative Position dazu ist. Weil für jeden Zweig der Struktur bei jeder Auswahl ein bestimmter Kreissektor errechnet wird, überkreuzen sich die Sektionen und die hierarchischen Verknüpfungen zu keinem Zeitpunkt. Mit Radial Tree Layouts kann die Struktur in Bezug auf die ausgewählte Sektion sehr gut nachvollzogen werden. Die Gesamtstruktur dagegen ist für den Nutzer nur schwer zu erkennen, besonders, wenn diese nicht monohierarchisch ist. Daher eignen sich Radial Tree Layouts vor allem für Inhalte, bei denen der lokale Bezug der Sektionen sehr wichtig, die Einordnung in den Gesamtzusammenhang dagegen nicht besonders relevant ist.

Es gibt viele verschiedene Varianten dieser Darstellungsform. So lassen sich zum Beispiel mehrere verschiedene Positionierungen der Ringe mit ganz unterschiedlichem Einfluss auf die Lesbarkeit und Nachvollziehbarkeit des Layouts unterscheiden. Bei fixen Abständen zwischen den Ringen lässt sich die Gesamtstruktur leicht nachvollziehen, dafür wird aber der bestehende Platz nicht optimal genutzt. Bei dynamischen Abständen ist es genau umgekehrt.

Bei dieser Variante eines Radial Tree Layouts, die Bestandteil des Software Toolkit prefuse ist, verhält sich die Positionierung der Ringe dynamisch. Es werden immer so viele Ringe angezeigt, wie für die aktuelle Auswahl notwendig sind. Die Größe der Ringe und ihr Abstand zueinander variieren umso stärker, je mehr Ebenen die gesamte Struktur hat, der Abstand von Ring zu Ring ist jedoch immer gleich. Dadurch wird der bestehende Platz optimal ausgenutzt, die Nachvollziehbarkeit der Gesamtstruktur aber wird erschwert. (Heer u. Card 2005)

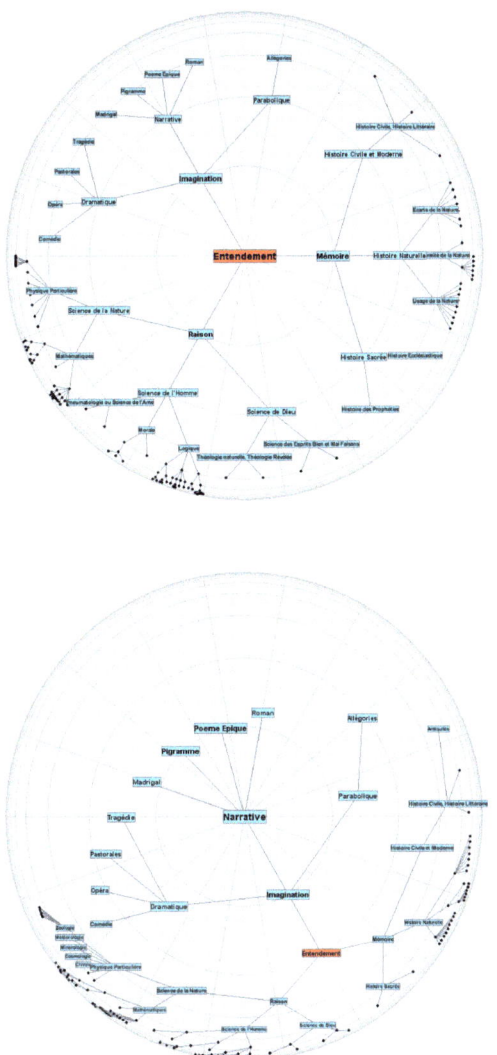

Ist die Positionierung der Ringe fixiert, dann wird stets die maximal notwendige Anzahl der Ringe abgebildet. Größe und Abstand zueinander bleiben bei der Auswahl einer anderen Sektion unverändert. Der zur Verfügung stehende Platz wird nicht immer optimal ausgenutzt, die Struktur lässt sich aber insgesamt besser verfolgen. Bei dieser Layoutvariante mit dem Namen Eye Tree verringern sich die Abstände der Ringe von innen nach außen zunehmend. Das verstärkt den charakteristischen Fokussierungseffekt dieser Darstellungsform. (Tricot 2006)

Cone Tree Layouts

Die Darstellung von hierarchischen Strukturen in Form von dreidimensionalen Kegeln wird zuerst 1991 von George G. Robertson, Jock D. Mackinlay und Stuart K. Card in ihrer Arbeit am Xerox PARC beschrieben. (Card et al. 1991) Die Kegelform der Darstellung entsteht durch die kreisförmige Anordnung der Sektionen einer ausgewählten Kategorie, die damit die Grundfläche des Kegels bilden, die Position der betreffenden Kategorie mittig über der Grundfläche als Spitze des Kegels und die Darstellung der Verknüpfungen als Geraden. Dem Nutzer werden zu Beginn die Sektionen der ersten Ebene und deren Kategorie in Form eines einzelnen Kegels angezeigt. Wählt der Nutzer eine Sektion aus, dreht sich der Kegel so, dass sich die ausgewählte Sektion auf der dem Nutzer zugewandten Seite befindet. Dabei ist es wichtig, dass diese Drehung animiert ist und dass die Animation eine relativ hohe Geschwindigkeit aufweist. Die Animation ist notwendig, um die Orientierung des Nutzers nicht durch einen plötzlichen Wechsel der Ansicht zu verwirren. Eine recht hohe Geschwindigkeit der Animation vermittelt dem Nutzer eine Leichtgängigkeit, die ihn dazu animieren soll, die Drehung immer dann anzuwenden, wenn sie für ihn hilfreich ist. (Cockburn u. McKenzie 2000)Wenn eine Sektion ausgewählt ist, expandiert sie und die Sektionen der darunter befindlichen Ebene werden angezeigt, so dass ein zweiter Kegel entsteht. In der Arbeit von Robertson, Mackinlay und Card werden die Kegel waagerecht im Raum schwebend gezeigt, bei fast allen darauf folgenden Weiterentwicklungen dieser Darstellungsmethode erscheinen die Kegel senkrecht. Robertson, Mackinlay und Card wollen dem Nutzer mit dieser Darstellungsform Vorteile beim Navigieren in hierarchischen Verzeichnissen gegenüber der listenartigen Baumdarstellung bieten. Sie weisen jedoch darauf hin, dass Strukturen mit mehr als dreißig Sektionen auf einer Ebene durch Cone Trees nicht mehr lesbar darzustellen sind. Bei aktuellen Websites ist eine solche Menge an Sektionen auf einer Ebene ohnehin eher unüblich. Dass diese Darstellungsform jedoch bereits bei Strukturen mit nur sechs Sektionen je Ebene nicht effizienter zu nutzen sind als listenartige Baumdarstellungen, zeigt eine Studie von Andy Cockburn und Bruce McKenzie. Darin vergleichen sie die Effizienz der Nutzung einer Struktur, die einmal als flächiger Baum dargestellt wird, so wie sie beispielsweise vom Windows Explorer oder aus dem MacOS bekannt ist, mit einer Darstellung als Cone Tree. Alle in dieser Studie verwendeten Darstellungen sind bewusst besonders reduziert gestaltet, um eine Verfälschung der Ergebnisse durch subjektive Vorlieben für eine bestimmte Gestaltungsform weitgehend auszuschließen. Die Probanden können zahlreiche Eigenschaften der Darstellung der Cone Trees nach ihren ganz individuellen Bedürfnissen einstellen. So kann vor allem der Blickwinkel auf die Kegel völlig frei gewählt werden. Es besteht außerdem die Option, alle Kegel mit dem gleichen Radius anzeigen zu lassen, oder den Radius der Kegel dynamisch entsprechend der Menge der Sektionen einer Ebene anzupassen, so dass Ebenen mit relativ vielen Sektionen mehr Platz zur Verfügung steht als denen mit relativ wenig Sektionen. Um die Überlappungen der Sektionen zu reduzieren, kann der Nutzer bei Bedarf angeben, dass nur die Sektionen des gerade ausgewählten Kegels angezeigt werden. Alle übrigen Kegel sind dann nur durch einige wenige Linien angedeutet. Zusätzlich kann der Nutzer die Höhe der Kegel frei bestimmen.

Den Probanden werden in dieser Studie verschiedene sehr einfache Aufgaben gestellt, deren Ziel es stets ist, bestimmte Sektionen innerhalb der Struktur aufzufinden. In allen Fällen wird die Aufgabe mit der flächigen Darstellung sehr viel schneller gelöst. Dennoch sind die Probanden von dem Cone Tree Layout im Gegensatz zur listenartigen Baumdarstellung begeistert. Sie sagen während der Tests aus, dass sie mit dem Cone Tree Layout ein besseres Gefühl für die Struktur („better feel for the structure") bekämen. (Cockburn u. McKenzie 2000)

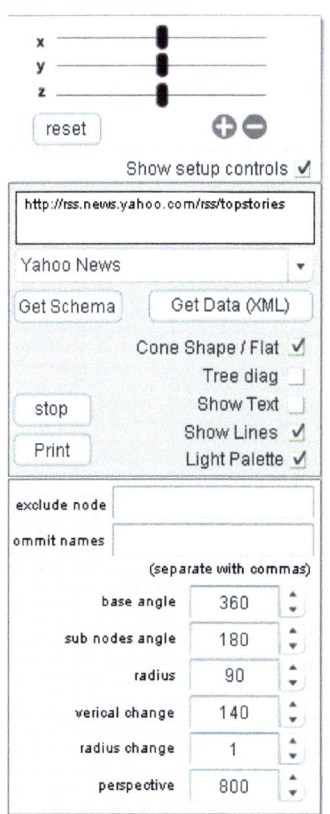

Ein Cone Tree Layout der Yahoo! News mit 346 Sektionen, dargestellt mit einer Online-Applikation von Luke Murphy. Dem Nutzer stehen hier ähnliche Optionen zur Verfügung wie in der Studie von Andy Cockburn und Bruce McKenzie.

Hyperbolische Projektionen

Bei der Abbildung einer hierarchischen Struktur auf einer Fläche besteht ein grundsätzliches Problem. Hierarchische Strukturen wachsen exponential, während der für die Darstellung zur Verfügung stehende Platz nur polynominal zunimmt. Für jede zusätzliche Ebene einer Hierarchie, die zum Beispiel auf einem Monitor dargestellt wird, steht daher weniger Platz für die Abbildung der Sektionen und deren Verknüpfungen zur Verfügung als für die darüber liegenden Ebenen. Eine zumindest theoretische Lösung dieses Problems veröffentlichen John Lamping, Ramana Rao und Peter Pirolli im Jahr 1995 mit dem von ihnen am Xerox Palo Alto Research Center entwickelten *Hyperbolic Browser*. (Lamping et al. 1995) Kern der Arbeit ist die Wiederentdeckung der hyperbolischen Projektion für die Visualisierung von Websitestrukturen. Die hyperbolische Projektion von Strukturen basiert auf der für die meisten Menschen nur sehr schwer vorstellbaren hyperbolischen Geometrie. Denn seit über zweitausenddreihundert Jahren orientieren sich die Menschen an der Geometrie, wie sie der griechische Mathematiker Euklid beschreibt. Sie wird mit den nach ihm benannten Axiomen definiert: mathematische Grundsätze, die nicht bewiesen werden können, aber als wahr angenommen werden. Das bekannteste und gleichzeitig umstrittenste dieser Axiome ist das so genannte Parallelaxiom. Es besagt, dass zwei Geraden, die eine weitere dritte Gerade nicht im rechten Winkel schneiden, sich ebenfalls schneiden, und zwar auf der Seite der dritten Gerade, an dem die einander zugewandten Seiten einen Winkel von zusammengenommen weniger als 180° (2 x 90°) haben. Seit der Antike wird versucht, dieses für viele andere Mathematiker unbeholfen wirkende Parallelaxiom aus den anderen Axiomen Euklids herzuleiten und so zu beweisen, dass es für die Definition der Euklidischen Geometrie nicht notwendig ist. Bis heute ist das nicht gelungen. Im Gegenteil, im Jahr 1899 zeigt der deutsche Mathematiker David Hilbert, dass tatsächlich noch weitere Axiome notwendig sind, um die Euklidische Geometrie vollständig zu erklären. Im Rahmen weiterer Untersuchungen der Euklidischen Geometrie durch andere Mathematiker entstehen jeweils als Versuch eines Gegenbeweises zahlreiche neue Geometrien. So entwickeln der Russe Nikolai Ivanovich Lobachevsky und der Ungar János Bolyai unabhängig voneinander in der ersten Hälfte des 19. Jahrhunderts die hyperbolische Geometrie. Sie nimmt alle bis dahin bekannten Axiome der Euklidischen Geometrie als gegeben an, außer dem strittigen Parallelaxiom. Die hyperbolische Geometrie ist in sich konsistent und wird heute als wissenschaftlich ebenbürtig mit der Euklids gesehen. Zum Beispiel nehmen heute zahlreiche Astronomen an, dass sich die Ausdehnung des Weltraums nicht mit der Euklidischen, wohl aber mit der hyperbolischen Geometrie beschreiben lässt. Sie belegen das mit messbaren Ablenkungen des Lichts von Himmelskörpern, beispielsweise Sonnenstrahlen, die nach der Euklidischen Geometrie nicht möglich sind.

Obwohl sich die hyperbolische Geometrie der Vorstellungskraft der meisten Menschen entzieht und lediglich durch Formeln beschrieben wird, können hyperbolische Projektionen von Strukturen und Mustern in der bekannten Euklidischen Geometrie abgebildet werden. Im zweidimensionalen Raum eignet sich für diese Darstellung ein Kreis. Sehr einfach beschrieben präsentiert sich eine hyperbolische Projektion in etwa so, als ob man ein Diabild auf einen Kegel mit abgerundeter Spitze projizieren würde. Objekte genau in der Mitte der Abbildung erscheinen dabei genau so, wie in der Euklidischen Geometrie. Je weiter ein Objekt von der Mitte entfernt ist, desto kleiner und verzerrter stellt es sich dem Betrachter dar. Den meisten Menschen bekannt sind hyperbolische Projektionen durch den niederländischen Grafiker Maurits Cornelis Escher. Er beschäftigt sich in zahlreichen seiner Arbeiten mit der Darstellung mathematischer Objekte. So zeichnet er zum Beispiel den *Tribar* des Mathematikers Roger Penrose und das nach dem Mathematiker August Ferdinand Möbius benannte *Möbiusband*. Durch eine Abbildung in einem Buch des in England geborenen Mathematikers Harold Scott MacDonald Coxeter inspiriert, beginnt Escher 1956 mit mehreren Zeichnungen verschiedener hyperbolischer Projektionen im zweidimensionalen Raum. Am bekanntesten sind die Bilder *Circle Limit III* und *Circle Limit IV*, in denen jeweils ein gleichmäßiges Muster einmal aus Fischen und einmal aus Engeln und Teufeln im hyperbolischen Raum abgebildet ist.

Auf dem gleichen Prinzip wie die Zeichnungen von Escher basiert auch die Visualisierung von Websitestrukturen mit dem *Hyperbolic Browser* von Lamping, Rao und Pirolli. Wählt der Nutzer eine bestimmte Sektion aus, so bewegt sich diese in die Mitte der Abbildung. Die unmittelbaren Verknüpfungen und direkt benachbarten Sektionen werden besonders groß angezeigt. Je weiter die Verknüpfungen von der ausgewählten Sektion entfernt sind, desto stärker werden sie verzerrt und entsprechend kleiner werden sie dargestellt. Beeindruckend ist die Animation der Bewegung nach der Auswahl einer Sektion. Verknüpfungen und Sektionen am äußeren Rand der Darstellung

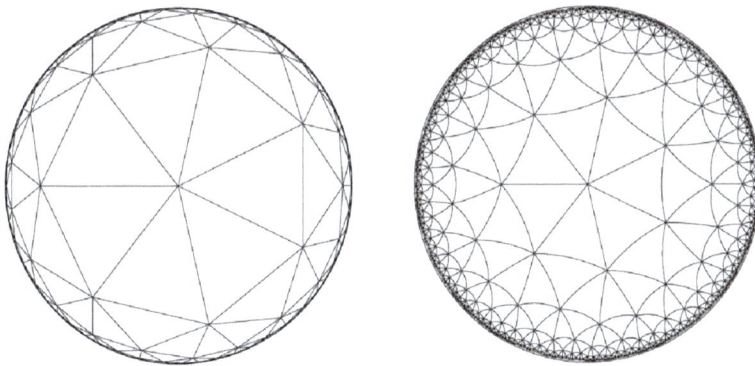

Die Unterschiede der zwei bekannten Modelle der hyperbolischen Projektion werden im direkten Vergleich sowohl in der zweidimensionalen, als auch in der dreidimensionalen Form offensichtlich. Bei dem Kleinschen Modell werden die Verknüpfungen als Geraden dargestellt, im Gegensatz zur Euklidischen Geometrie werden dadurch aber die Winkel zwischen den Verknüpfungen verfälscht. In dem Poincaré-Modell entsprechen alle Winkel der Euklidischen Geometrie, Geraden, wie beispielsweise direkte Verknüpfungen, erscheinen als Bögen.

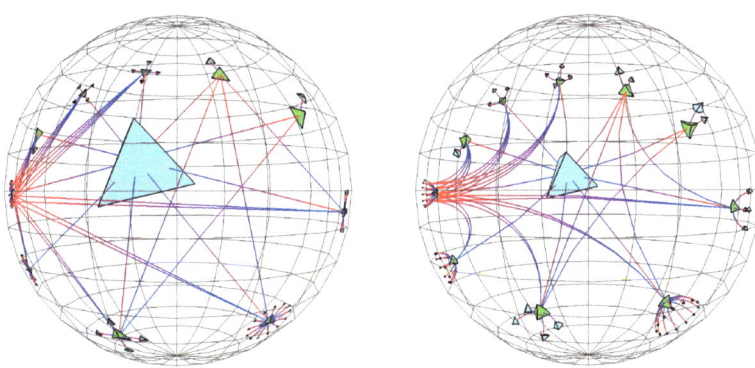

Hyperbolische Projektionen

vergrößern sich unerwartet schnell, wenn sie sich zur Mitte der Projektion bewegen. Je näher sie der Mitte kommen, desto geringer wird die Geschwindigkeit, mit der sie ihre Größe verändern.

Im Dezember 1995 folgt die Veröffentlichung der *3D Hyperbolic Visualization* von Tamara Munzner, eine dreidimensionale Form der hyperbolischen Visualisierung von Websitestrukturen. Munzner wählt für die Abbildung der hyperbolischen Projektion statt eines flachen Kreises eine Kugel. Alle Sektionen der dargestellten Website befinden sich auf der Kugeloberfläche, während die Verknüpfungen als Linien dargestellt werden, die quer durch das Innere der Kugel verlaufen. Wählt der Nutzer einen Knoten aus, dreht sich die Kugel so, dass sich der ausgewählte Knoten vom Nutzer aus gesehen in der Mitte befindet, auf der Kugeloberfläche also an dem Punkt, der dem Nutzer am nächsten ist. Auch hier ist die Bewegung nach einer Selektion auf überraschende Weise animiert, da sich die Kugel entsprechend der Euklidischen Geometrie dreht, während die darin abgebildete Struktur den Gesetzen der hyperbolischen Geometrie folgt. Im Gegensatz zu Lamping, Rao und Pirolli, die für die Berechnung ihrer Darstellung das Poincaré-Modell nutzen, mit dem die Verknüpfungen der Sektionen als Bögen erscheinen, dafür aber alle Winkel der Euklidischen Geometrie entsprechen, verwendet Munzner das Kleinsche Modell. Dadurch werden die Winkel im Gegensatz zur Euklidischen Geometrie zwar verfälscht, aber die Verknüpfungen werden als Geraden dargestellt, wie es in den meisten anderen Abbildungen von Websitestrukturen üblich und daher vom Nutzer gewohnt ist.

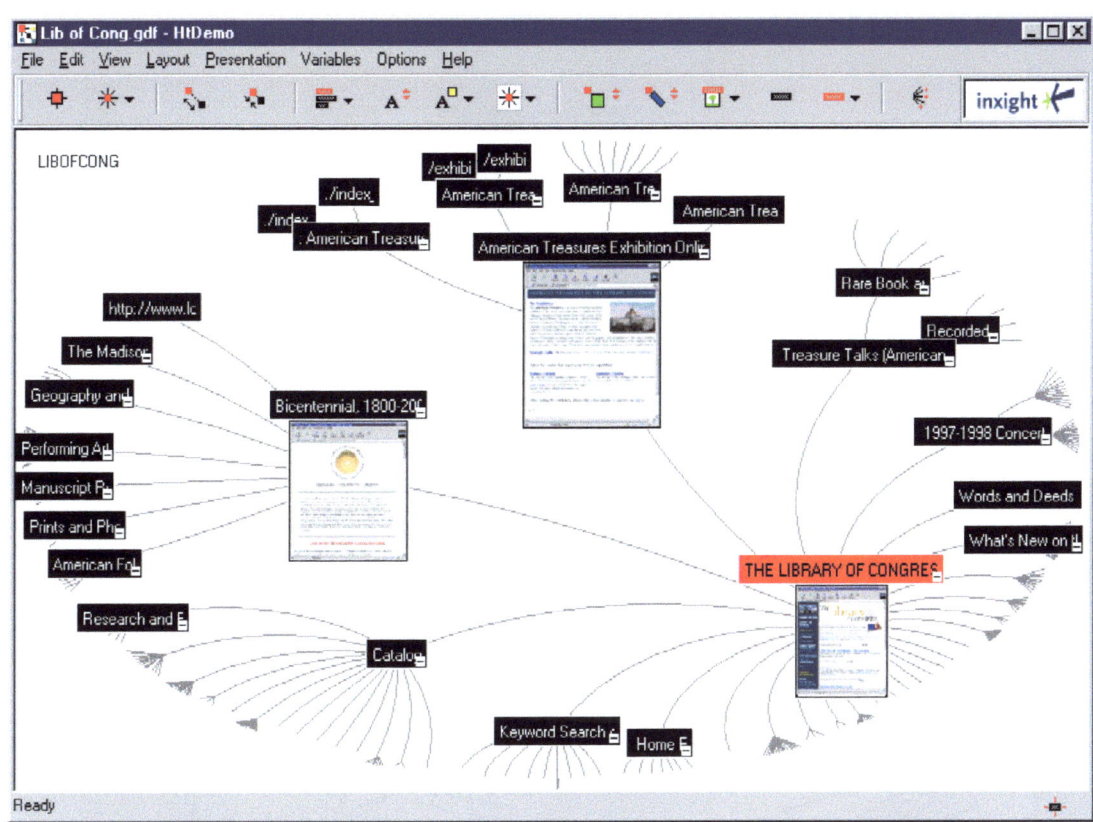

Die Firma Inxight bietet verschiedene, auch in Websites integrierbare Anwendungen an, die Dateistrukturen als zweidimensionale hyperbolische Projektion darstellen. Wählt der Nutzer ein Informationsmodul aus, so bewegt es sich in die Mitte der Abbildung. Dadurch werden die unmittelbaren Verknüpfungen größer und deutlich ablesbar dargestellt.

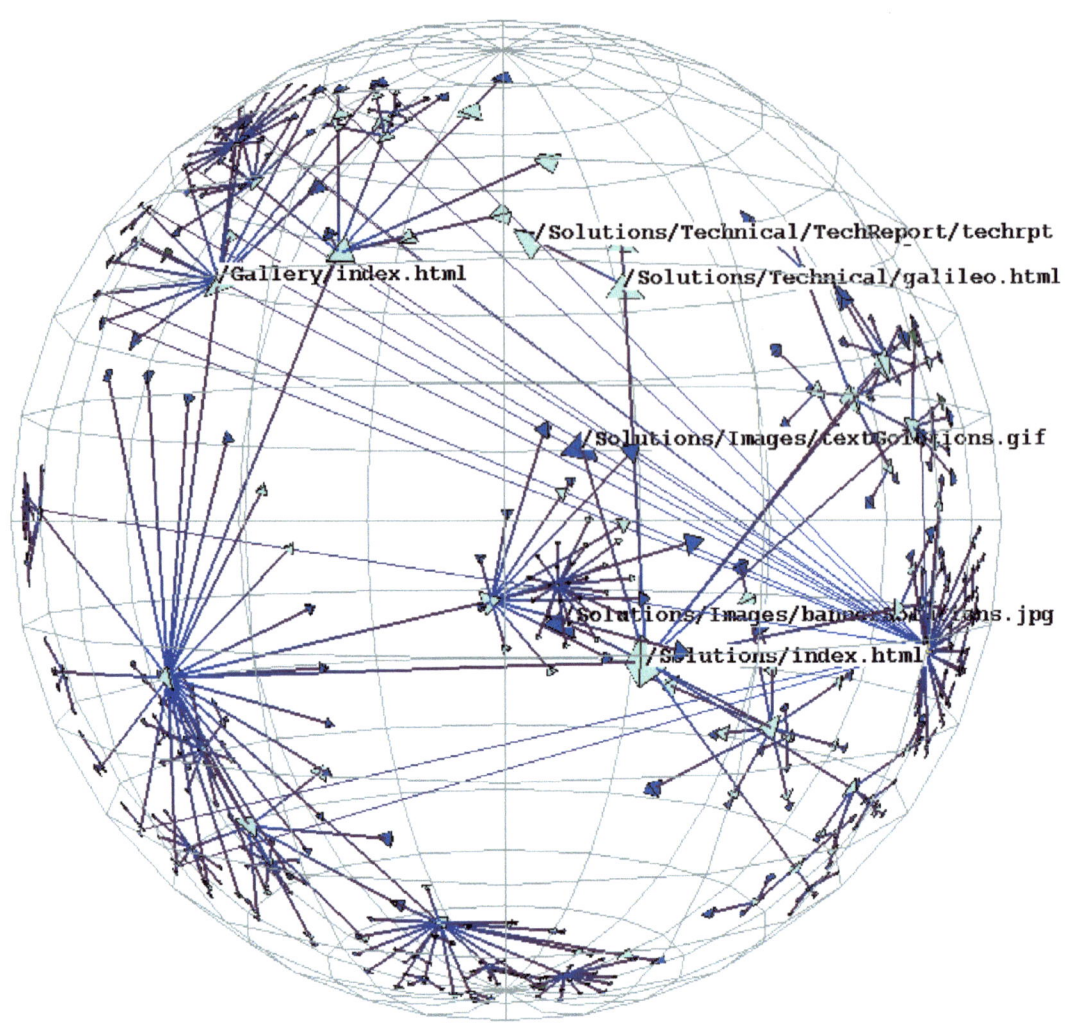

Die Abbildung einer Website-Struktur mittels dreidimensionaler hyperbolischer Projektion in einer Kugel aus der ersten Veröffentlichung von Tamara Munzner. (Munzner u. Burchard 1995)

Die Struktur einer Website mit ca. 50.000 Knoten, abgebildet in der Applikation walrus mittels dreidimensionaler hyperbolischer Projektion in einer Kugel. (CAIDA 2005)

Hyperbolische Projektionen

Force-directed Layouts

Bei den Force-directed Layouts (dt.: kräftebasierte Darstellungsmethoden) werden den Abbildungen der einzelnen Sektionen und Verknüpfungen einer Datenstruktur sehr einfache physikalische Eigenschaften zugewiesen. In der Regel erhalten die Sektionen abstoßende Kräfte und deren Verknüpfungen anziehende Kräfte. Jeder Sektion kann dabei die gleiche Anziehungskraft verliehen werden, oder sie kann zum Beispiel nach Größe oder Bedeutung variieren. Die Struktur ordnet sich in mehreren Iterationsschritten immer so an, dass die Summe der Kräfte, die auf eine Sektion wirken, möglichst klein ist, also aus physikalischer Sicht ein möglichst energiearmer Zustand erreicht wird.

Das erste tatsächlich funktionierende physikalische Modell für diese Darstellungsform ist der von Peter Eades im Jahr 1984 veröffentlichte Spring Embedder (Eades 1984). In diesem zweidimensionalen Modell erhält jede Sektion die Eigenschaften eines elektrisch geladenen Rings, jede Verknüpfung die Eigenschaften einer Feder (engl.: spring). Die Sektionen stoßen sich aufgrund der elektrischen Ladung ab, werden aber durch die sie verbindenden Federn wieder zusammengezogen. Der von Eades verwendete Algorithmus ist so gestaltet, dass die Verknüpfungen möglichst kurz gehalten werden und dabei gleichzeitig die Anzahl der Überschneidungen möglichst gering ist. Bei relativ umfangreichen, nicht hierarchischen Strukturen bilden sich dadurch deutlich erkennbare Anhäufungen von Sektionen, zwischen denen besonders viele Verknüpfungen bestehen, während sich die Sektionen mit wenigen Verknüpfungen eher gleichmäßig auf der zur Verfügung stehenden Fläche verteilen. Durch diese Klumpenbildung sind kräftebasierte Darstellungsmethoden besonders gut geeignet, um Gruppen beispielsweise innerhalb sehr großer sozialer Netze schnell zu erkennen. Das Modell von Eades wird über die Jahre immer wieder optimiert, vor allem, weil der von ihm gewählte Algorithmus bei sehr umfangreichen Strukturen extrem lange Berechnungszeiten verursacht. (Kamada u. Kawai 1998; Fruchtermann u. Reingold 1991) Es werden aber auch Algorithmen untersucht, die die indirekten Verknüpfungen der Sektionen berücksichtigen, um ebenfalls auch bei besonders großen Strukturen gut lesbare Ergebnisse zu erhalten. Außerdem werden Lösungen für das Verhalten der Struktur an den Grenzen der Darstellung entwickelt, da das Modell von Eades diese Grenzen nicht berücksichtigt und unter Umständen nur ein Teil der Struktur sichtbar ist.

Fast immer sind kräftebasierte Darstellungsmethoden dynamisch. Der Nutzer kann eine Sektion auswählen und sie an einen andern Ort ziehen, wodurch der dazu unmittelbare Bereich der Struktur zunächst gedehnt wird. Damit erhöhen sich die Anziehungskräfte der Verknüpfungen, wie bei einer Feder, die auseinander gezogen wird, so dass sich die Struktur anschließend wieder in einen möglichst energiearmen Zustand zusammenzieht, so lange, bis sich die Struktur, den physikalischen Gesetzen entsprechend wieder ausgeglichen hat. Durch diesen Effekt ist es möglich, die direkten Verknüpfungen einer bestimmten Sektion zu verlängern und dadurch detaillierter zu betrachten.

Kräftebasierte Darstellungsmethoden bestehen auch in dreidimensionaler Form. In den meisten Fällen bewegen sich die Sektionen dabei frei im Raum. Weniger häufig sind Varianten, bei denen sich die Sektionen über die Oberfläche eines geometrischen Körpers, zum Beispiel einer Kugel, verteilen. Bei dreidimensionalen, kräftebasierten Layouts von Datenstrukturen nimmt die Anzahl der Überschneidungen im Gegensatz zu zweidimensionalen Darstellungen sehr stark zu. Dadurch ist es sehr viel schwieriger, sie nachzuvollziehen. Um hier eine Orientierung dennoch ausreichend zu gewährleisten, werden einige unterschiedliche Methoden genutzt. Bei einigen Darstellungen werden die Struktur und die darin enthaltenen Sektionen umso unschärfer oder umso blasser abgebildet, je weiter sie, räumlich betrachtet, vom Nutzer entfernt sind.

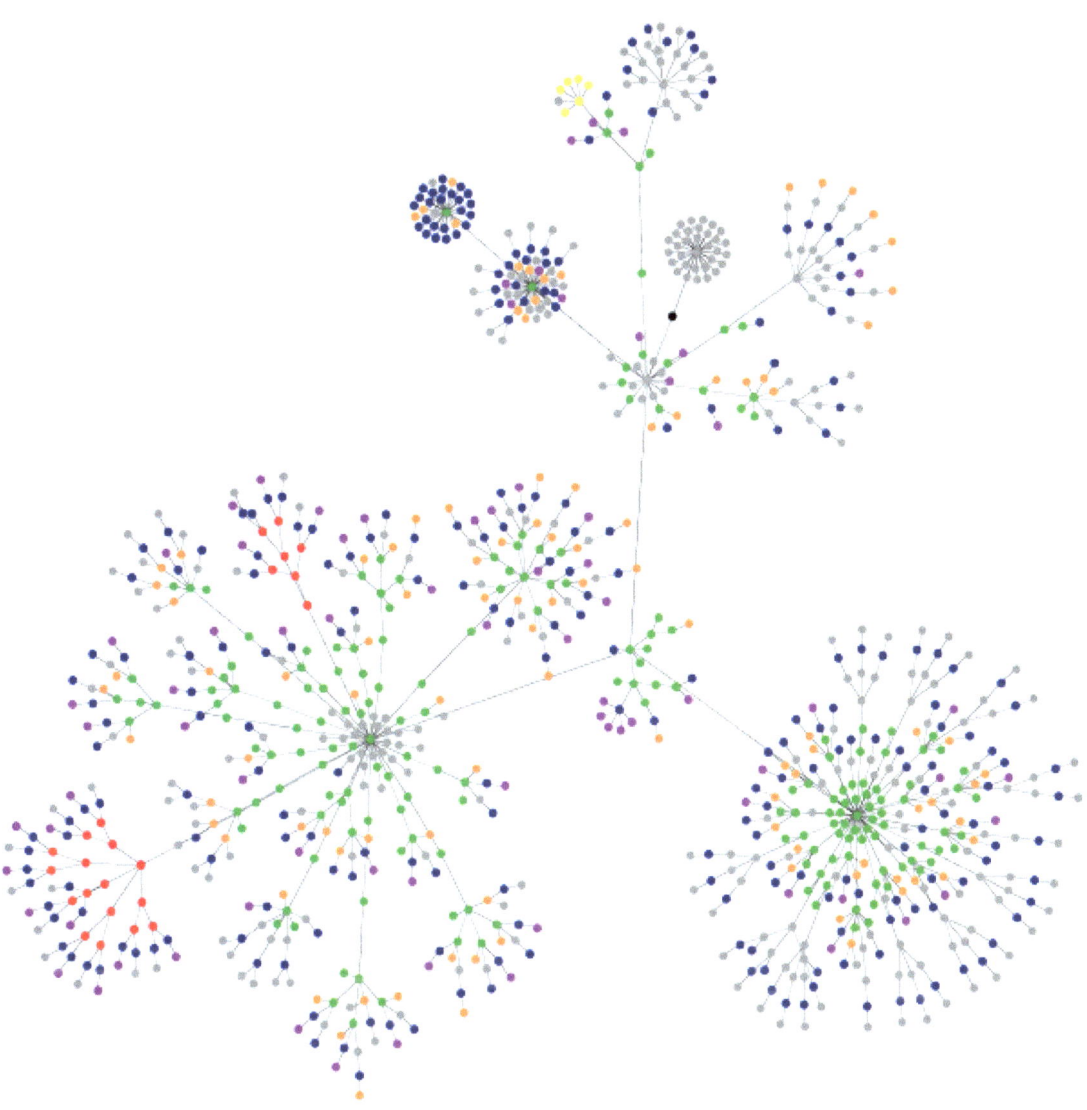

Die hierarchische Struktur der Website http://www.stern.de in einem zweidimensionalen Force-directed Layout, dargestellt mit der TREAER.PHYSICS engine, die aus der Kombination verschiedener Algorithmen besteht.

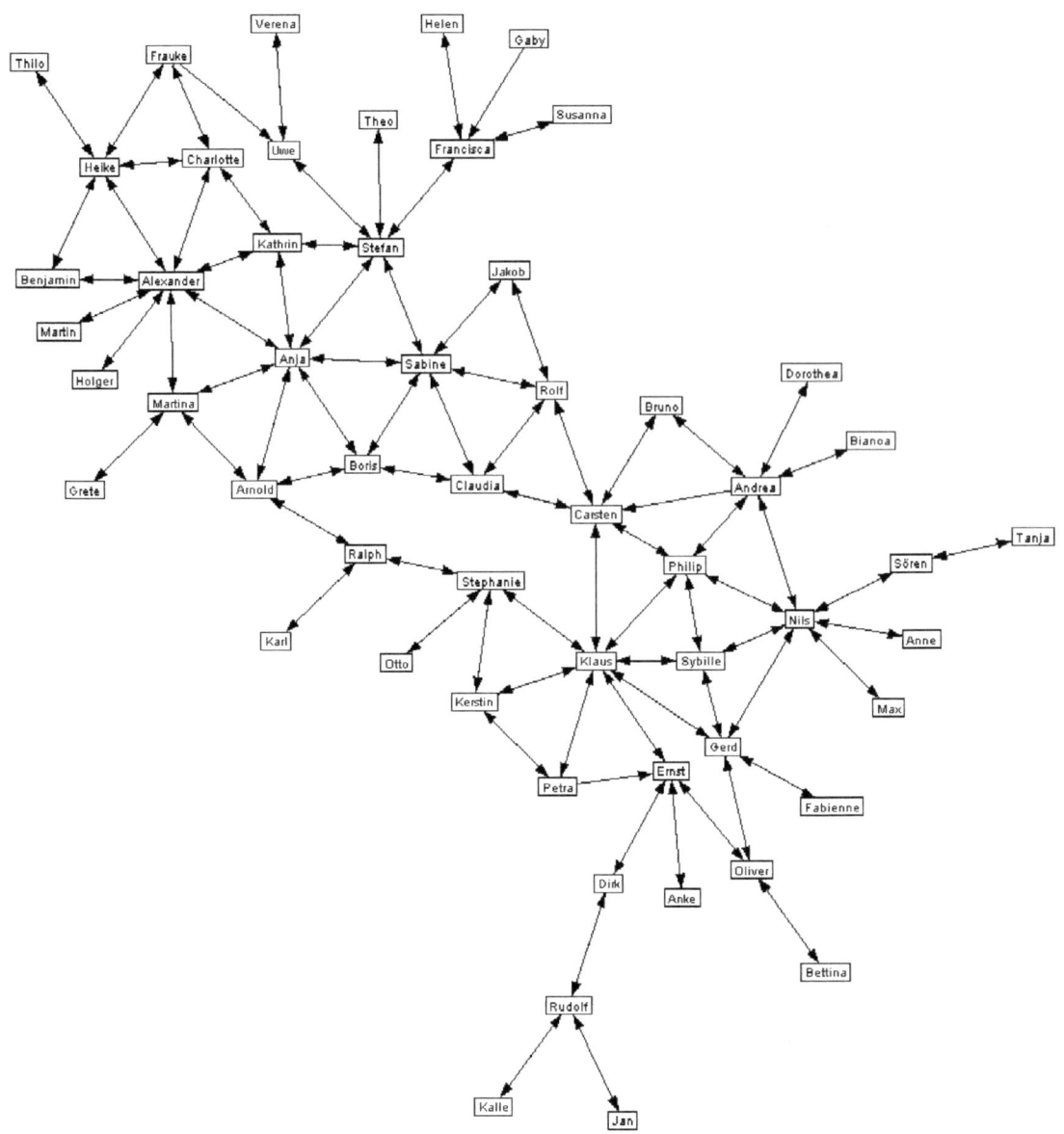

Die zweidimensionale Darstellung einer Netzwerkstruktur mit dem Fruchtermann-Reingold-Algorithmus durch die Software prefuse von Jeffrey Heer und Stuart K. Card. (Heer u. Card 2005)

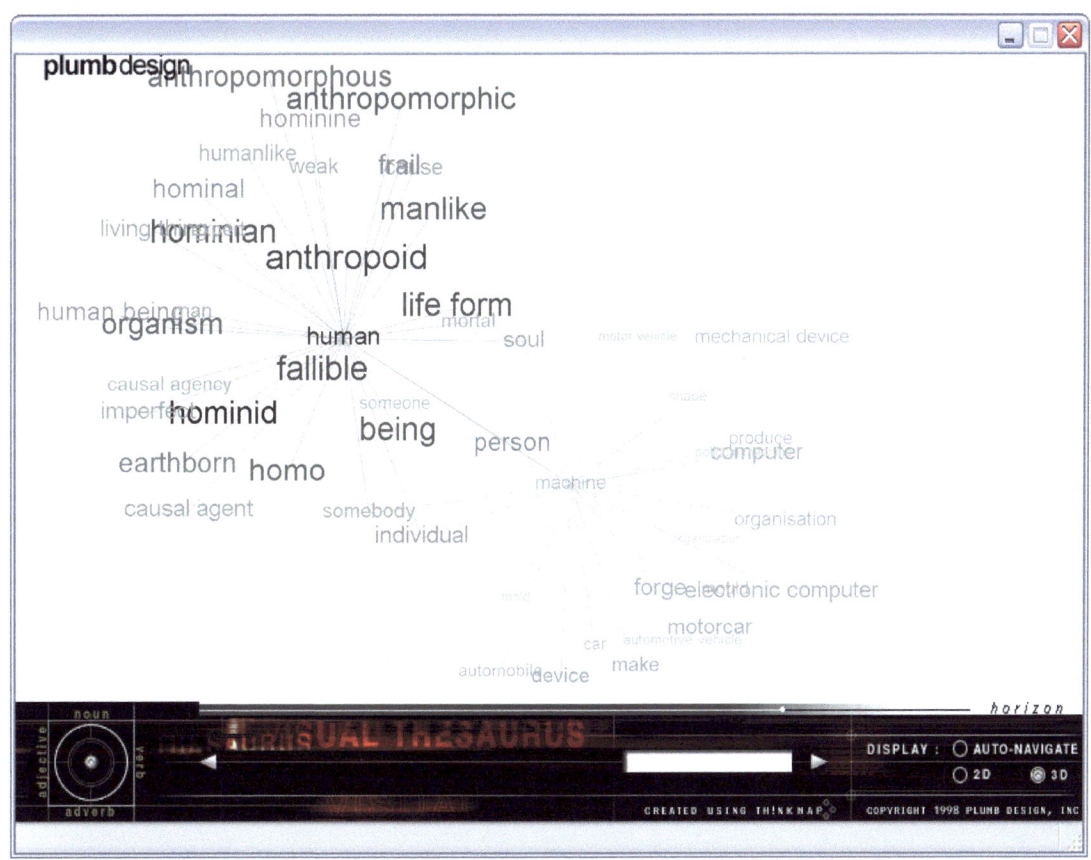

Bei dem auf der Thinkmap-Technologie basierenden Visual Thesaurus der Firma Plumb Design wird ein dynamisches, dreidimensionales Force-directed Layout verwendet. Damit die Darstellung trotz der zahlreichen Überschneidungen der Verknüpfungen und Sektionen lesbar ist, werden diese um so blasser abgebildet, je weiter sie von dem Standpunkt des Nutzers entfernt sind.

Linsen

Mit den meisten Visualisierungsmethoden lässt sich immer nur ein bestimmter Bereich fokussieren. Das ist für die Orientierung in einer Struktur in der Regel ausreichend. Häufig ist es für den Nutzer jedoch hilfreich, mehrere verschiedene Bereiche einer Struktur möglichst detailliert darzustellen, um diese zum Beispiel miteinander zu vergleichen. Dafür eignet sich das Prinzip der Linse besonders gut. Denn damit lassen sich so genannte bifokale und polyfokale Darstellungen erzeugen. Dieses Prinzip kann man sich in etwa so vorstellen, als ob man mehrere Lupen beispielsweise auf einem Stadtplan platziert. Die Bereiche des Plans unter den Lupen erscheinen dadurch in gleichem Maße vergrößert, sind leichter zu lesen und einfach miteinander zu vergleichen. Der Überblick über den gesamten Stadtplan bleibt trotzdem bestehen.

Zu einem der ersten, die dieses Prinzip in interaktiven Anwendungen umsetzen, zählt George W. Furnas. (Furnas 1982) Da den meisten interaktiven Anwendungen ein rechteckiges Layout zugrundeliegt, ist die runde Form einer Lupe häufig eher ungeeignet. Daher sind die meisten Darstellungen mit polyfokalen Linsen rechteckig umgesetzt. So auch, trotz seines Namens, der FisheyeCalender von Furnas, bei dem der Nutzer eine Monatsansicht präsentiert bekommt, bei der der jeweils ausgewählte Tag vergrößert dargestellt wird, die übrigen Tage umso kleiner, je weiter sie von dem ausgewählten Datum entfernt sind. Besonders für Endgeräte mit besonders kleinen Monitoren, wie zum Beispiel Handhelds, ist diese Darstellungsform geeignet. Ben Bederson hat daher unter dem Namen *Datelens* eine solche Applikation für PocketPCs entwickelt. Die Fokussierung muss aber nicht zwangsläufig in einer geometrischen Form vorgenommen werden, sie ist auch in einer völlig amorphen Form möglich.

Neben der Anwendung bei tabellarischen Darstellungen von Strukturen eröffnet das Linsenprinzip besonders für die Visualisierung von Facettenklassifikationen, Strukturen, bei denen einzelne Sektionen mit so genannten Tags ausgezeichnet werden, zahlreiche neue Möglichkeiten.

Eine Möglichkeit, wie beispielsweise eine Menge von getaggte Dateien auf einer Website dargestellt werden kann, zeigt eine Software von Daniel Rothaug. (Rothaug 2005) Während Rothaug diese Form der Darstellung nutzt, um Lautstärken in einem bestimmten physikalischen Bereich sichtbar zu machen, ist es denkbar, auf die gleiche Weise die Relevanz von digitalen Daten bezogen auf die vom Nutzer ausgewählten Eigenschaften zu visualisieren. Je höher eine Zahl, desto mehr entspricht die damit ausgezeichnete Datei der Auswahl des Nutzers.

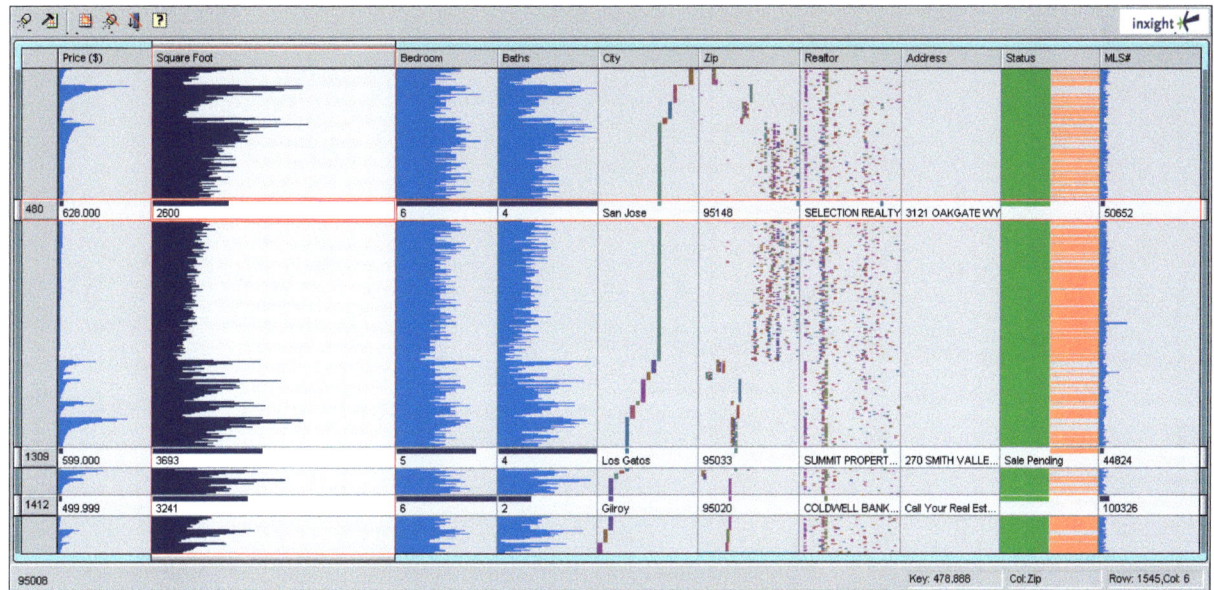

Die Software TableLens der Firma Inxight stellt in einer Liste ausgewählte Zeilen vergrößert dar, so dass diese sich leicht miteinander vergleichen lassen. In diesem Beispiel wird das Angebot eines Maklers präsentiert, der Häuser im Santa Clara County verkauft.

Treemaps

Diese Form der Visualisierung von hierarchisch gegliederten Informationsstrukturen wird im Jahr 1991 von Ben Shneiderman entwickelt. In seinem Modell wird eine rechteckige Fläche mittels eines bestimmten Algorithmus abwechselnd horizontal und vertikal geteilt. Jedes Segment entspricht einer Informationssektion, beispielsweise einem HTML-Dokument oder einer Bilddatei. Die Größe jedes Segments wird in der ursprünglichen Version von Shneiderman bestimmt durch die Dateigröße einer Informationssektion im Verhältnis zur Dateigröße des gesamten Verzeichnisses. Verschiedene Ebenen der Struktur werden übereinander abgebildet. In dem von Shneiderman gestalteten Layout verdecken dadurch die Sektionen der letzten abgebildeten Ebene alle tiefer liegenden Ebenen vollständig. Für den Nutzer sind in dieser Version daher nur die Sektionen der jeweils letzten Ebene sichtbar.

Die erste Software, die tatsächliche Dateistrukturen als Treemap abbildet, wird von dem damaligen Studenten Brian Johnson programmiert und erhält den Namen *TreeViz*. Sie existiert nur in einer Version für einen Apple Macintosh. Johnson präsentiert seine Umsetzung der von Shneiderman entwickelten Idee im Oktober 1991. Er hat verschiedene, sehr hilfreiche Funktionen hinzugefügt. So kann der Nutzer von *TreeViz* zwischen mehreren Rahmen für die unterschiedlichen Segmente wählen und so nun auch die Sektionen der bisher verdeckten Ebenen sichtbar machen. Zusätzlich kann der Nutzer in die Struktur hineinzoomen. Anhand von Nutzertests mit der Software stellen Shneiderman und Johnson allerdings fest, dass Strukturen von mehr als drei Ebenen vor allem von Nutzern, denen Treemaps bisher unbekannt sind, nicht mehr richtig erkannt und genutzt werden können.

In der folgenden Zeit werden zahlreiche Varianten der Software entwickelt, vor allem als studentische Projekte, aber auch einige kommerzielle Produkte. Es wird dabei zunächst versucht, einen Algorithmus zu finden, durch den die Gesamtfläche in rechteckige Segmente geteilt wird, die zueinander möglichst ähnliche

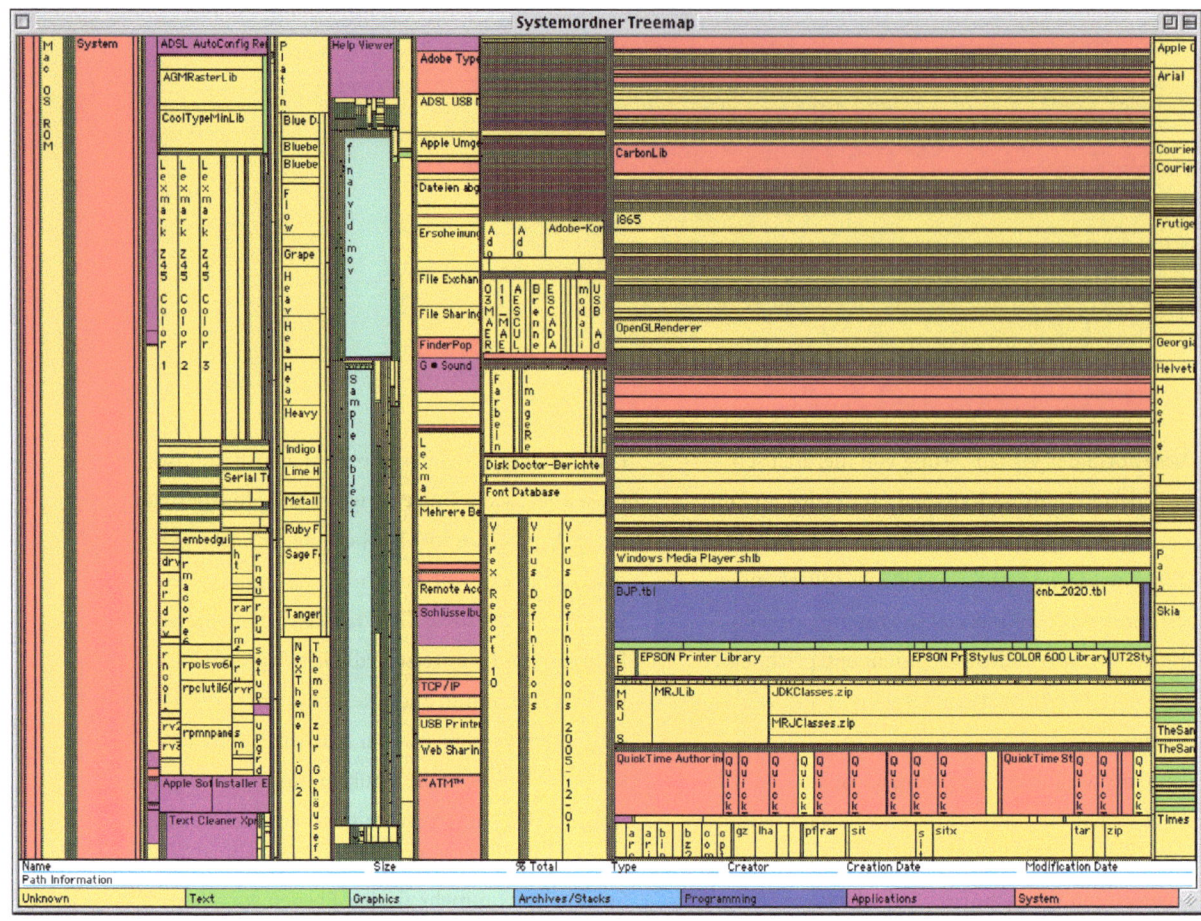

Der Systemordner eines Apple Macintosh, dargestellt mit der ersten Treemap-Software TreeViz von Brian Johnson.

Seitenverhältnissen haben, die außerdem denen eines Quadrats möglichst nahe kommen. Dadurch soll der Nutzer die Größe der Segmente problemlos miteinander vergleichen können. Später werden auch Versionen der Software entwickelt, die die Segmente stattdessen als Vielecke darstellen, die nahezu kreisförmig sind.

Bei den käuflichen Software-Produkten ist der vorrangige Einsatzbereich von Treemaps sehr gut zu erkennen. Fast alle diese Programme dienen der Visualisierung der Ordner-Strukturen von Festplatten. Strukturen also, bei denen sich lediglich auf der jeweils letzten Ebene tatsächliche Informationen befinden und in denen die übrigen Ebenen lediglich für die Gruppierung der Informationen genutzt werden. Für Strukturen, in denen sich auf jeder Ebene Sektionen mit relevanten Informationen befinden, ist diese Visualisierungsform ungeeignet. Im World Wide Web sind Treemaps daher nur sehr selten anzutreffen, für die Abbildung von Websitestrukturen werden sie überhaupt nicht genutzt. Die bekannteste und erfolgreichste lizensierbare Treemap-Anwendung im WWW ist die *Map of the Market*. Sie wird von der Firma *SmartMoney* betrieben und präsentiert die aktuellen Börsenkurse mit einer Treemap. Auf der ersten Ebene ist der jeweils ausgewählte Index in verschiedene Märkte unterteilt. Auf der zweiten Ebene stellt jedes Segment eine einzelne Firma des entsprechenden Indexes dar. Die Größe jedes Segments hängt ab von dem Finanzvolumen des Marktes bzw. der einzelnen Firma. Zusätzlich erhält jedes Segment auf der zweiten Ebene eine Kennzeichnung mit einer Farbstufe zwischen leuchtend rot und leuchtend grün. Die Farbe ergibt sich aus dem Kursgewinn bzw. Kursverlust der einzelnen Firma, die durch das Segment präsentiert wird. Der Algorithmus, der die Form der Segmente bei *Map of the Market* erzeugt, wurde von Martin Wattenberg entwickelt und gilt bis heute als vorbildlich.

Eine weitere Website, in der die Struktur von Informationen mittels einer Treemap visualisiert wird, ist *newsmap* von Marco Weskamp. Er präsentiert dem Nutzer die Google News. Auf der ersten Ebene der Treemap werden die Nachrichten nach Bereichen (Business, Technology, Sports usw.) unterteilt, auf der zweiten Ebene nach den einzelnen Meldungen. Die Größe der Segmente der *newsmap* ergibt sich aus der Häufigkeit, mit der diese Meldung gebracht wird, entspricht also dem allgemeinen Interesse oder der Wichtigkeit der Meldung.

Als der bedeutende Vorteil gegenüber anderen Darstellungsformen von hierarchischen Strukturen wird bei Treemaps immer wieder die nahezu hundertprozentige Ausnutzung der zur Verfügung stehenden Fläche für die Darstellung genannt. (Shneiderman 2006) Diese Aussage betrifft jedoch nur die quantitative Ausnutzung und wird durch die qualitativen Einschränkungen dieser Darstellungsform stark relativiert.

Im Juli 2004 veröffentlichen die Studenten Thomas Bladh, David A. Carr und Jeremiah Scholl ein Programm mit dem Namen *StepTree*, das hierarchische Datenstrukturen einer Festplatte in

Auf der Website newsmap von Marco Weskamp werden die Google News mit einer Treemap präsentiert. Die Größe einer Fläche wird bestimmt durch die Häufigkeit, mit der über das Thema dieser Meldung berichtet wird. Sie entspricht daher in etwa der Wichtigkeit der Meldung oder dem allgemeinen Interesse an diesem Thema. Die unterschiedlichen Farben kennzeichnen die verschiedenen Bereiche (Business, Technology, Sports usw.), die Abstufung der Farbe zeigt das Alter der Meldung.

einer dreidimensionalen Treemap darstellt. (Bladh et al. 2004) Die einzelnen Segmente sind dabei als Quader umgesetzt, die Perspektive ist für den Nutzer völlig frei wählbar. Während die optimale Flächenausnutzung nur noch bei der Draufsicht gegeben ist, lassen sich aber die Ebenen der Struktur bei einem Blick von schräg oben sehr viel besser identifizieren als bei zweidimensionalen Treemaps, ohne dass die Segmente dadurch viel schlechter zu erkennen wären. Dennoch ist auch diese Version für die Präsentation besonders tiefer Strukturen ungeeignet.

Die Größe der Fläche von Rechtecken, die nicht exakt das gleiche Seitenverhältnis besitzen, lässt sich nur sehr schwer vergleichen. Daher werden mittlerweile Logarithmen untersucht, die jede Sektion mit einer Form repräsentieren, die der Kreisform möglichst nahe kommt, die aber dennoch möglichst die vollständige zur Verfügung stehende Fläche ausnutzen.

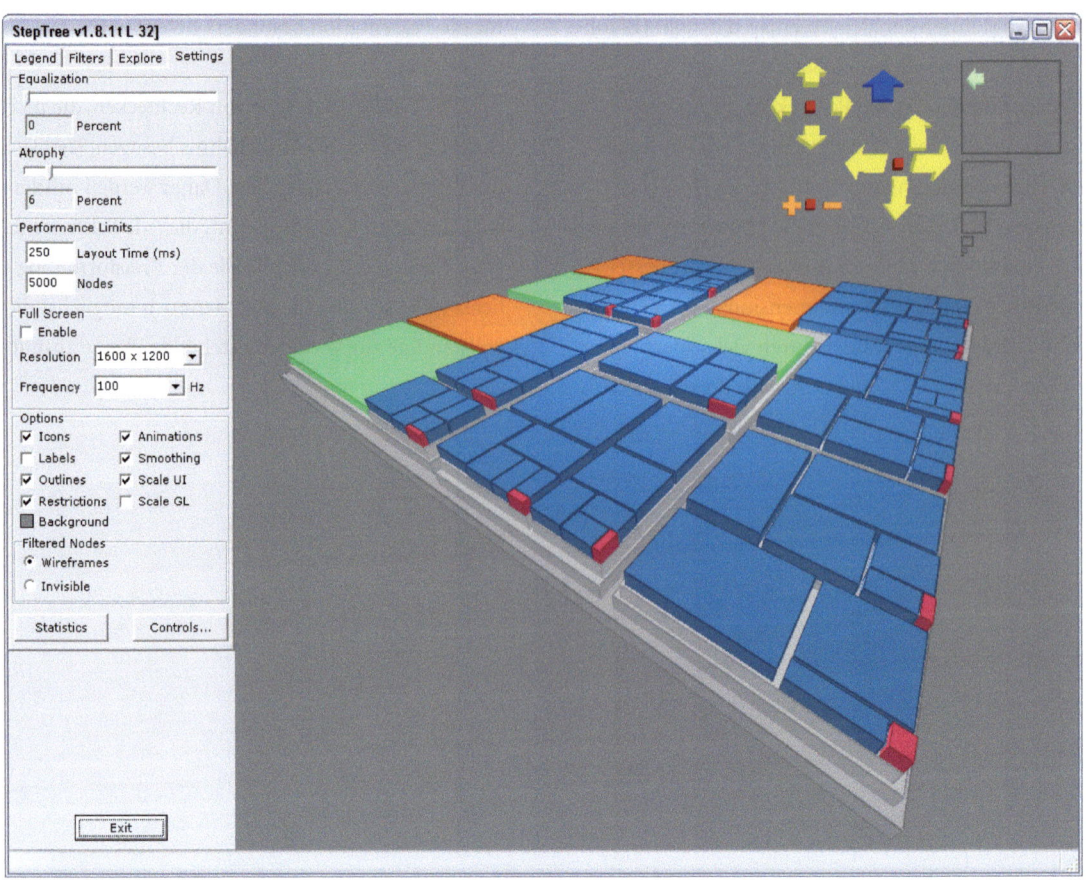

Das Programm StepTree der Schweden Thomas Bladh, David A. Carr und Jeremiah Scholl stellt die Inhalte eines beliebigen Verzeichnisses auf der Festplatte als dreidimensionale Treemap dar. Da in einer Dateistruktur beispielsweise auf einer Computerfestplatte ein Ordner selbst eine Strukturebene ohne Inhalt ist (im Gegensatz zu Ebenen in einer Websitestruktur), werden die Ordner grau dargestellt. Die darin enthaltenen Dateien sind in einer bestimmten Farbe dargestellt, die durch den Dateityp bestimmt wird. Die Darstellung lässt sich beliebig drehen und schwenken, der Nutzer kann in die Struktur hineinzoomen und alle Dateien eines Typs auf Wunsch ausblenden. (Bladh et al. 2004)

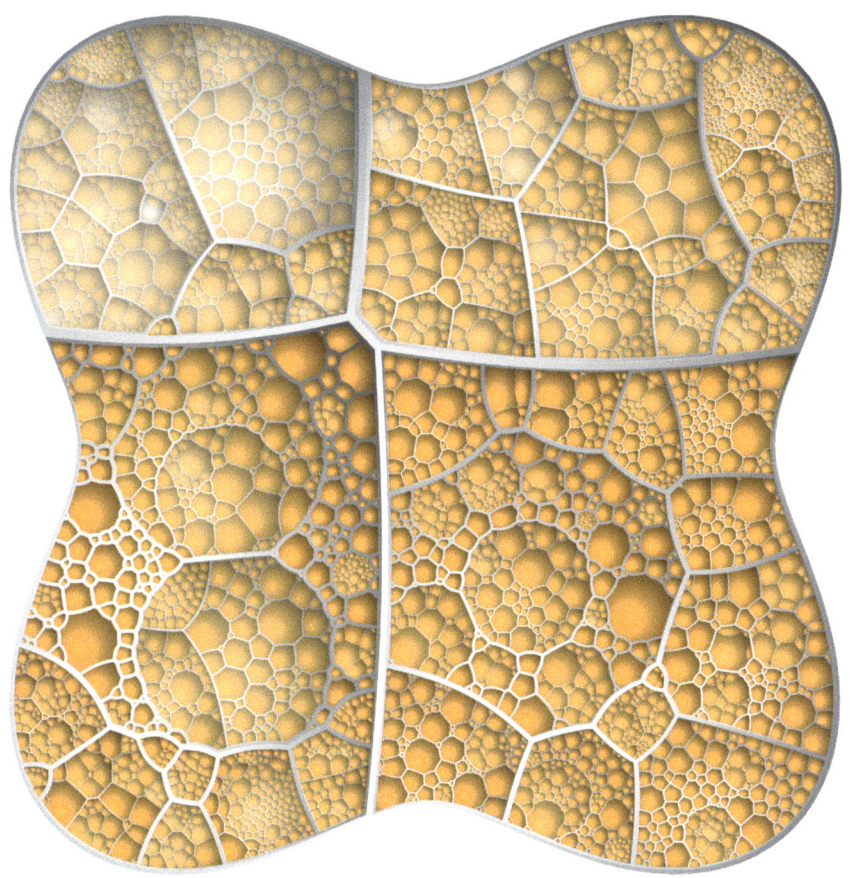

Treemap mit 4075 Sektionen verteilt auf 10 Ebenen, erstellt mit einem Logarithmus auf Basis eines Voronoi-Diagramms von Prof. Dr. Oliver Deussen und Michael Balzer, Universität Konstanz. Je heller die Farbe einer Sektion, desto tiefer ist die Ebene, in der sie verortet ist. (Balzer u. Deussen 2005)

Ebenen-Navigation

Tamara Munzner, die 1995 die *3D Hyperbolic Visualization* entwickelt, äußert in ihrer Arbeit die Vermutung, dass sich die Auflösung von Computermonitoren durch die technische Weiterentwicklung so stark verbessert, dass die Darstellung vollständiger Websitestrukturen in Zukunft problemlos möglich ist. (Munzner 1995) Heute ist jedoch offensichtlich, dass sich Umfang und Komplexität der Strukturen interaktiver Anwendungen noch viel stärker entwickeln als die technischen Fähigkeiten der Monitore. Mehr denn je sind wir daher in Zukunft darauf angewiesen, besonders für Websitestrukturen Darstellungsformen zu entwickeln, die immer nur einen Ausschnitt der Struktur abbilden und dem Nutzer trotzdem eine ausreichende Orientierung und Navigierbarkeit in der Gesamtstruktur ermöglichen. Im World Wide Web am stärksten verbreitet ist schon heute die Ebenen-Navigation, bei der immer einzelne Ebenen der gesamten Struktur oder sogar nur Teile der Ebenen präsentiert werden. Sie setzt eine zumindest formal weitgehend hierarchische Strukturierung voraus.

Wählt der Nutzer eine Kategorie aus, wird ihm eine zweite Navigationsebene angezeigt, die alle Sektionen der ausgewählten Kategorie beinhaltet. Durch die Auswahl einer dieser Sektionen wird ihm die nächste Ebene angezeigt, so lange, bis die letzte Ebene der Kategorie erreicht ist. Der entscheidende Unterschied der Ebenen-Navigation zu fast allen anderen Formen der Visualisierung von Strukturen interaktiver Anwendungen ist die unterschiedliche Art der Darstellung von Sektionen, die sich strukturell auf der gleichen Ebene befinden. Gleichzeitig ist das auch der Grund für die hohe Leistungsfähigkeit dieser Darstellungsform, obwohl sie nur einen Ausschnitt der Gesamtstruktur visualisiert. Während bei den meisten Darstellungsmethoden hierarchischer Strukturen alle Sektionen auf einer gemeinsamen Ebene dem Nutzer in derselben Art präsentiert werden und bei den meisten Visualisierungen von Hypertext-Strukturen sogar alle Sektionen gleich erscheinen, werden bei der Ebenen-Navigation die Sektionen einer Ebene unter Berücksichtigung ihrer Inhalte oder

Funktionalitäten unterschiedlich abgebildet oder angeordnet. Es werden dabei mehrere Navigationsarten namentlich unterschieden.

Hauptnavigation
Im Mittelpunkt steht die so genannte Hauptnavigation. Mit ihr wird der Teil der Struktur zugänglich gemacht, der die für den Nutzer in der Hauptsache relevanten Informationen oder Funktionen beinhaltet. Es existieren verschiedene Varianten, die sich vor allem in der grafischen Anordnung voneinander unterscheiden. Am stärksten verbreitet ist die so genannte umgekehrte L-Navigation. Dabei werden die Namen der Sektionen der ersten Ebene – manchmal auch noch der zweiten ausgewählten Ebene – der Hauptnavigation waagerecht nebeneinander abgebildet. Alle weiteren Ebenen der jeweils ausgewählten Sektion werden auf der linken, weniger häufig auf der rechten Seite des Layouts untereinander dargestellt. Bei anderen Varianten werden die Namen der Sektionen der Hauptnavigation ausschließlich waagerecht, in der Regel im oberen Bereich des Layouts, oder ausschließlich senkrecht auf der linken oder mittlerweile auch immer häufiger auf der rechten Seite des Layouts angeordnet. Es wird dann von einer Horizontalnavigation oder von einer Vertikalnavigation gesprochen.

Metanavigation
Eine weitere Navigationsart wird Metanavigation genannt, da sie übergreifende Sektionen zusammenfasst, die vor allem Funktionen beinhalten, die die Inhalte der Website nicht direkt betreffen, und da die darin zusamengefassten Sektionen zudem in der Regel auf jeder Seite der Website direkt aufzurufen sind. Das sind beispielsweise Kontaktfunktionen oder Suchfunktionen.

Contentnavigation
Die Contentnavigation wird innerhalb der Darstellung des Inhalts oder direkt daneben abgebildet und bezieht sich immer konkret auf die gerade ausgewählte Sektion. Damit kann der Nutzer weiterführende Informationen, beispielsweise ein Datenblatt zu einem bestimmten Produkt, oder Funktionen, zum Beispiel einen Beitragsrechner zu einem Versicherungsangebot, auswählen.

Toolbox
Da auf Websites immer mehr hochwertige Funktionalitäten angeboten werden, die für viele Nutzer schon alleine der Anlass sind, eine Website aufzurufen, werden diese Sektionen immer häufiger separat von der Hauptnavigation zu einer Toolbox zusammengefasst. Auf einer Automobilwebsite enthält diese zum Beispiel Sektionen, die ein Formular zur Vereinbarung einer Probefahrt beinhalten, einen Fahrzeugkonfigurator oder eine Händlersuche. Dadurch kann der Nutzer, der primär Bedarf an solchen Funktionen hat, diese direkt auswählen, ohne zu viele, für ihn nicht relevante Inhalte präsentiert zu bekommen.

Direkteinstiege
Während alle bisher genannten Navigationsarten

die hierarchische Strukturierung einer Website repräsentieren, haben die Direkteinstiege den Charakter von Hyperlinks. Der Vollständigkeit halber sollen sie an dieser Selle dennoch aufgeführt werden. Mit ihrer Hilfe können besonders wichtige oder häufig frequentierte Sektionen, die sich tief in der Struktur befinden, direkt ausgewählt werden.

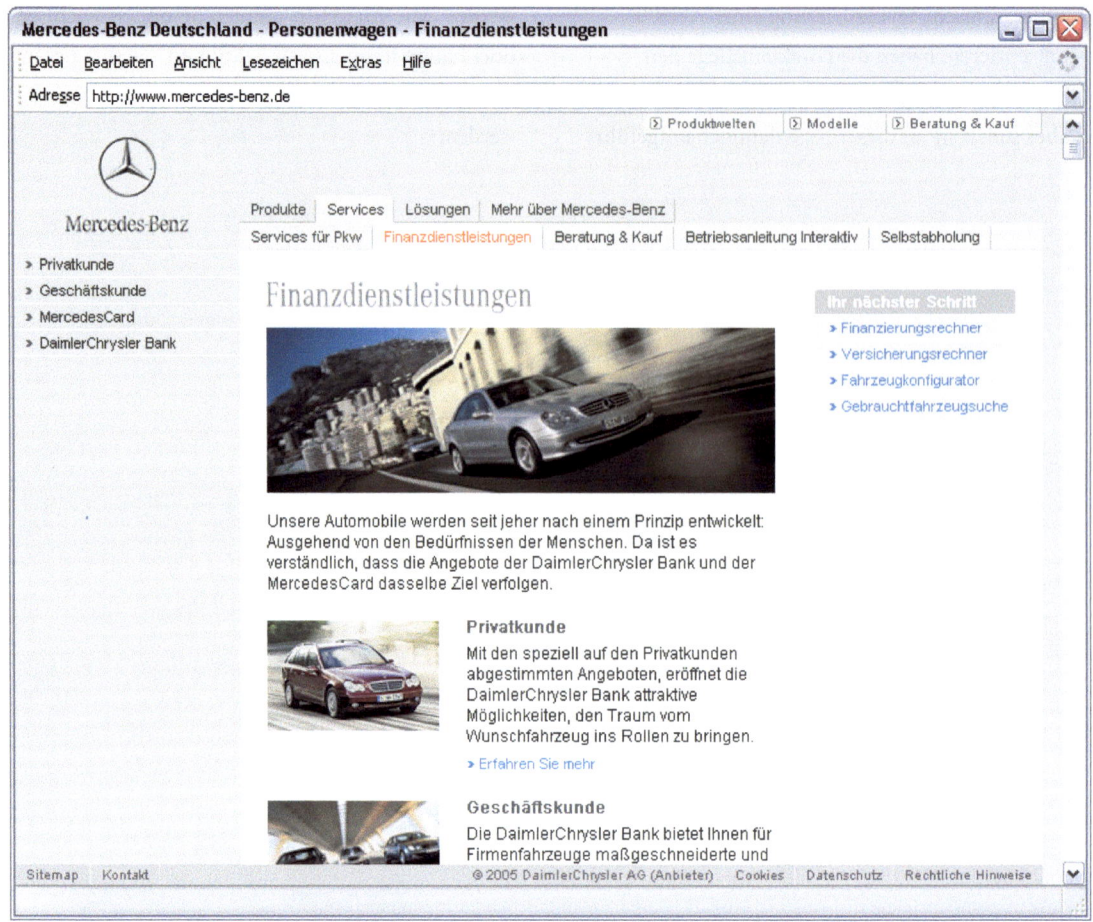

Auf der Website des Automobilherstellers Mercedes-Benz ist die Hauptnavigation in der Form einer so genannten umgekehrten L-Navigation umgesetzt. Die Namen der Sektionen der ersten beiden Ebenen sind horizontal angeordnet, die Namen aller darunter liegenden Ebenen auf der linken Seite des Layouts in vertikaler Richtung. Die Metanavigation befindet sich am unteren Rand der Seite. Am oberen Rand des Layouts werden dem Nutzer einige Direkteinstiege angeboten. Unter der Überschrift „Ihr nächster Schritt" ist die Content-Navigation zusammengefasst.

Der Elektronikgerätehersteller Loewe verwendet auf seiner Website eine linksseitige Vertikalnavigation. Die Metanavigation ist am oberen Rand des Layouts abgebildet, über die Content-Navigation hat der Nutzer Zugriff auf verschiedene Datenblätter.

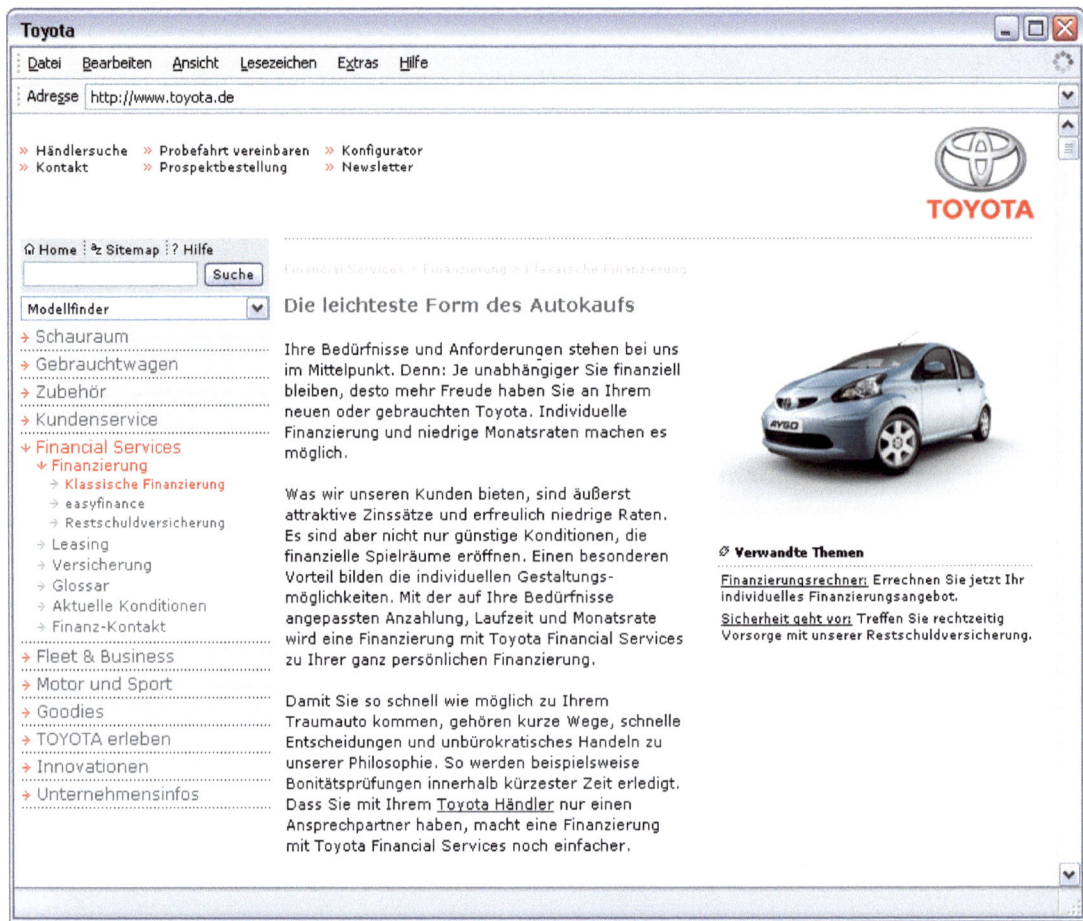

Der Automobilhersteller Toyota bietet seinen Nutzern eine Toolbox an, in der die Sektionen mit den wichtigsten Funktionalitäten zusammengefasst sind, wie zum Beispiel eine Probefahrtvereinbarung und eine Händlersuche. Auf der linken Seite unter der Metanavigation und einem Dropdown-Menü als Direkteinstieg ist die Hauptnavigation vertikal ausgerichtet. Die Content-Navigation befindet sich auf der rechten Seite des Layouts unter der Überschrift „Verwandte Themen".

Auf der Website für LKW-Modelle ordnet Volvo die Namen der Sektionen der Hauptnavigation horizontal an. Die Hauptnavigation befindet sich am unteren Rand des Layouts, die einzelnen Ebenen werden übereinander, von unten beginnend, angezeigt. Die Metanavigation wird ebenfalls am unteren Rand präsentiert.

Breadcrumbs

In dem Märchen *Hänsel und Gretel* der Gebrüder Grimm lassen die beiden Geschwister auf dem Weg durch einen ihnen unbekannten Wald in regelmäßigen Abständen Brotkrumen auf den Weg fallen, um dadurch wieder zurück nach Hause zu finden. Im Zusammenhang mit der Navigation interaktiver Systeme spricht der Hypertext-Forscher Mark Bernstein bereits 1988 das erste Mal von *Breadcrumbs*. (Bernstein 1988) Bernstein bezeichnet damit, im Gegensatz zur heute üblichen Verwendung, ganz generell die Auszeichnung der vom Nutzer bereits einmal ausgewählten Links, so wie sie heute beispielsweise durch Farben im HTML-Code vorgenommen wird. Heute wird der Begriff Breadcrumb-Navigation für die Darstellung der Navigation in der Form eines linearen Pfads verwendet. Es haben sich zwei Varianten entwickelt, die derzeit beide auf vielen Websites verwendet werden. Nur eine von beiden ist die direkte Umsetzung der Idee von Hänsel und Gretel, die so genannten *Path Breadcrumbs*. Diese Variante dokumentiert die vom Nutzer aufgerufenen Seiten in der Reihenfolge, in der sie tatsächlich ausgewählt wurden, räumlich betrachtet also den vom Nutzer zurückgelegten Pfad, unabhängig von der eigentlichen Struktur der Website. Auf ein und derselben Seite können daher völlig unterschiedliche Pfade angezeigt werden, die den jeweils individuellen Weg des einzelnen Nutzers beschreiben. *Path Breadcrumbs* ermöglichen dem Nutzer lediglich, auf die von ihm zuvor aufgerufenen Seiten zurückzukehren. Sie unterstützen ihn nicht dabei, sich in der eigentlichen Website-Struktur zu orientieren, da *Path Breadcrumbs* diese in keiner Weise widerspiegeln. Ganz im Gegensatz zu den *Location Breadcrumbs*. Sie dokumentieren alle oberhalb der aufgerufenen Seite gelegenen Ebenen bis hin zur Homepage, also den Ort innerhalb der Websitestruktur, unabhängig von dem zurückgelegten Pfad des Nutzers. Auf einer bestimmten Seite wird also immer nur ein bestimmter Pfad dargestellt. Diese Variante der Breadcrumb-Navigation unterstützt den Nutzer dabei, sich innerhalb der Website-Struktur zu orientieren, da sie einen

Ausschnitt daraus abbildet, wenn auch einen sehr engen. Aus diesem Grund werden *Location Breadcrumbs* auch sehr viel häufiger angeboten als *Path Breadcrumbs*.

Breadcrumbs sind nur sehr selten die alleinige Navigation auf einer Website. In der Regel werden sie dem Nutzer zusätzlich zu einer Ebenen-Navigation angeboten, oder sie ergänzen eine Ebenen-Navigation und werden mit ihr kombiniert. Mehrere Studien zeigen einige erhebliche Probleme bei der Nutzung von Breadcrumb-Navigationen. Viele Nutzer erkennen, selbst nachdem sie diesen Navigationstyp einige Zeit genutzt haben, die Funktion nicht korrekt. Darüber hinaus geht ein Teil der Nutzer von *Location Breadcrumbs* davon aus, es würde ihr bisher zurückgelegter Pfad angezeigt werden, meinen also, *Path Breadcrumbs* präsentiert zu bekommen. (Colter et al. 2005) Der Grund für diese Fehleinschätzung liegt zum einen vermutlich in der Tatsache, dass zurzeit beide Varianten der Breadcrumb-Navigation im WWW in Gebrauch sind und beide in nahezu identischer Form dargestellt werden. Zum anderen führt das in der Regel vorhandene parallele Angebot einer Navigationsalternative dazu, dass eine Breadcrumb-Navigation nur sehr sporadisch genutzt wird. Nur etwa sechs Prozent der Klicks entfallen darauf. (Lida u. Chaparro 2003) Im Gegensatz zu einer Ebenen-Navigation erklärt sich die Funktionsweise einer Breadcrumb-Navigation aber nur durch die Interaktion. Wird sie aber nur hin und wieder genutzt, kann der Nutzer die Funktion nicht ausreichend nachvollziehen. Eine zusätzlich zu einer Ebenen-Navigation bestehende Breadcrumb-Navigation verhilft daher nicht zu einer besseren Orientierung, bestimmte Sektionen werden nicht schneller aufgefunden und auch die subjektive Zufriedenheit der Nutzer erhöht sich nicht. (Lida u. Chaparro 2003)

Dennoch gibt es zahlreiche sinnvolle Anwendungsmöglichkeiten für Breadcrumb-Navigationen. Denn in Kombination mit einer Ebenen-Navigation sind Breadcrumbs sehr leistungsstark. Der entscheidende Vorteil einer Breadcrumb-Navigation ist der im Gegensatz zu allen anderen Navigationstypen sehr geringe Platzbedarf in der grafischen Umsetzung. Daher ist es bei besonders tiefen Strukturen sinnvoll, die oberen Ebenen mit Breadcrumbs abzubilden, um so den auf dem Screen zur Verfügung stehenden Platz optimal auszunutzen. Besonders, wenn davon auszugehen ist, dass der Nutzer die oberen Ebenen wenig oder nur einmal nutzt, beispielsweise wenn diese verschiedene Zielgruppen unterteilen oder ein Produktangebot in nicht weiter miteinander verwandte Kategorien gliedern.

Die bei einer Facettenklassifikation innerhalb der Facetten in der Regel hierarchisch strukturierten Attribute lassen sich ebenfalls mit Breadcrumbs darstellen. Das ist beispielsweise in vielen besonders umfangreichen Online-Shops üblich. Häufig wird dabei von so genannten *Attribute Breadcrumbs* als einer weiteren Variante von Breadcrumbs gesprochen. (Instone 2002) Tatsächlich handelt es sich auch hier um *Location Breadcrumbs*, die lediglich in einem besonderen Zusammenhang eingesetzt sind.

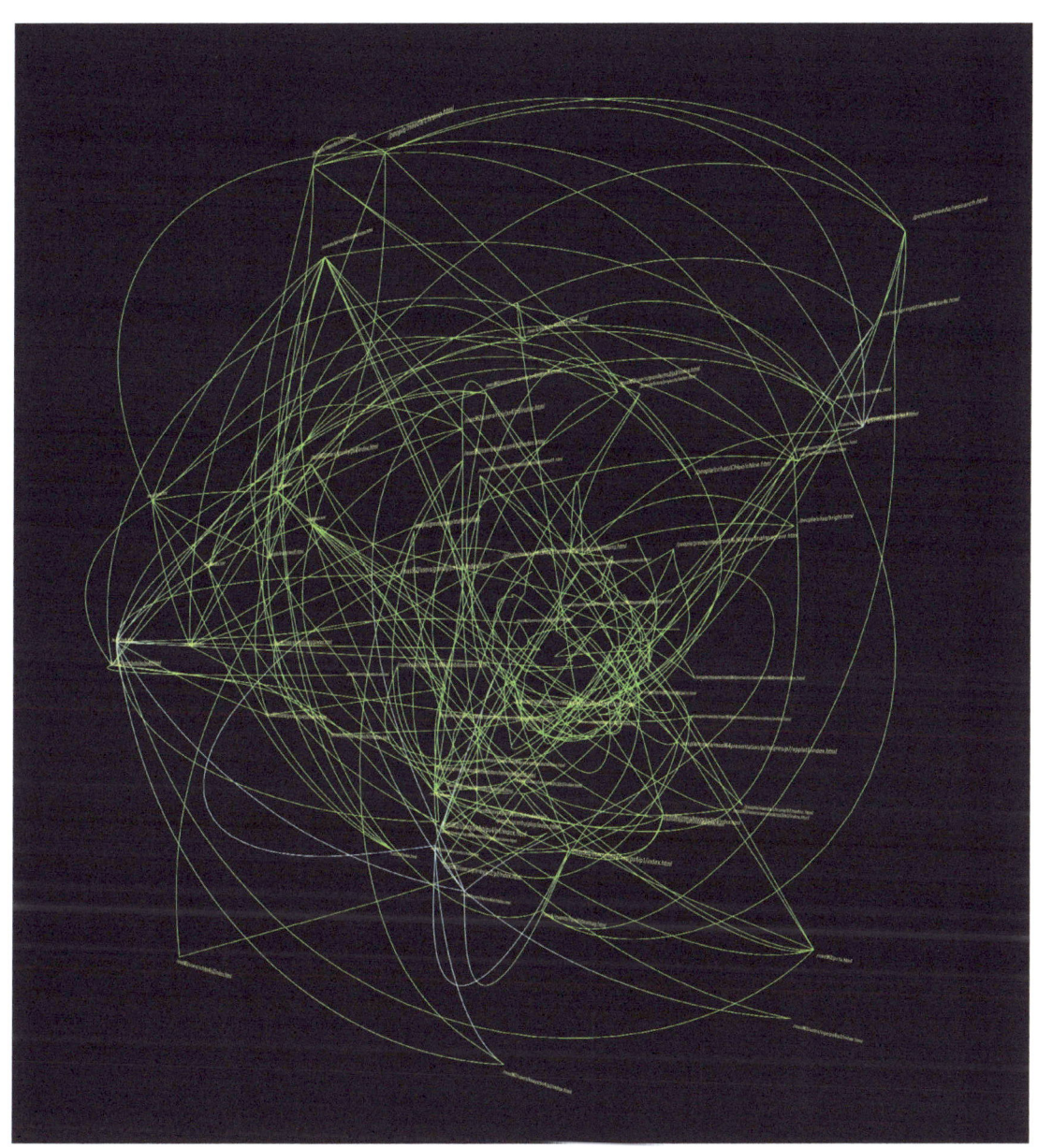

Als Beispiel für einen sehr umfangreichen Pfad visualisiert Ben Frey gleich ein ganzes Buch. Je häufiger ein bestimmter Begriff darin vorkommt, desto weiter wandert er in den äußeren Bereich der 3D-Darstellung.

Eine sehr gelungene Kombination einer Breadcrumb-Navigation mit einer Ebenen-Navigation führt den Nutzer der Website des Elektrogeräteherstellers Bosch zu dem gesuchten Gerät.

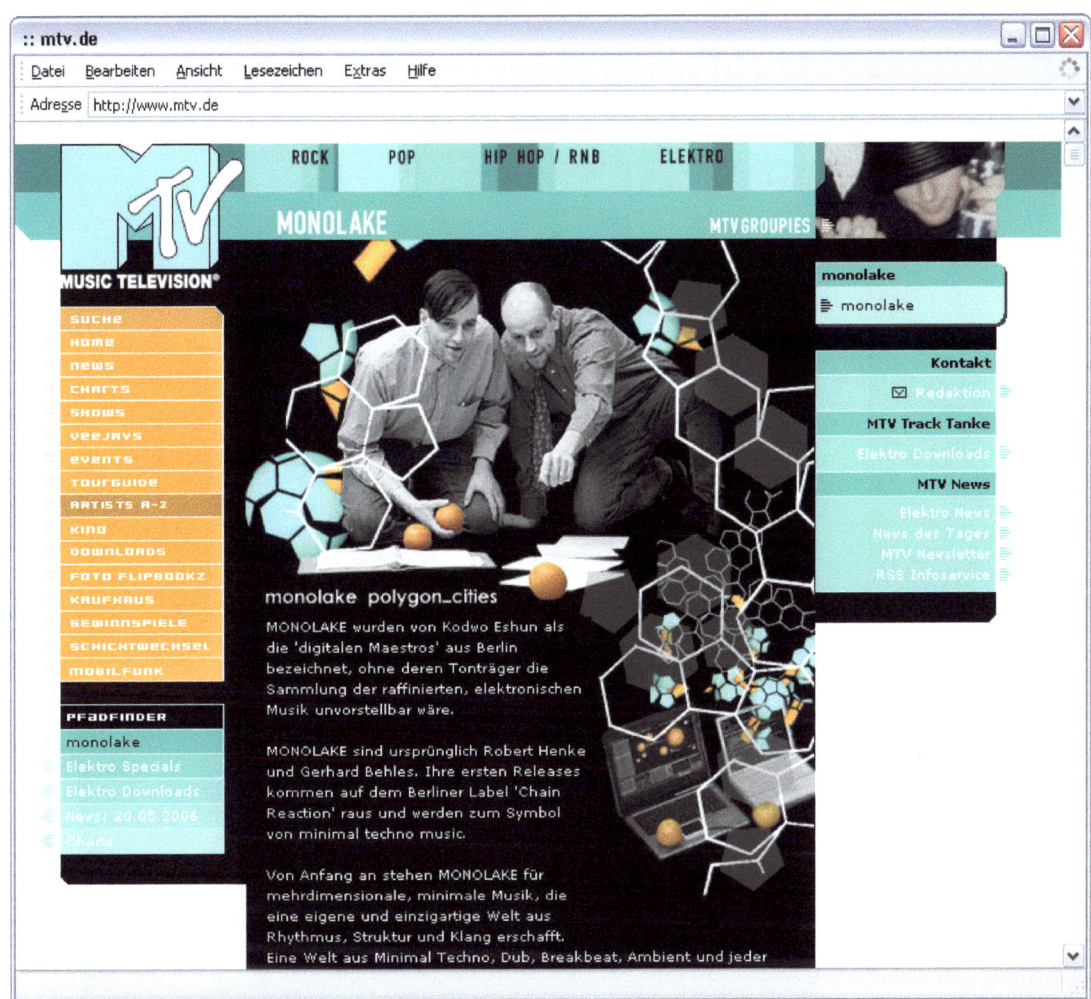

Auf der Website des Musiksenders mtv steht dem Nutzer unter dem Namen Pfadfinder eine zusätzliche Navigation mit Path Breadcrumbs zur Verfügung, mit der er bereits besuchte Seiten direkt ein zweites Mal aufrufen kann.

Vergleich der Visualisierungsmethoden

In Hinblick auf die Nutzbarkeit der verschiedenen Visualisierungsmethoden sind zwei Aspekte maßgeblich. Zum einen die Orientierung innerhalb der Struktur, also die Bestimmung des Standorts durch die Identifikation der direkten und der indirekten Verknüpfungen und der so verknüpften Sektionen sowie die Abschätzung der Entfernungen zwischen den Sektionen. Zum anderen die Navigation in der Struktur, also die Bestimmung des Weges vom Standpunkt aus zu einer oder mehreren weiteren Sektionen. Einige Darstellungsmethoden bilden dazu die gesamte Struktur einer Website ab, während andere lediglich einen Ausschnitt zeigen. Für die Orientierung ist zunächst einmal eine gleichförmige Darstellung der Gesamtstruktur ideal. Wie zum Beispiel auf dem Streckennetzplan an der Wand eines U-Bahn-Tunnels lassen sich direkte und indirekte Verknüpfungen eindeutig als solche identifizieren und die Entfernungen zwischen den Sektionen lassen sich direkt ablesen. Bedingt durch die begrenzte Fläche, die für die Darstellung zur Verfügung steht – in der Regel wird sie durch die Größe und die Auflösung des Monitors bestimmt – können Websitestrukturen nur bis zu einem bestimmten Umfang derartig abgebildet werden. Neben dieser physikalischen Einschränkung begrenzen aber auch die geistigen Fähigkeiten des Nutzers zur Informationsaufnahme die Größe solcher Darstellungen. Überschreitet die Struktur und damit auch die Abbildung einen bestimmten Umfang, dann sind die Verknüpfungen für den Nutzer nicht mehr nachzuvollziehen, eine Orientierung durch Bestimmung der aktuellen Position, wie auch eine Navigation sind dann nicht möglich. Für die Darstellungen vollständiger Websitestrukturen wird daher häufig das Prinzip von *Fokus und Kontext (focus+context)* verwendet, wobei mit *Fokus* die unmittelbar oder relativ nah verknüpften Sektionen gemeint sind, während *Kontext* die mittelbar verknüpften, relativ weit entfernten Sektionen meint. „The fundamental motivation […] is to provide a balance of local detail and global context. Local detail is needed for the local interactions with a structure, whether that means

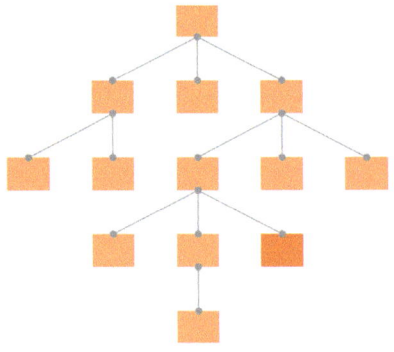

Darstellungen der Gesamtstruktur bilden alle darin enthaltenen Sektionen ab.

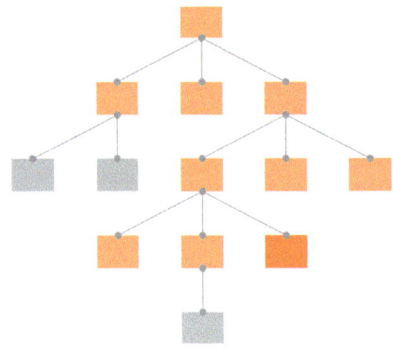

Eine Ebenen-Navigation stellt alle Sektionen der zuvor ausgewählten Kategorien dar.

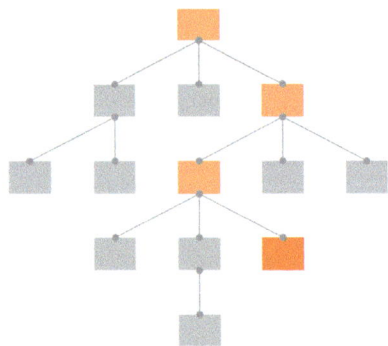

Location Breadcrumbs zeigen alle übergeordneten Kategorien einer aktuell ausgewählten Sektion an.

finding the nearest mailbox in midtown or editing a particular line of a large program. The global context is needed to tell the user what other parts of the structure exist and where they are." (Furnas 1986) Der *Fokus* wird dabei stark vergrößert abgebildet, während der *Kontext* stark verkleinert wird. Während die Möglichkeiten der Orientierung davon zumindest theoretisch unberührt bleiben, ist mit diesem Prinzip eine Navigation nur noch im *Fokus* möglich. Bei einer Ebenen-Navigationen wird der *Kontext* schließlich überhaupt nicht mehr abgebildet. Damit ist eine Orientierung in der Gesamtstruktur nur noch stark eingeschränkt möglich, im Falle einer Breadcrumb-Navigation ist sie sogar nahezu ausgeschlossen. Dafür sind sowohl Platzbedarf als auch die mentalen Anforderungen an den Nutzer für die lokale Navigation sehr gering.

Evaluation

Ein zentraler Bestandteil des Entwicklungsprozesses von interaktiven Anwendungen ist eine regelmäßige Bewertung des aktuellen Projektstands im Hinblick auf die zu Beginn des Projekts definierten Anforderungen. Bei einem nutzerzentrierten Vorgehen liegt ein besonderes Augenmerk auf der Bewertung der Usability. Dazu stehen zahlreiche verschiedene Evaluationsmethoden zur Verfügung, die jeweils bestimmte Vor- und Nachteile und teilweise sehr spezifische Schwerpunkte haben. Um in jeder Projektphase mit angemessenem Aufwand verwertbare Ergebnisse zu erhalten, ist es notwendig, die jeweils geeignete Methode auszuwählen.

Es ist grundsätzlich empfehlenswert, Usability-Evaluationen bereits in sehr frühen Phasen des Projekts einzusetzen. Je eher Probleme bei der Nutzung einer Anwendung erkannt werden, desto geringer ist der Aufwand, diese Probleme zu beheben und desto höher ist die Qualität der Lösung des Usability-Problems. Denn während es bei sehr früh erkannten Problemen noch leicht möglich ist, selbst das grundlegende Konzept der Anwendung vollständig zu verändern, haben solche Änderungen bei fortgeschrittenem Projektstand Einfluss auf so viele bereits fertig entwickelte Bereiche, dass der dadurch notwendige Aufwand meistens wirtschaftlich nicht mehr vertreten werden kann. Statt der eigentlich notwendigen prinzipiellen Änderungen werden dann kleinere Reparaturen an verschiedenen Stellen der Website vorgenommen, die sich oft nicht richtig in das übergreifende Konzept der Website einpassen lassen.

Usability-Evaluationen können eine sorgfältige Erstellung eines Konzepts zwar unterstützen, es aber nicht ersetzen. Zum einen ist die Usability einer interaktiven Anwendung nur einer von mehreren wichtigen Bestandteilen der User Experience. Zum anderen ist es nach dem aktuellen Stand der Forschung mit keiner der zur Verfügung stehenden Evaluationsmethoden möglich, die tatsächlich bestehenden Usability-Probleme einer interaktiven Anwendung auch nur annähernd vollständig zu identifizieren.

Analytische Methoden

Bei den analytischen Evaluationsmethoden, die auch Inspektionsmethoden genannt werden, prüft jeweils eine geringe Zahl von Usability-Experten, zunächst unabhängig voneinander und ohne zusätzliche Beteiligung von Testpersonen, mit Hilfe einer Checkliste verschiedene Usability-Kriterien. Gegenstand des Tests sind bereits fertig gestellte interaktive Anwendungen oder nahezu fertige Prototypen. Dabei versetzt sich jeder der Experten so weit es geht in die Rolle des Nutzers. Es wird kommentiert, inwieweit und in welcher Form jedes der Kriterien erfüllt wird. Anschließend werden die einzelnen Ergebnisse zusammengeführt und gemeinsam interpretiert. Das Ergebnis ist die Auflistung der identifizierten Usability-Probleme mit jeweils einer ausführlichen Beschreibung. Diese Beschreibung beinhaltet in der Regel auch Lösungsvorschläge.

Da bei analytischen Evaluationsmethoden werden im Vergleich zu den empirischen Methoden relativ wenig Menschen beteiligt sind, und da teilweise sogar davon ausgegangen wird, dass auch Analysten, die keine Usability-Experten sind, mit Hilfe einer analytischen Evaluationsmethode eine große Anzahl der Usability-Probleme erkennen, hat der Usability-Experte und Buchautor Jakob Nielsen dafür den Begriff *discount usability engineering* geprägt. (Nielsen 1993) Die verschiedenen analytischen Methoden sind in ihrer Durchführung mehr oder weniger identisch. Sie unterscheiden sich in erster Linie durch das, was geprüft wird, also in den meisten Fällen durch die Ausgestaltung der Checkliste mit den Usability-Kriterien. In den Beschreibungen vieler analytischer Methoden wird nahe gelegt, die dort aufgeführten Checklisten zu erweitern, um so spezifische Ausprägungen der zu evaluierenden Website zu berücksichtigen. (Molich u. Nielsen 1990) Dadurch existiert mittlerweile eine sehr große Zahl an veröffentlichten Checklisten für viele verschiedene Typen von Websites. Auch viele der bereits vorgestellten Gestaltungsprinzipien für Websites sind geeignet, um daraus ergänzende Kriterien oder ganz eigene Checklisten abzuleiten.

Heuristische Evaluation

Eine der ersten und sicherlich die bekannteste analytische Evaluationsmethode ist die im Jahr 1990 von Rolf Molich und dem selbsternannten „founder of the discount usability engineering" Jakob Nielsen entwickelte Heuristische Evaluation. (Molich u. Nielsen 1990) Molich und Nielsen sprechen bei den Kriterien ihrer Checkliste von Heuristiken, um damit den allgemeinen und prinzipienhaften Charakter der einzelnen Punkte zu betonen. Sie weisen darauf hin, dass es sich dabei mehr um eine Sammlung von Faustregeln („rules of thumb") handelt, als um starre Richtlinien. Wichtiger als die Genauigkeit der Checkliste ist ihnen die Vollständigkeit. Es soll damit möglich sein, alle Aspekte einer Anwendung zu betrachten. Die Liste besteht aus neun recht heterogenen Prinzipien, die teilweise die grafische Gestaltung, teilweise Funktionalitäten und Abläufe betreffen.

- Simple and natural dialog
- Speak the user's language
- Minimize the memory load
- Be consistent
- Provide feedback
- Provide clearly marked exits
- Provide shortcuts
- Good error messages
- Prevent errors

Aufgrund eigener Studien verändert Nielsen im Jahr 1994 die Liste der Heuristiken und erweitert sie um einen zusätzlichen Punkt. (Nielsen 1994B)

- Visibility of system status
- Match between system and the real world
- User control and freedom
- Consistency and standards
- Error prevention
- Recognition rather than recall
- Flexibility and efficiency of use
- Aesthetic and minimalist design
- Help users recognize, diagnose, and recover from errors
- Help and documentation

Wie erfolgreich analytische Methoden bei der Indentifikation von Usability-Problemen sind, wird kontrovers diskutiert. Zu diesem Punkt haben sogar die beiden Autoren der Heuristischen Evaluation gegensätzliche Meinungen. Nielsen behauptet, dass drei bis fünf Personen mit der Heuristischen Evaluation mehr als 90% der Usability-Probleme einer Anwendung identifizieren können, wenn die Analysten sowohl Experten im Bereich der Software-Ergonomie als auch gleichzeitig Experten in dem Fachgebiet sind, in dem die Software eingesetzt wird. (Nielsen 1992) Molich stellt dieser Aussage die Frage entgegen, mit welcher Methode 100% der Usability-Probleme erkannt werden können, um davon die von Nielsen genannte Erfolgsquote abzuleiten. Er vermutet, dass mehr als fünfzig Evaluationen durch Experten notwendig sind, um annähernd die vollständige Menge aller Usability-Probleme einer Website festzustellen und dass der Anteil der Usability-Probleme, die in den Studien von Nielsen aufgedeckt werden, sehr viel niedriger als 90% ist. Er führt diese Vermutung auf bisher fünf verschiedene so genannte *Comparative Usability Evaluations (CUE)* zurück. In jeder dieser Studien wird dieselbe Website von mehreren Experten oder verschiedenen Experten-Teams parallel einer analytischen Usability-Evaluation unterzogen. Abschließend werden die Ergebnisse miteinander verglichen, um zu überprüfen, ob die Ergebnisse dieser Inspektionsmethoden reproduzierbar sind.

Offensichtlich belegt ist zumindest, dass Usability-Experten mehr Probleme herausfinden als Personen, die in diesem Bereich nicht ausgebildet sind, und dass so genannte Doppelexperten, Personen, die sowohl Usability-Kenntnisse haben als auch in dem jeweiligen Gebiet fachlich informiert sind, die größte Anzahl der Probleme herausfinden. (Desurvire et al. 1992) Da aber besonders Doppelexperten besonders selten sind und ihr Engagement entsprechend teuer ist, besteht vielfach die Meinung, dass analytische Methoden wie die Heuristische Evaluation eher als „Cadillac method" denn als „discount method" bezeichnet werden sollten, besonders, wenn man die Kosten der Untersuchung an der Menge der identifizierten Usability-Probleme misst. (Desurvire u. Jeffries 1992)

Cognitive Walkthrough
Während bei den meisten analytischen Methoden möglichst die gesamte Website betrachtet wird, konzentrieren sich die Usability-Experten bei dem von Cathleen Wharton und Clayton Lewis

Die Effizienz und Effektivität analytischer Evaluationsmethoden

Im Jahr 1993 veröffentlichen Jakob Nielsen und Thomas K. Landauer eine Studie, aus der sie eine Formel ableiten, mit deren Hilfe das ideale Kosten-Nutzen-Verhältnis einer analytischen Evaluation ermittelt werden soll: „N(1-(1-L)n)" N steht dabei für die Menge aller Usability-Probleme einer Website, L ist der Anteil der Usability-Probleme, die eine Person mittels einer Heuristischen Evaluation findet, n ist die Menge aller Personen, die an der Evaluation teilnehmen. (Nielsen u. Landauer 1993) Den typischen Anteil an der Gesamtsumme aller Usability-Probleme einer Website, die eine Person findet, gibt Nielsen später mit 31% an. (Nielsen 2000) Daraus ergibt sich, dass fünf Personen mit Hilfe der Heuristischen Evaluation durchschnittlich etwa 80% aller Usability-Probleme einer Website finden. In einer Modellrechnung geht Nielsen von fixen Kosten für eine analytische Evaluation in Höhe von US$ 4000,- aus. Je US$ 600,- veranschlagt er für jede Testperson. Daraus ergibt sich seine Empfehlung, eine heuristische Evaluation stets von 4 bis 5 Testpersonen durchführen zu lassen, da so das optimale Verhältnis der Kosten zum Nutzen (die Anzahl der gefundenen Usability-Probleme) erreicht wird, und da die Menge von 80% aller Usability-Probleme absolut gesehen ausreichend hoch sei, um daraufhin eine Website neu zu gestalten. (Nielsen u. Landauer 1993; Nielsen 1998) Nielsen visualisiert das Ergebnis in einem Graphen, der bezüglich der Menge der gefundenen Usability-Probleme zunächst stark ansteigt und dessen

Steigung etwa ab der Menge von 5 Personen mit zunehmender Zahl der Nutzer deutlich gegen Null tendiert. Für diesen Graphen prägt Jared Spool im Jahr 2001 den Begriff „parabola of optimism". Mit einer eigenen Studie überprüft er die Formel von Nielsen und Landauer. Die Studie basiert auf 49 Tests von vier verschiedenen Websites. Laut dieser Untersuchung finden 5 Personen mit Hilfe einer analytischen Evaluation durchschnittlich lediglich 35% der Usability-Probleme. Der Graph, den Spool daraus errechnet, steigt auch bei der Anzahl von 18 Personen noch stark an. (Spool 2001) Auch Rolf Molich, der 1990 zusammen mit Nielsen die Heuristische Evaluation entwickelt, überprüft die Formel von Nielsen und Landauer mit mehreren Studien. Im August 2001 führt er dazu seine dritte von mittlerweile fünf vergleichenden Usability-Evaluationen (Comparative Usability Evaluations) durch. Er lässt durch elf dänische Usability-Experten unabhängig voneinander eine analytische Evaluation der Website des Autovermieters Avis vornehmen. Die elf Experten identifizieren dabei insgesamt 220 Usability-Probleme. Jeder einzelne Experte findet im Durchschnitt aber nur 35 (16%) der Probleme. 135 (61%) der insgesamt 220 Usability-Probleme werden jeweils nur von einem einzigen Experten berichtet, kein einziges Usability-Problem wird gleichzeitig von mehr als sieben der elf Experten erkannt. Molich geht davon aus, dass eine noch größere Anzahl an Experten auch eine noch größere Anzahl an Usability-Problemen identifiziert und dass damit der Anteil der Usability-Probleme, die von nur wenigen oder einem einzigen Experten

erkannt werden, noch stärker steigt. Er schätzt, dass mehr als fünfzig Evaluationen notwendig sind, um nahezu alle Usability-Probleme einer Website zu identifizieren. Zudem vermutet Molich, dass es sich bei einem Teil der durch die Experten identifizierten Usability-Probleme um so genannten falschen Alarm (false alarm) handelt, also einige der gefundenen Probleme für den Nutzer der Website gar keine sind. Um zu prüfen, ob die Schwere eines Usability-Problems Einfluss darauf hat, ob es von einem Experten bemerkt wird, wertet Molich noch einmal 33 als besonders schwerwiegend identifizierte Usability-Probleme separat aus. Doch auch von diesen 33 Problemen wurde keines von mehr als sieben Experten gleichzeitig notiert, 14 (42%) dieser Probleme werden nur von jeweils einem einzigen Experten erkannt. (Hertzum et al. 2002) Diese Ergebnisse werden in späteren Versuchen mit nahezu identischem Ablauf bestätigt. (Blume et al. 2005) Molich schließt aus seinen Untersuchungen, dass analytische Evaluationsmethoden weder geeignet sind, um alle Usability-Probleme einer Anwendung zu identifizieren, noch dabei verlässlich helfen, wenigstens die schwerwiegenden Usability-Probleme zu entdecken: „I think, the study results indicate that usability testing is ineffective for finding all usability problems in an interface. Our results also indicate that it's ineffective even for finding all the serious usability problems in an interface." (Perfetti 2003) Molich empfiehlt daher, sich besser an die üblichen Standards zu halten und entsprechende Sammlungen von in der Praxis bewährten, generischen Interface-Bausteinen aufzubauen.

entwickelten Cognitive Walkthrough auf einige vorgegebene, ideale Handlungsabläufe des Nutzers, beispielsweise einen Bestellprozess. Dabei liegt der Fokus besonders auf den mentalen Prozessen des Nutzers. Durch die enge Begrenzung kann der Cognitive Walkthrough in einem sehr frühen Stadium des Entwicklungsprozesses eingesetzt werden, es ist sogar möglich, ihn anhand von Skizzen auf Papier (*Paper Prototyping*) durchzuführen. Dadurch kann aber auch lediglich getestet werden, was den vorgegebenen Handlungsablauf stört; so zum Beispiel eine nicht nachvollziehbare Reihenfolge der Schritte eines Bestellprozesses oder eine unverständliche Benennung von Buttons und Menüs. Nicht getestet werden können mögliche alternative Abläufe, die zu demselben Ziel führen. Um einen Cognitive Walkthrough in sehr frühen Projektphasen auch ohne Usability-Experten innerhalb des Entwicklungsteams sinnvoll durchzuführen, bietet sich eine Variante an, die Pluralistic Walkthrough genannt wird. Dazu führen Vertreter möglichst vieler beteiligter Disziplinen mit möglichst verschiedenen Erfahrungsschwerpunkten gemeinsam einen Cognitive Walkthrough durch und diskutieren bereits während der Evaluation die identifizierten Probleme.

Empirische Methoden

Bei den empirischen Evaluationsmethoden werden tatsächliche Nutzer einer Anwendung beobachtet oder befragt. Um miteinander vergleichbare und damit aussagekräftige Ergebnisse zu erzielen, muss sich zumindest der überwiegende Teil der Beobachtung oder Befragung auf die Lösung einer festgelegten Aufgabe beziehen. Von der Formulierung dieser Aufgabe hängt entscheidend die Qualität des Evaluationsergebnisses ab. Dazu wird zunächst ein Nutzungsszenario entworfen, beispielsweise ein Bestellprozess. Anschließend wird ein ideales Nutzerverhalten als Hypothese formuliert, zum Beispiel die Ausführung aller vorgesehenen Bestellschritte in der richtigen Reihenfolge sowie die korrekte und vollständige Eingabe der notwendigen Daten. Wenn noch keine Messungen über das Nutzerverhalten auf einer Website vorliegen, beispielsweise bei einer Neuentwicklung, dann leitet sich dieses Ideal aus dem Konzept der Website ab. Wenn bereits Usability-Tests vorgenommen wurden, oder wenn Tracking-Daten der Website zur Verfügung stehen und es um eine Optimierung einer bestehenden Website geht, dann wird die Hypothese als Vergleich zu einer bestehenden Situation, in der Regel einem bereits identifizierten Usability-Problem, formuliert; zum Beispiel, dass auf der optimierten Website weniger Nutzer die notwendige Auswahl einer bestimmten Versandart übersehen, als auf der bestehenden. Häufig wird auch im Vergleich zu bestehenden Gestaltungsstandards getestet. Dabei wird in der Hypothese zunächst angenommen, dass der Nutzer auf der den Standards entsprechenden Website die gestellte Aufgabe besser löst als auf der neuentwickelten. Durch die Notwendigkeit von konkreten Aufgaben lassen sich mit empirischen Methoden immer nur Ausschnitte der gesamten Anwendung betrachten. Um mögliche Störeffekte auszuschließen und damit sich die Probanden möglichst authentisch verhalten, entspricht der Kontext bei einer Usability-Bewertung idealerweise dem tatsächlichen Nutzungskontext. In der Praxis ist das aber leider kaum durchführbar. Schon die Schwierigkeiten und der Aufwand, um

Usability-Evaluationen an den Orten durchzuführen, an denen eine Anwendung von jedem einzelnen Probanden tatsächlich genutzt wird, beispielsweise an seinem Arbeitsplatz oder in seinem Wohnzimmer, stehen in keinem angemessenen Verhältnis zu den meisten Projektbudgets. Und einen noch wesentlich stärkeren Einfluss auf das Verhalten der Probanden hat das Wissen darum, beobachtet zu werden. Auch wenn die Probanden zu Beginn einer Untersuchung darauf aufmerksam gemacht werden, dass nicht sie selbst, sondern eine interaktive Anwendung getestet wird, führt die Anwesenheit eines Testleiters und das Bewusstsein, dass alle Aktionen dokumentiert werden, zu einem so genannten sozial erwünschten Verhalten. Merkmale von Personen werden als sozial erwünscht bezeichnet, wenn sie von den Mitgliedern der Gesellschaft positiv bewertet werden oder wenn sie den vorherrschenden Werten oder Normen entsprechen. (Hartmann 1991) Im Zusammenhang mit Usability-Tests spricht man von sozial erwünschtem Verhalten, wenn die Probanden eines Tests versuchen, ihre Aktionen und Äußerungen den vermeintlichen Werten der Gesellschaft anzupassen. Dabei sind ein Testleiter oder Interviewer und mögliche, wenn auch unsichtbare, Beobachter völlig ausreichend, um eine Gesellschaft zu repräsentieren. Sozial erwünschtes Verhalten wird aus einer generellen Neigung des Menschen zu möglichst günstiger Selbstdarstellung erklärt. Da es schwierig ist, sozial erwünschtes Verhalten völlig zu vermeiden, ist es wichtig, es zu erkennen, um eine Verfälschung der Untersuchung zu vermeiden.

Möglich ist das durch die Kombination mehrerer empirischer Verfahren, zum Beispiel einem Interview und einer Beobachtung. Wenn der Proband äußert, sich gut auf einer Website zurechtzufinden, aber vorher minutenlang nach einem passenden Menüpunkt sucht, wird deutlich, dass die Antwort in dem Interview auf soziale Erwünschtheit zurückzuführen ist.

Lautes Denken (Think aloud)

Das laute Denken ist die bekannteste und am häufigsten genutzte empirische Methode zum Evaluieren von Websites. Sie ist besonders geeignet, um Einblicke in die mentalen Prozesse der Versuchsperson zu erhalten. Dazu wird der Proband nachdrücklich dazu angehalten, alles, was er während der Lösung der ihm gestellten Aufgabe denkt, laut auszusprechen. Idealerweise formuliert er zu jeder Aufgabe, die ihm gestellt wird, seinen Plan, diese zu lösen, kommentiert seine dazu ausgeführten Aktionen und beschreibt zusätzlich seine jeweiligen emotionalen Empfindungen. Dadurch können Rückschlüsse auf seine Lösungsstrategien, Eindrücke und Gefühle gezogen werden. Direkt während der Evaluation wird so deutlich, wie der Proband handelt und warum er das genau so tut. Diese Unmittelbarkeit ist ein besonderer Vorteil der Methode. Eine nachträgliche Rationalisierung durch den Probanden wird weitgehend vermieden, Fehlinterpretationen durch den Beobachter sind nahezu ausgeschlossen. Die Ergebnisse dieser Methode hängen allerdings stark von der Fähigkeit der Versuchsperson ab, sich zu artikulieren.

Besonders nachteilig wirkt sich das Formulieren der Gedanken allerdings auf den Ablauf der Aktionen aus, da der Proband sie immer wieder unterbrechen muss, oder möglicherweise sogar durch den Moderator mit der Aufforderung unterbrochen wird, sich zu äußern. Da ein solches Verhalten für fast alle Probanden sehr ungewohnt ist, entstehen dadurch sehr starke Störeffekte. Zur Dokumentation eignen sich Ton- und Videoaufnahmen von dem Probanden selbst sowie dem Computermonitor.

Retrospective Testing

Beim retrospektiven Testen werden die Störeffekte der Methode des lauten Denkens weitgehend vermieden, die durch die immer wiederkehrenden Unterbrechungen aufgrund der Äußerungen des Probanden und aufgrund eventueller entsprechender Aufforderungen des Testleiters entstehen. Der Proband kommentiert seine Handlungen erst nach dem eigentlichen Test, während er ein Video mit einer Aufzeichnung davon vorgespielt bekommt. Der Nachteil dieser Methode gegenüber dem lauten Denken ist, dass die Unmittelbarkeit der Äußerungen verloren geht, und dass besonders sozial erwünschte Aussagen gemacht werden. Das Retrospective Testing kann auch zusätzlich im Anschluss an das laute Denken vorgenommen werden, um mögliche weitere Usability-Probleme zu erkennen, die in dem ersten Test nicht erwähnt werden. Bei beiden Varianten dieser Methode entstehen durch den zeitlichen Mehraufwand erhebliche zusätzliche Kosten.

Constructive Interaction

Um das Problem des sozial erwünschten Verhaltens bei der Methode des lauten Denkens zu verringern, bietet sich eine Variante dieser Methode an, die Constructive Interaction oder Codiscovery Learning genannt wird. Der Ablauf sieht vor, dass zwei Probanden gemeinsam versuchen, mehrere vorgegebene Aufgaben auf einer Website zu lösen. Dazu erhalten sie einen deutlichen Hinweis, sich dabei gegenseitig zu unterstützen. Der Vorteil der Constructive Interaction gegenüber dem lauten Denken ist, dass es den meisten Menschen sehr viel leichter fällt, sich gegenüber jemandem zu äußern, der sich in der gleichen Situation befindet, und mit ihm Lösungskonzepte zu besprechen, als dies gegenüber einem Testbeobachter zu tun. Zusätzlich werden in dem Dialog der beiden Probanden häufig mehrere alternative Strategien gegeneinander abgewogen, ein Prozess, der auch bei einem einzelnen Nutzer stattfindet, aber beim lauten Denken in der Regel nicht geäußert wird. Strittig ist noch, ob bei der Constructive Interaction bessere Ergebnisse erzielt werden, wenn Probanden zusammen an einer Lösung arbeiten, die ähnliche allgemeine Erfahrungen in der Nutzung von interaktiven Anwendungen haben, oder ob diese Erfahrungen möglichst unterschiedlich sein sollten. Ebenso ungeklärt ist auch, ob sich die Probanden vor dem Test bereits kennen sollten oder nicht. (Nielsen 1993; Kahler 2000) Weil im Vergleich zu dem lauten Denken doppelt so viele Versuchspersonen notwendig sind, ist diese Methode in der Durchführung deutlich teurer.

Teaching Method

Die Teaching Method ist stark verwandt mit der Constructive Interaction. Ein Proband macht sich zunächst anhand konkreter Aufgaben eine Zeit lang mit der Anwendung vertraut. Anschließend wird ein zweiter Proband hinzugezogen, dem der erste Proband die interaktive Anwendung zu erklären versucht. Die Teaching Method nimmt an, dass besonders aussagekräftige Ergebnisse erzielt werden, wenn weniger ein allgemeiner Erfahrungsunterschied zwischen den Probanden besteht, als vielmehr eine unterschiedliche Kenntnis der spezifischen Anwendung.

Coaching Method

Um im Detail herauszufinden, welche Informationen ein Nutzer benötigt, um eine Anwendung problemlos bedienen zu können, beispielsweise für die Erstellung von Dokumentationen oder Lehrgängen, eignet sich besonders die Coaching Method. Dazu wird dem Probanden ein Experte zur Seite gestellt, der nach Möglichkeit an der Entwicklung der Anwendung beteiligt ist. Der Proband bekommt konkrete Aufgaben gestellt und wird angehalten, alle seine Fragen, die sich ihm bei der Lösung der Aufgaben ergeben, an den Experten zu stellen. Dieser beantwortet diese Fragen, soweit es ihm möglich ist, und unterstützt den Probanden so bei der Lösung.

Blickbewegungsmessung (Eye-Tracking)

In diesem Verfahren werden primär der Blickverlauf, die Blickverweildauer und die Anzahl der so genannten Fixationen der Versuchsperson gemessen. Das geschieht mit einer Infrarotlichtquelle, die auf die Augen des Probanden gerichtet wird. Die Reflektion des Infrarotlichts in der Pupille wird mit speziellen Kameras aufgenommen. Nach einer kurzen Kalibrierung lässt sich damit die genaue Blickrichtung ermitteln. Eine Software errechnet aus Blickrichtung und Zeitdauer den Blickverlauf und die Blickverweildauer des Probanden in Kombination mit dem Monitorbild. Anhand des Blickverlaufs kann festgestellt werden, welche Bereiche einer Website in welcher Reihenfolge betrachtet werden. Das Blickverhalten des Menschen ist dabei nicht gleichmäßig, sein Blick springt vielmehr zwischen verschiedenen Punkten hin und her. Diese Sprünge werden Sakkaden genannt und von der Eye-Tracking-Software als Geraden zwischen verschiedenen Punkten auf dem Monitorbild dargestellt. Die Punkte werden in der Reihenfolge, in der sie betrachtet werden, nummeriert. Während der Sakkaden nimmt ein Mensch keine Informationen auf, das geschieht ausschließlich während der Fixationen, die etwa 200 bis 600 Millisekunden dauern. Die Blickverweildauer zwischen den Sakkaden gibt dagegen Aufschluss darüber, ob der Nutzer in einem betrachteten Bereich der Website nur schnelle Eindrücke sammelt, oder ob er detaillierte Inhalte erfasst. Zusätzlich lässt sich außerdem die Pupillenreaktion beobachten. Sie gibt Hinweise zum Ausmaß der Aktivierung des Probanden. Eine hohe Aktivierung schafft hohe Aufmerksamkeit und weist auf starke Informationsverarbeitung hin. Da der Mensch die

Bewegung seines Blicks nur bedingt kontrollieren kann, werden mit dieser Methode auch unterbewusste Prozesse beobachtet. Störeffekte wie die soziale Erwünschtheit lassen sich dadurch minimieren. Zudem verhalten sich die Probanden besonders bei längeren Messungen sehr authentisch, da sie die Beobachtung nicht bemerken. Denn eine moderne Eye-Tracking-Hardware unterscheidet sich heute kaum noch von einem herkömmlichen TFT-Monitor. Die Probanden müssen keine Messeinrichtungen mehr am Kopf befestigt bekommen und können sich vor dem Monitor frei bewegen. Die Messung wird sogar dann ohne erneute Kalibrierung weitergeführt, wenn der Proband eine Zeit lang seinen Blick von dem Monitor abwendet. Da Eye-Tracking-Systeme den Blickfokus aufzeichnen, der Mensch aber auch Dinge wahrnimmt, die sich nicht direkt im Fokus seines Blicks befinden, kann nicht mit Sicherheit davon ausgegangen werden, dass der fokussierte Bereich auch tatsächlich der wahrgenommene Bereich ist. Die korrekte Auswertung von Eye-Trackings ist sehr schwierig und kann nur von einem entsprechend ausgebildeten Experten vorgenommen werden; zum Beispiel bei einem Eye-Tracking der sehr wichtigen Orientierungsphase, den ersten zehn Sekunden, in denen ein Proband eine Website betrachtet. Um nicht jeden Pixel einzeln zu analysieren, sondern um zu sinnvollen Ergebnissen zu gelangen, wird das getestete Layout der Website zunächst in so genannte *Areas of Interest* unterteilt, gestalterisch und inhaltlich zusammenhängende Bereiche, wie

Moderne Eye-Tracking-Systeme, wie das Modell 1750 der Firma Tobii, unterscheiden sich heute kaum mehr von herkömmlichen TFT-Bildschirmen.

beispielsweise die Navigation, verschiedene Teaser oder eine Produktauswahl. Sie bilden die Basis für alle Analysen. So zum Beispiel die Durchdringung, das heißt, von welchem Anteil der Probanden welche *Areas of Interest* in der Orientierungsphase überhaupt gesehen werden. Die durchschnittliche Anzahl der Fixationen in den ersten zehn Sekunden gibt in der Regel einen Hinweis auf die Bereiche, die bei den Probanden besondere Aufmerksamkeit oder besonderes Interesse wecken. Für die Auswertung der Bindung zu bestimmten *Areas of Interest* ist die durchschnittliche Anzahl der Refixationen wichtig, also die Häufigkeit, mit der der Blick der Probanden wieder auf einen Bereich gelenkt wird, nachdem zwischendurch ein anderer Bereich betrachtet wurde. Aufmerksamkeit und Interesse an bestimmten Bereichen des Layouts werden auch durch die Blickdauer, also die Summe der Fixationszeiten deutlich. Die durchschnittliche Länge einer Fixation in einer *Area of Interest* sagt aus, wie komplex die darin enthaltenen Informationen für die Probanden sind. Je länger eine Fixation dauert, desto schwieriger ist die betrachtete Information für den Nutzer zu erkennen oder zu verstehen. Schließlich ist der durchschnittliche Blickverlauf eine sehr wichtige Messung bei einem Eye-Tracking, da er zeigt, in welcher Reihenfolge die Informationen von den Probanden erfasst werden. Um Fehlinterpretationen auszuschließen und um möglichst eindeutige Ergebnisse zu erhalten, wird das Eye-Tracking häufig mit dem lauten Denken kombiniert, was allerdings auch die mit dem lauten Denken verbundenen Nachteile mit sich bringt.

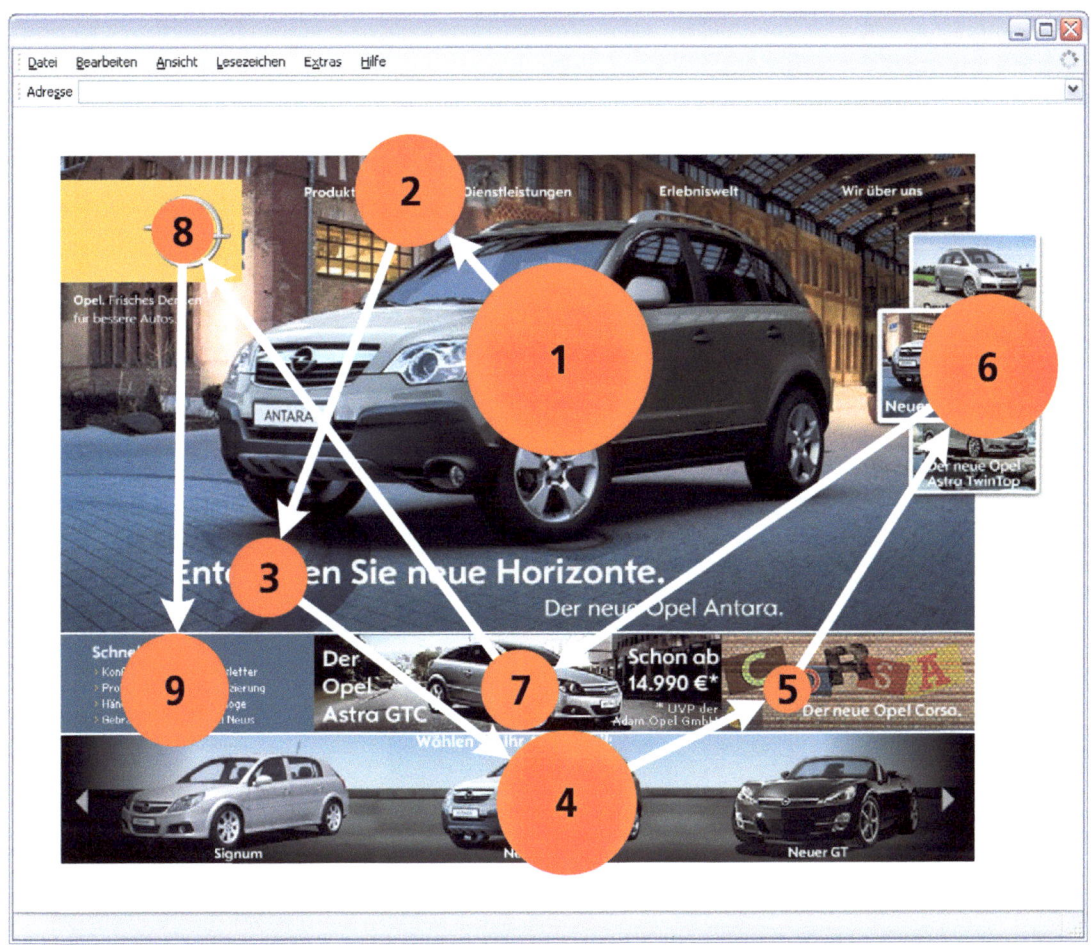

Eine der zahlreichen Möglichkeiten, wie eine Evaluation mittels Eye-Tracking ausgewertet werden kann. Dargestellt ist der durchschnittliche Blickverlauf aller Probanden während der ersten zehn Sekunden, in denen sie die Website betrachten. Jeder orangefarbene Punkt steht für eine Area of Interest (der Punkt mit der Nummer 2 steht beispielsweise für die gesamte Hauptnavigation). Die Größe eines Punktes gibt an, wie lange der Nutzer in diesen Bereich geblickt hat, die Zahlen in den Punkten geben Auskunft über die Reihenfolge, in der die Areas of Interest betrachtet werden.

Zukunft

Noch immer entwickelt sich das World Wide Web stetig weiter. Nicht mehr ganz so schnell wie noch vor einigen Jahren, aber dafür um so nachhaltiger. Wurde es zunächst vor allem mit Desktop-Computern und mit Laptops genutzt, greifen heute immer mehr Menschen auf die im WWW angebotenen Inhalte und Services mit mobilen Endgeräten wie einem PDA oder einem Handy zu. Sowohl die geringe Größe der Eingabeelemente, als auch der sehr beschränkte für die Datenausgabe zur Verfügung stehende Platz stellen hohe Anforderungen an die Konzeption der damit nutzbaren interaktiven Anwendungen. Zusätzlich werden immer mehr ehemals separate mobile Geräte zu einem einzelnen zusammengeführt, so dass die Menge der darauf darzustellenden Informationen und Interaktionen schon heute eine nur noch schwer zu handhabende Menge erreicht hat.

Gleichzeitig ist eine entgegengesetzte Entwicklung festzustellen. Immer mehr Kleinstgeräte mit zum Teil sehr niederkomplexen Funktionen werden einzeln mit dem World Wide Web und miteinander verbunden, meist drahtlos. Sie integrieren sich so in Alltag der Menschen, dass sie dort kaum noch bewusst wahrgenommen werden. Dennoch muss eine uneingeschränkte Interaktion mit ihnen gewährleistet werden.

Bisher stehen die Funktionalitäten, die dem Nutzer auf Websites angeboten werden, in einem engen Zusammenhang mit den dort dargestellten Inhalten. Auf einer Automobilwebsite kann sich der Nutzer ein Fahrzeug zusammenstellen, auf der Website einer Bank kann der Nutzer seine Konten und Depots verwalten. Im World Wide Web stehen dem Nutzer seit einiger Zeit jedoch auch autonome Anwendungen zur Verfügung, mit denen er Texte editieren, Tabellen kalkulieren und sogar Fotos bearbeiten kann – Tätigkeiten, die bis vor kurzem nur mit lokal installierter Software möglich sind.

Mit diesen und vielen anderen Entwicklungen verändert sich die Arbeit von Informationsarchitekten und erweitern sich ihre Aufgabenfelder schon heute und besonders in der Zukunft.

Autonome webbasierte Anwendungen

Lange Zeit wird das World Wide Web nahezu ausschließlich dazu genutzt, bestimmten Nutzergruppen bestimmte, vorrangig textliche Informationen zur Verfügung zu stellen. Doch bereits die ersten Ideen von Tim Berners-Lee, der das WWW Ende der 1980er Jahre entwickelt, sehen neben der bloßen Präsentation von Dokumenten auch deren Bearbeitung durch mehrere verschiedene Nutzer vor. Über die letzten Jahre hat sich nach und nach eine große Zahl sehr unterschiedlicher so genannter Webservices entwickelt, die eine zunehmend umfangreichere Bearbeitung digitaler Dokumente im WWW ermöglichen. Webservices zeichnen sich dadurch aus, dass die eigentliche Anwendung auf einem zentralen Server betrieben wird, während der Webbrowser nur noch für die Darstellung des User Interfaces genutzt wird. Dale Dougherty, der Vice President des O'Reilly-Verlags und Graig Cline von MediaLive International entwickeln Anfang 2004 während der Vorbereitung einer Konferenz den Begriff Web 2.0, um damit das World Wide Web nach der dotcom-Krise Ende 2001 zu beschreiben. Den Unterschied zum Web 1.0 sieht Dougherty in den „exciting new applications", bei denen die Nutzer an der Gestaltung der Inhalte maßgeblich mitwirken. Eines der wichtigsten Prinzipien von Web 2.0 lautet daher: „The service automatically gets better the more people use it." (O'Reilly 2005) Nach dieser Definition ist vor allem so genannte Social Software für das Web 2.0 charakteristisch. Als Beispiele für Websites der ersten Generation nennt Dougherty *Britannica Online* und *Ofoto*, im Gegensatz dazu sind seiner Meinung nach Webservices der zweiten Generation *Wikipedia* und *Flickr*. Der Begriff Web 2.0 ist recht missverständlich, da zum einen die Veränderungen weniger das World Wide Web an sich betreffen, sondern vor allem die dort den Nutzern angebotenen interaktiven Anwendungen. Zum anderen erinnert die Versionsnummer in dem Begriff an ein Software-Update, das an einem bestimmten Termin veröffentlicht wird; die Verbreitung von Social Software ist jedoch ein seit bereits mehreren Jahren andauernder, kontinuierlicher Prozess.

Vermutlich nicht zuletzt dadurch wird der Begriff heute, aller Versuche einer eindeutigen Definition durch Tim O'Reilly zum Trotz, relativ beliebig für völlig verschiedene Arten von Webservices verwendet.

Neben der Zunahme von Webservices im Allgemeinen und besonders von Social Software im WWW ist eine weitere Entwicklung zu beobachten, die einen großen Einfluss auf die Arbeit von Informationsarchitekten hat. Die meisten der heutigen Webservices bieten in der Regel nur solche Funktionen an, die sich direkt auf die Inhalte einer bestimmten Website beziehen. Mit diesen Funktionen können Dokumente nur in einer ganz bestimmten Art und Weise auf ein ganz bestimmtes Ziel hin bearbeitet werden. Die so erstellten Arbeitsergebnisse werden in der Regel auf einem Server der Website gespeichert und können nur über die Website wieder aufgerufen und weiterbearbeitet werden. In letzter Zeit aber werden im World Wide Web immer mehr völlig eigenständige Applikationen angeboten, mit denen Daten frei und unabhängig bearbeitet werden können. Die Arbeitsergebnisse dieser Anwendungen können zum großen Teil auch lokal, beispielsweise auf der Festplatte eines Computers, gespeichert werden. Vielfach sind sie kompatibel zu anderen verbreiteten Programmen und können daher auch ohne Anbindung an das WWW weiterbearbeitet werden. Die Mehrzahl der autonomen webbasierten Anwendungen stellt zurzeit noch eine bloße Kopie von bereits bekannten Programmen dar, deren Funktionsumfang im Gegensatz zu dem jeweiligen Original häufig stark verringert ist. Die größte Auswahl hat der Nutzer derzeit bei Office-Anwendungen. So gibt es zahlreiche webbasierte Textverarbeitungsprogramme. Eines der ersten stammt von der von Claudia Carpenter, Steve Newman und Sam Schillace gegründeten Firma *Upstartle* und trägt den Namen *Writely*. Seit März 2006 gehört *Upstartle* zu *Google*. Weitere solche Programme sind *ajaxWrite*, das ebenfalls im März 2006 von *Ajax 13 Inc.* veröffentlicht wird und *Zoho Write* der Firma *AdventNet*. Mit diesen Applikationen können alle Textformate der gängigen Office-Anwendungen geöffnet, bearbeitet und gespeichert werden. Die üblichen Formate für Tabellenkalkulationsprogramme verarbeiten Anwendungen wie zum Beispiel *iRow* und *ajaxXLS*. Präsentationen der Office-Programme verschiedener Anbieter können mit *Zoho Show* importiert und bearbeitet werden. Im Mai 2006 steht schließlich die erste öffentliche Version des von Chris Kohlhardt und Clint Dickson entwickelten Programms *gliffy* den Nutzern des WWW zur Verfügung. Mit *gliffy* lassen sich Diagramme und Flow Charts zeichnen, wie sie auch von Informationsarchitekten verwendet werden. Eine umfangreiche Bibliothek mit verschiedenen Vorlagen steht zur Verfügung. Sogar Fotos lassen sich online bearbeiten, zum Beispiel mit dem Image Editor auf der Website des amerikanischen Handy-Shops Cellsea.

Die Vorteile von autonomen webbasierten Anwendungen gegenüber ihren lokal installierten Pendants bestehen für den Nutzer heute vor allem in der ständigen Verfügbarkeit der Anwendungen an jedem Ort der Welt, an dem es einen Zugang zum WWW gibt. Dass das User Interface von der eigentlichen Anwendung getrennt ist, ermöglicht die Nutzung einer Anwendung mit völlig unterschiedlichen Browsern und damit durch eine große Zahl verschiedener Endgeräte. Durch eine schon heute zur Verfügung stehende, mehr oder weniger umfangreiche Rechteverwaltung können Dokumente von mehreren verschiedenen Personen bearbeitet werden, teilweise sogar gleichzeitig. In Zukunft besteht die Aufgabe von Informationsarchitekten immer mehr darin, autonome webbasierte Applikationen so zu konzipieren, dass sie mit möglichst vielen verschiedenen Endgeräten genutzt werden können. Welche Vorteile der Nutzer darüber hinaus aus der Integration interaktiver Anwendungen in das World Wide Web ziehen kann, ist außerdem zu beantworten.

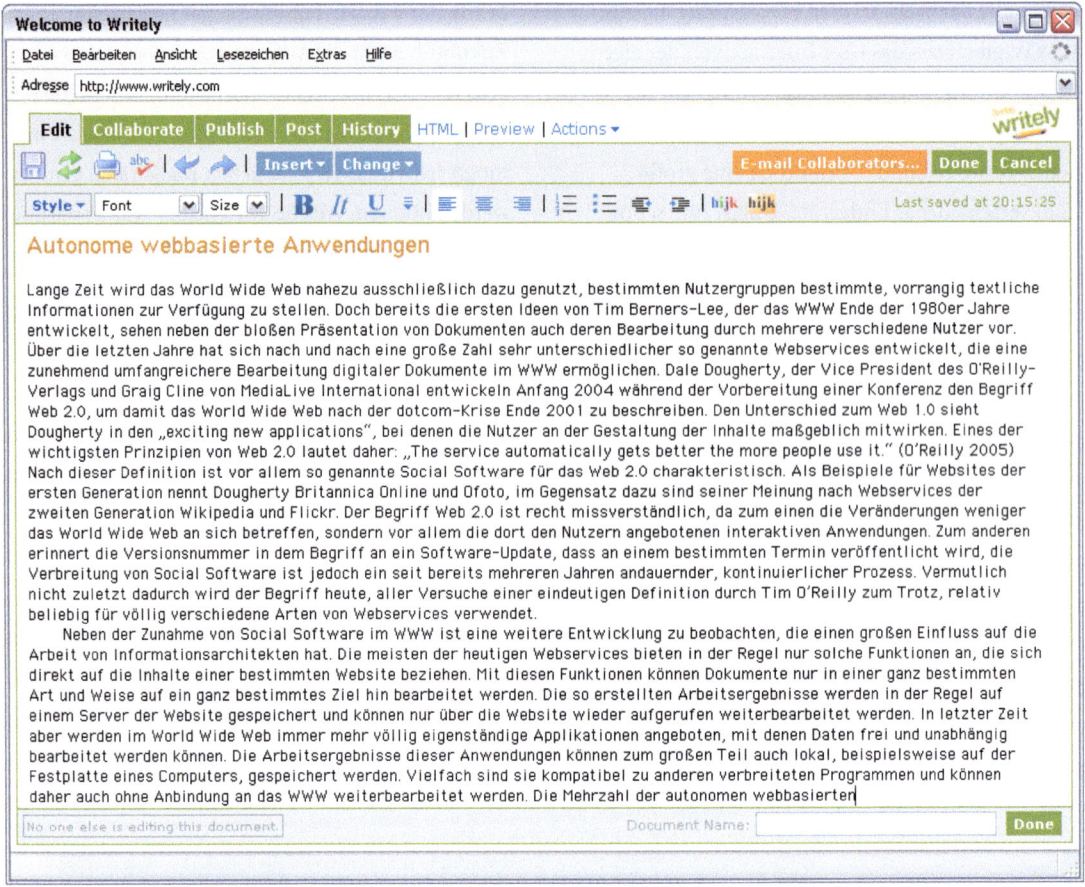

Die webbasierte Textverarbeitungsanwendung Writely bietet zahlreiche Formatierungsmöglichkeiten an. Die auf einem Server gespeicherten Dokumente lassen sich von mehreren Personen gleichzeitig bearbeiten, die Arbeitsergebnisse können in einer Vielzahl verschiedener Textformate gespeichert werden.

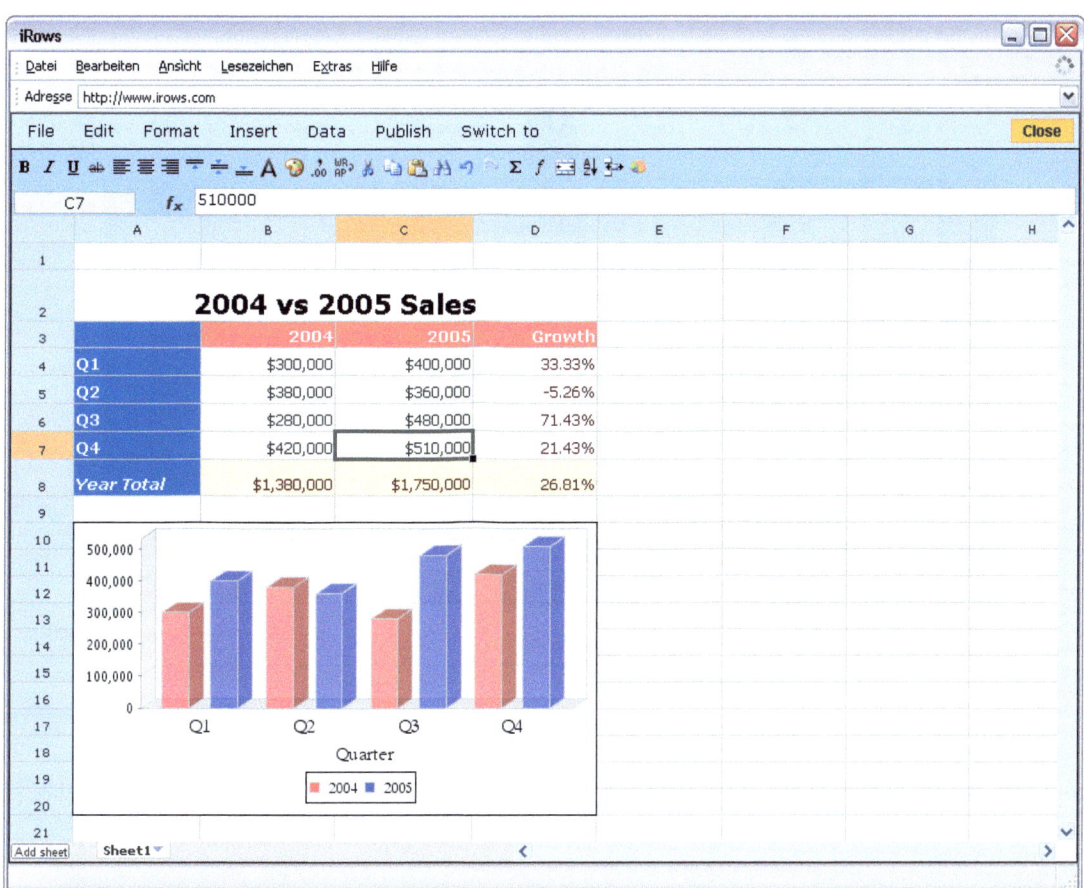

Die konzeptionelle Ähnlichkeit von iRow mit dem Tabellenkalkulations-Klassiker Microsoft Excel ist nicht nur äußerlich offensichtlich. Auch die Bedienung ist nahezu identisch. Daneben beherrscht es außerdem den Im- und Export von Excel-Dateien.

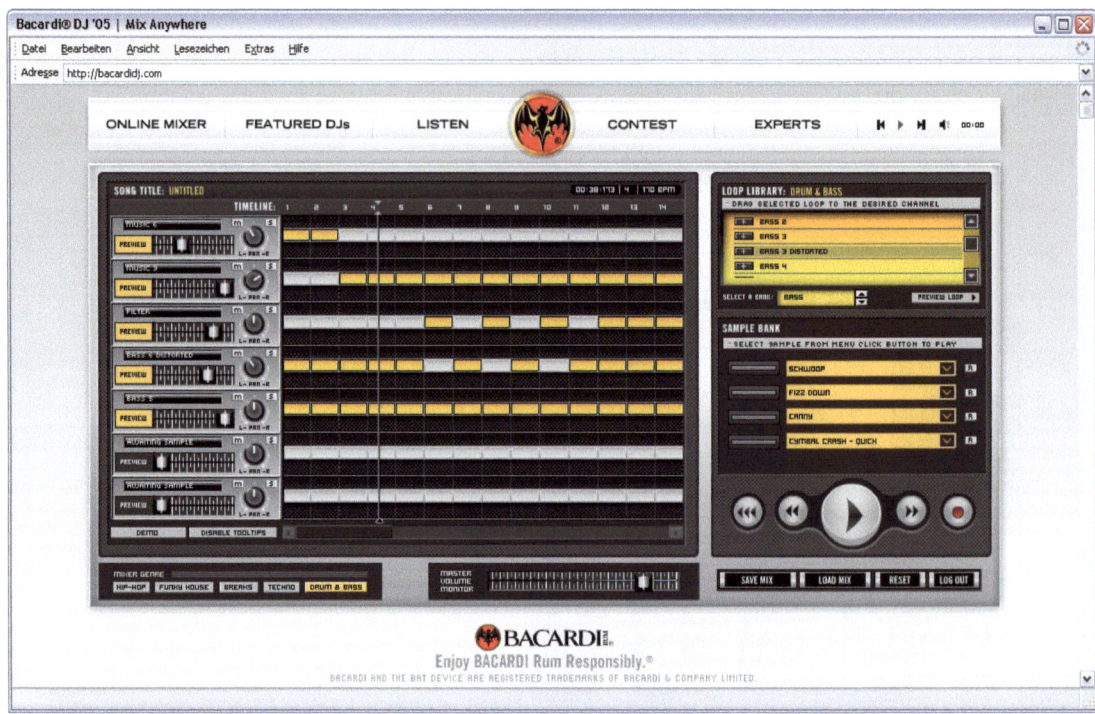

Auf einer Microsite des Rum-Herstellers Bacardi kann der Nutzer mit einer Musik-Software eigene Titel erstellen und abspeichern.

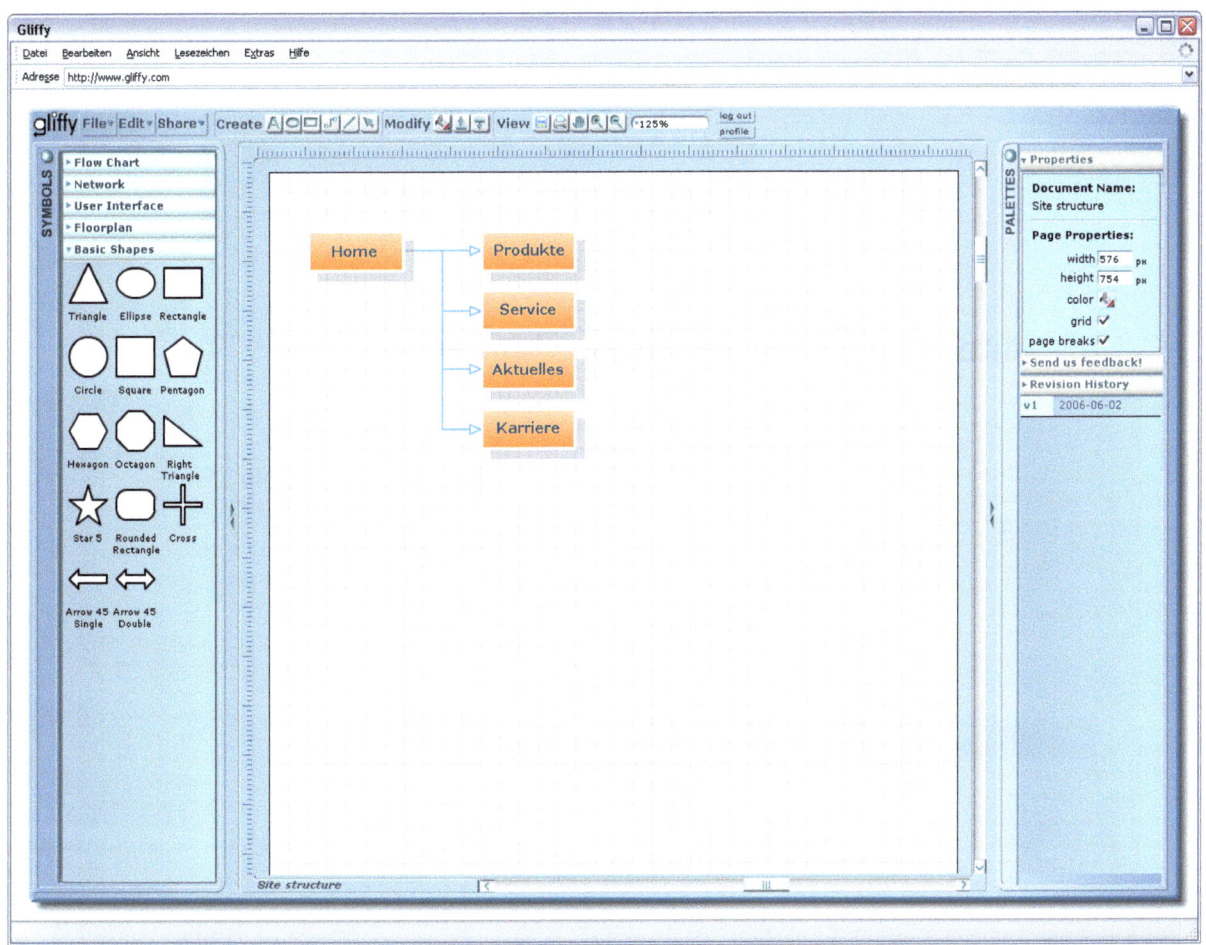

Mit der webbasierten Anwendung gliffy können komplexe Flussdiagramme und Website-Strukturen gezeichnet werden. Ein Export in die entsprechenden Formate der gängigen lokalen Anwendungen ist möglich.

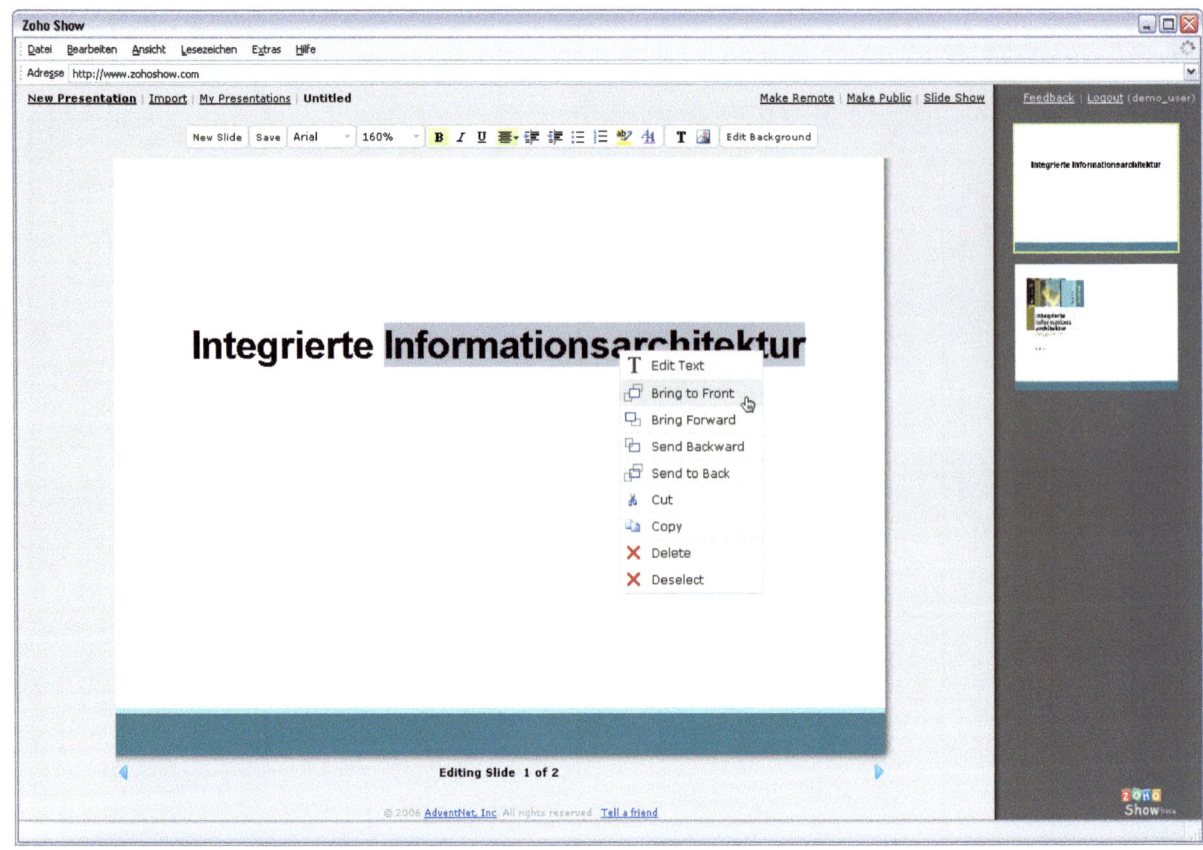

Kaum Einschränkungen gegenüber den entsprechenden Office Programmen verschiedener Hersteller hat die Anwendung Zoho Show, mit der ein Nutzer beliebige Präsentationen aus Texten, Bilddateien und verschiedenen Animationen zusammenstellen kann, um diese dann in den gängigen Formaten zu speichern.

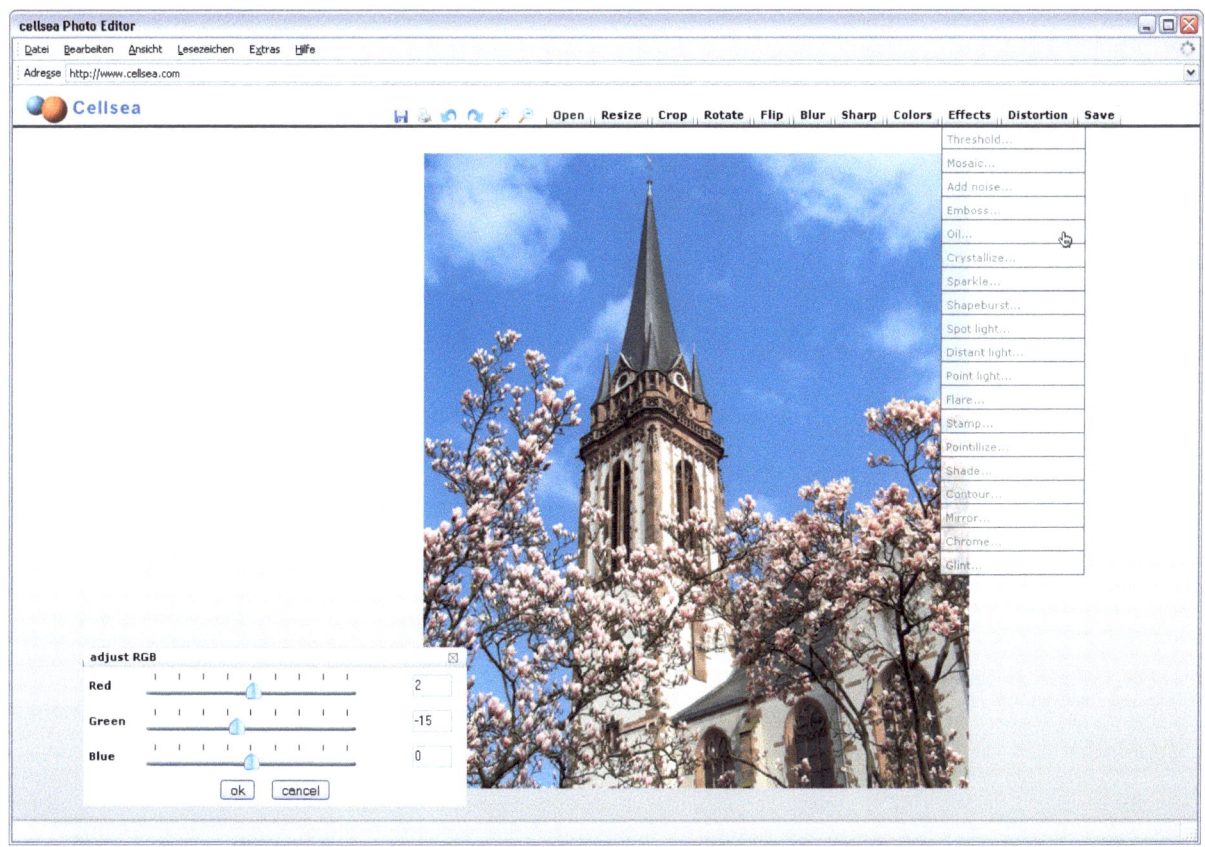

Der Photo Editor auf der Website des Handy-Shops Cellsea bietet umfangreiche Funktionen und Filter zur Bearbeitung von bis zu 2MB großen Bilddateien, die anschließend in zahlreichen Bildformaten gespeichert werden können.

Ubiquitous Computing / Persuasive Computing

Der Begriff *Ubiquitous Computing* (dt.: allgegenwärtige Informationstechnologie) beschreibt die drahtlose Vernetzung zahlloser kleinster Computer, die in verschiedenen Alltagsgegenständen mehr oder weniger unsichtbar integriert sind, um dem Nutzer sein Leben auf möglichst zurückhaltende Art zu erleichtern. Er wird auf Mark Weiser, den ehemaligen Chief Technologist des Xerox Palo Alto Research Center zurückgeführt. In dem Aufsatz *The Computer for the 21st Century,* der im September 1991 im *Scientific American Magazine* veröffentlicht wird, beschreibt er seine Vision des Computers der Zukunft. Nach der Ansicht Weisers ist das Konzept des Personal Computers an sich eine Fehlplanung. Denn eigentlich möchte der Mensch nicht, dass sein Arbeits- oder Lebensmittelpunkt ein Computerarbeitsplatz ist. Er nimmt zwar gerne die Hilfe moderner Technologie in Anspruch, hat aber das Bedürfnis, dass sich diese Technologie nahezu unsichtbar in seinen Alltag integriert. Obwohl es vor fünfzehn Jahren die entsprechende Hardware noch nicht gibt, ist sich Weiser in seinem Aufsatz sicher, dass diese in den nächsten Jahren entwickelt wird. Er verweist dabei auf die Entwicklung des Elektromotors. Dort, wo zu Beginn des letzten Jahrhunderts in einer Fabrik ein einziger Motor über verschiedene Wellen und Antriebsriemen hunderte Maschinen bewegt hat, verrichten heute in jeder einzelnen Maschine gleich mehrere kleine, vergleichsweise billige Motoren die Arbeit. Daher sind nach Meinung Weisers primär konzeptionelle Aufgaben zu lösen, um diese Technologie sinnvoll zu nutzen. Dazu möchte er zunächst die etablierte Vorstellung von einem Computer bei den Menschen verändern: „Therefore we are trying to conceive a new way of thinking about computers in the world, one that takes into account the natural human environment and allows the computers themselves to vanish into the background." (Weiser 1991) Weiser grenzt seine Vision klar gegen zwei andere Anfang der 1990er Jahre populäre Vorstellungen von dem Computer der Zukunft ab. So definiert er *Ubiquitous Computing* als das Gegenteil der *Virtual Reality*. Während *Ubiquitous*

Computing das Ziel hat, Computer in der alltäglichen Welt des Menschen zu integrieren, so dass sie kaum noch wahrgenommen werden, ist die *Virtual Reality* der Versuch, das alltägliche Leben des Menschen in einem Computer zu simulieren, so dass kaum mehr ein Unterschied wahrgenommen wird. Und obwohl *Ubiquitous Computing* häufig equivalent zur *Ambient Intelligence* verwendet wird, unterscheidet Weiser auch hier. Denn *Ubiquitous Computing* macht in seinen Augen künstliche Intelligenz überflüssig: „No revolution in artificial intelligence is needed – just the proper imbedding of computers into the everday world." (Weiser 1991) Es kommt lediglich auf die Menge der Minicomputer an und darauf, dass diese ihre Informationen selbständig und drahtlos austauschen. Weiser geht dabei von mehreren hundert Computern in einem typischen Wohnraum aus. Wenn diese Computer lediglich ihre Position zueinander kommunizieren, können schon daraus zahlreiche für den Menschen hilfreiche automatische Aktionen abgeleitet werden.

Smart Homes

Eine der Elektronikfirmen, die sich als erste mit der Integration ihrer vor allem im Haushalt vorhandenen Produkte in die alltägliche Welt ihrer Nutzer intensiv beschäftigt, ist Philips. Im Jahr 1992, zu einer Zeit, in der ein möglichst repräsentatives TV-Audio-Möbel der Mittelpunkt eines jeden gut ausgestatteten Wohnzimmers ist, entsteht die Studie *bookshelf audio*. Sie ist eine Musikanlage, deren einzelne Komponenten der Form und Größe gebundener Bücher angepasst ist, ohne diese allerdings zu imitieren. In einem Bücherregal aufgestellt, tritt diese Anlage zwischen den Büchern in den Hintergrund, verbirgt ihre Funktion aber nicht. (Marzano 1998) Es folgen zahlreiche weitere Studien, wie zum Beispiel *intuition*, ein kabelloses Lautsprechersystem aus weißem Porzellan, das sich dem Geschirr auf einem Esstisch optisch unterordnet, oder im Rahmen des Projekts *new objects, new media, old walls* ein Tablett mit integriertem Touchscreen, mit dem das Geschirr in das Esszimmer getragen wird, um darauf anschließend Internet-Anwendungen auszuführen. Dieser Entwurf thematisiert die zu dieser Zeit sehr vordergründige Präsenz des Monitors, die auch Weiser als das Hauptproblem herkömmlicher Computer betrachtet: „Today's multimedia machine makes the computer screen into a demanding focus of attention rather than allowing it to fade into the background." (Weiser 1991) Heute sind die noch vor wenigen Jahren weit verbreiteten Röhrenmonitore beinahe vollständig von LCDs abgelöst worden. Daher ist eine Integration in bereits vorhandene Produkte und Einrichtungsgegenstände mittlerweile auch tatsächlich sehr viel einfacher möglich. Eines der ersten Haushaltsprodukte mit integrierter Internettechnologie ist der Kühlschrank. Im Jahr 2000 präsentiert die Firma LG den *Internet Refrigerator*. In eine der Türen dieses Side-By-Side-Kühlschranks sind ein 15"-Touchscreen, Kamera, Mikrofon und Lautsprecher eingebaut sowie ein Computer mit 20GB-Festplatte und TV-Tuner. Damit kann der Nutzer jede beliebige Website aufrufen, fernsehen, oder verschiedene Programme, beispielsweise einen Terminkalender, ein Fotoalbum oder einen mp3-Player, nutzen. Ähnliche Produkte anderer Hersteller, wie der Screenfridge von Electrolux, folgten. Noch sehr viel mehr in den heimischen Hintergrund rückt das auch *Smart Mirror* genannte *Mirror Display* der Firma Philips. Lange Zeit existiert es nur als Studie in dem Versuchslabor *HomeLab*, aber mittlerweile wird es für den freien Markt produziert. Dieser Monitor ist hinter einem halbdurchsichtigen Spiegel angebracht. Ist er ausgeschaltet, hat der Nutzer einen gewöhnlichen Spiegel vor sich. Einmal eingeschaltet wird das vom Monitor erzeugte Bild durch den Spiegel sichtbar, da dieser in einer Richtung für fast 100% des Lichts durchlässig ist. So kann sich der Nutzer beispielsweise morgens beim Rasieren seinen Terminkalender, den aktuellen Wetterbericht oder den Stadtplan mit den neuesten Staumeldungen auf dem Weg zu seiner Arbeit anschauen. Die Entwickler des *Mirror Display* halten einen Spiegel für besonders geeignet, im Sinne des *Ubiquitous Computing* Informationen abzubilden, da der Spiegel das älteste bekannte Objekt der Menschen ist, mit dem sie ein visuelles Feedback erhalten. (Aarts u. Marzano 2003) Für Gottfried Dutine, den CEO von Philips Consumer Electronics, ist das *Mirror Display* „ein frühes Beispiel von Philips Vision der ambienten Intelligenz, in der die Technik in die Umgebung eingebettet und einfach zu verwenden ist." (Philips 2003)

Dass digitale Daten nicht immer nur mit hochentwickelter Technik sichtbar gemacht werden müssen, sondern dass sich beispielsweise auch der morgendliche Frühstückstoast als Monitor für Informationen aus dem WWW eignet, demonstriert der britische Student Robin Southgate im Juni 2001. Im Rahmen seiner Abschlussarbeit im Studiengang Industrial Design an der Brunel University entwickelt er einen Toaster, der die aktuelle Wettervorhersage mit einem Symbol einer Sonne, einer Wolke oder einer Wolke mit Regentropfen auf eine Scheibe Brot toastet. Die notwendigen Daten erhält der Toaster über ein integriertes Modem, das sich über eine Freecall-Nummer ins WWW einwählt und von einer Wetter-Website die neueste Vorhersage abruft, sobald eine frische Scheibe Brot in den Toaster gesteckt wird. Je nach Vorhersage wird eine von drei Schablonen für etwa zwanzig Sekunden zwischen Heizspiralen und Brotscheibe gebracht. Die Schablone hält, abgesehen von einer Aussparung in Form des entsprechenden Symbols, die Hitze vom Brot fern, so dass das Symbol sichtbar dunkler getoastet wird. Nach Aussage von Southgate ist es technisch ohne weiteres möglich, mit prinzipiell demselben Verfahren mit einer Gittermatrix auch lesbare Schrift, beispielsweise den Text einer durch ein integriertes Handy empfangenen SMS, auf jedes beliebige Brot zu toasten.

Interactive Clothing

Schon in ein oder zwei Jahren habe flexible, hauchdünne Foliendisplays die Marktreife erreicht. Diese können zusammen mit winzigen Computern in Kleidungsstücke eingenäht werden, die über in das

Eine Jacke der Firma KENPO mit Tasten aus dem Smart fabric ElekTex zur Bedienung eines iPod Mini. Der iPod wird in einer Innentasche der Jacke getragen und an die Jacke angeschlossen, die wichtigsten Funktionen können über die Stofftasten ausgewählt werden. Das elektrisch leitfähige Gewebe ist robust und waschbar wie jeder herkömmliche Stoff für Oberbekleidung und fühlt sich beim Tragen nicht anders an.

Gewebe integrierte Tasten bedient werden, wie Philips mit der Studie *New Nomads* in dem Jahr 2000 zeigt. Dieses Beispiel demonstriert außerdem wie schnell der technische Fortschritt mittlerweile ist. Denn noch im selben Jahr werden von der Firma Eleksen auf verschiedenen Messen bereits funktionierende Prototypen von *ElekTex*, einem waschbaren, atmungsaktiven und elektrisch leitfähigen Gewebe vorgestellt. Damit lassen sich beispielsweise Tasten aus Stoff herstellen, die auf Kleidungsstücken angebracht sind und mit denen elektrische Geräte gesteuert werden können. Bereits heute sind von verschiedenen Herstellern Jacken mit einem Tastenfeld aus *ElekTex* erhältlich, mit denen mp3-Player bedient werden können, die in der Innentasche der Jacke getragen werden. Inzwischen wird ein ähnliches Produkt von der Firma Interactive Wear, ein Management Buy Out der Philips-Tochter Infineon, angeboten. Damit hergestellte Skijacken besitzen eine Stofftastatur zur Bedienung eines Handys sowie eine Notfalltaste, die bei einem Skiunfall oder einem Unglück über das Handy einen Notruf absendet und gleichzeitig die genauen Koordinaten des Aufenthaltsorts mitteilt, die durch eine in der Schulterklappe der Jacke integrierte GPS-Antenne ermittelt werden. Für einen Informationsarchitekten stellt sich in diesem Zusammenhang beispielsweise die Aufgabe, wie bei einer interaktiven Skijacke eine Sicherheitsabfrage für das Auslösen des Notrufs aussieht, damit nicht die Bergwacht mit einem Hubschrauber aufsteigt, nur weil man von seinem Freund oder seiner Freundin zu fest umarmt wurde. Oder wie zum Beispiel an der Jacke angezeigt wird, ob der Träger gerade Musik hört, telefoniert, oder ob er ansprechbar ist, wenn kein Handy, das an das Ohr gehaltenen wird, und kein Kopfhörerkabel, das vom iPod in der Hosentasche bis zum Kopf baumelt, einen Hinweis darauf gibt.

Zurzeit werden Kleidungsstücke entwickelt, die die Körperfunktionen eines Leistungssportlers oder eines herzkranken Menschen messen und anzeigen. Gleichzeitig wird daran geforscht, die Energie zur Versorgung der an die interaktiven Kleidungsstücke angeschlossenen elektrischen Geräte aus der Körperwärme des Trägers zu gewinnen.

RFID

Von der Industrie wird eine Zeit lang der Begriff *Persuasive Computing* (dt.: alles durchdringende Informationstechnologie) favorisiert. Er meint prinzipiell das gleiche wie *Ubiquitous Computing*, wird aber vor allem im Zusammenhang mit einer bestimmten Technologie, der *Radio Frequency Identification (RFID)* verwendet. Im Mittelpunkt dieser Technologie stehen die so genannten *RFID*-Transponder, in der Regel hauchdünne Metallspiralen, in deren Mitte sich ein Mikrochip befindet. Diese können auf nahezu jedem beliebigen Produkt angebracht oder in diesem integriert werden, beispielsweise in dem Kunststoffgehäuse eines Elektrogerätes. Um die in dem Mikrochip des Transponders gespeicherten Informationen auszulesen, wird er von einem so genannten Reader mit elektromagnetischen Wellen bestrahlt. Der RFID-Chip sendet diese dann zusammen mit den gespeicherten Daten zurück an das Lesegerät. Jeder RFID-Chip enthält einen 96-Bit Code, den so genannten *Electronic Product Code (EPC)*. Da dieser Code einmalig ist, können mit ihm beliebig viele Daten verknüpft werden, die der Reader von einer Datenbank abruft, sobald er einen RFID-Chip ausgelesen hat. Der Reader kann außerdem der Datenbank bestimmte Informationen hinzufügen. Diese Technologie kommt der Vision Weisers schon recht nahe, teilweise geht sie sogar darüber hinaus. Führend in der Erforschung der industriellen Nutzung von RFID-Chips ist das 1999 gegründete und in Massachusetts ansässige *Auto-ID Center*, das eng mit dem dortigen MIT zusammenarbeitet. Über fünfzig der größten, weltweit agierenden Konsumgüter-Produzenten unterstützen das Center. Laut Broschüre des *Auto-ID Center* ist das Ziel dieser Zusammenarbeit „eine Welt, in der jeder produzierte Gegenstand durch preiswerte RFID-Transponder gekennzeichnet werden kann und sich sein Aufenthaltsort mit Hilfe eines einzigen globalen Netzwerks über Unternehmens- und Ländergrenzen hinweg bestimmen lässt." (Auto-ID 2003) Die Voraussetzungen dazu beschreibt Dirk Heyman, der Global Head of Life Science & Consumer Product Industries bei Sun Microsystems: „In der nahen Zukunft wird jedes einzelne Objekt durch eine kontaktlose Adresse und ein individuelles Identifikationskennzeichen mit dem Internet verbunden sein." (Auto-ID 2003) Im November 2003 beendet das *Auto-ID Center* seine Arbeit und übergibt alle

Forschungsergebnisse an *EPCglobal*, ein Joint Venture des Europäischen Industriekonsortium *EAN International*, das unter anderem für die Entwicklung von Identifikationssystemen wie dem von Lebensmittelverpackungen bekannten Strichcode verantwortlich ist, und seinem amerikanischen Pendant *Uniform Code Council (UCC)*.

Die RFID-Technologie wird kontrovers diskutiert. Weniger die Technologie an sich, sondern vor allem die Art, wie sie eingesetzt wird, ist stark umstritten. Denn die gleichen Informationen, die benötigt werden, um einen Menschen in seinem Alltag für ihn unbemerkt zu unterstützen, können auch dafür verwendet werden, um unbemerkt ein Verhaltensprofil über ihn zu erstellen, wenn mit einem RFID-Chip versehene Produkte mit einem bestimmten Menschen in Verbindung gebracht werden können. Dass auch das für den Menschen unbemerkt geschehen kann, zeigt ein im *Auto-ID Center* getestetes Szenario. Mit RFID-Chips ausgestattete Rasierklingenpackungen werden in einem Supermarkt in einem so genannten *Smart shelf* angeboten, das mit einem Reader und einer Kamera ausgestattet ist. Entnimmt ein Kunde mehr als zwei Packungen gleichzeitig, wird das vom Reader registriert. Dieser löst daraufhin die Kamera aus, und es wird ein Foto von dem Kunden macht, ohne dass dieser etwas bemerkt. Ein zweites, ebensolches System an der Kasse eines Supermarktes fotografiert den Kunden ein weiteres Mal, wenn dieser die Ware bezahlt. Die am Regal und an der Kasse gemachten Fotos werden automatisch gegeneinander abgeglichen und übereinstimmende Bilder gelöscht. So liegen am Ende des Tages die Fotografien der Kunden vor, die mehr als zwei Packungen Rasierklingen aus dem Regal genommen, aber an der Kasse nicht bezahlt haben, von denen daher vermutet wird, sie hätten die Rasierklingen gestohlen.

Es gibt jedoch auch zahlreiche Beispiele für einen Einsatz von RFID-Chips, der mehrheitlich positiv bewertet wird. So hat die Firma Cisco in mehreren Krankenhäusern ein System installiert, mit dem sich Rollstühle, die mit einem RFID-Chip ausgestattet sind, lokalisieren lassen. „Falsch abgestellte Rollstühle sind ein bekanntes Problem in jedem Krankenhaus. Die Suche dauerte früher viel zu lange. Bares Geld kostete oft genug auch verloren geglaubtes Inventar. Weil das Personal mit dem Equipment beschäftigt war, konnte es sich zudem nicht ausreichend um die Patienten kümmern", beschreibt Nancy Radcliff, Director of Customer Service, Patient Relations and Pastoral Care am Bronson Methodist Hospital, die Ausgangssituation. „Dank Cisco Location-Based Services müssen nicht mehr drei unserer Mitarbeiter mehrere Stunden pro Woche mit der Suche nach Rollstühlen verbringen. Sie konzentrieren sich stattdessen auf eine intensivere Betreuung der Patienten, denen lange Wartezeiten heute erspart bleiben." (Cisco 2005) Dazu visualisiert das System den aktuellen Standort für jeden Rollstuhl in grafisch aufbereiteten Etagenplänen, auf denen er bequem abgelesen werden kann.

Die Töpfe und Pfannen des amerikanischen Herstellers Vitacraft werden zusammen mit

Rezeptkarten verkauft, in die ein RFID-Chip integriert ist. In den Griffen der Pfannen befindet sich ebenfalls ein solcher Chip und zusätzlich ein RFID-Reader. Um ein Gericht nach Rezept zu kochen, bereitet der Nutzer alle Zutaten vor und füllt sie in einen Topf oder eine Pfanne. Anschließend hält der Nutzer die Rezeptkarte einfach unter den Griff. Dieser sendet daraufhin Daten zur Temperatur und zur Gardauer an den Herd, der ebenfalls mit einem RFID-Reader ausgestattet ist.

Um weitere, von der Gesellschaft als positiv empfundene Einsatzszenarien für die RFID-Technik zu finden, entwickeln Studenten am ETH in Zürich im Jahr 2001 die *Smart Playing Cards*. Bei diesem Kartenspiel sind alle Spielkarten mit jeweils einem RFID-Chip bestückt. Wird eine Karte ausgespielt, dann empfängt ein unter dem Spieltisch angebrachter Reader die individuelle Signatur der Karte. Ausgestattet mit einem Regelwerk gängiger Kartenspiele, übernimmt der Reader das Zählen der Punkte bereits während des Spiels. (Römer u. Domnitcheva 2001)

Oft ist eine Unterscheidung zwischen erwünschter und unerwünschter Anwendung von RFID-Technik jedoch nicht so deutlich auszumachen. Wenn ein RFID-Chip in einer Jeans eine Waschmaschine davor warnt, dass die Waschtemperatur zu heiß gewählt ist, wird das vermutlich allgemein als erwünschte Funktion betrachtet. Wenn der gleiche Chip beim Betreten eines Bekleidungsgeschäfts einer dort arbeitenden Verkäuferin mitteilt, von welcher Marke die Jeans ist und wie alt sie bereits ist, dann gilt diese Funktion voraussichtlich als unerwünscht. In Zukunft wird es immer mehr die Aufgabe von Informationsarchitekten sein, von den Nutzern aktzeptierte Szenarien für die Nutzung unsichtbarer Computer jeder Art zu entwickeln.

Das 42" große Mirror Display mit Miravisions-Technologie von der Firma Philips. Ausgeschaltet funktioniert es als ein herkömmlicher Spiegel. Einmal eingeschaltet wird das vom Monitor erzeugte Bild durch den Spiegel sichtbar, da dieser in einer Richtung für fast 100% des Lichts durchlässig ist. (Philips Electronics 2006)

Die von dem Brasilianer Rodrigo Wolff im Rahmen des Design Lab 2005 als Studie für Electrolux entworfenen Digital Placemats können digitale Daten von einer Speicherkarte oder über einen Anschluss an das World Wide Web anzeigen. Die Tischsets sind flexibel und können nach der Nutzung eingerollt werden. (Elektrolux 2005)

Konvergenz und Mobilität

Im Jahr 1984 bringt Motorola mit dem *DynaTAC 8000x* das erste Mobiltelefon der Welt auf den Markt. Auch wenn es etwa 33 cm lang ist und fast 800 g wiegt, entspricht die Form und die Art der Nutzung weitgehend den heutigen Handys. Mit dem Unterschied, dass das *DynaTAC 8000x* ausschließlich für eine einzige Anwendung konzipiert ist: das Telefonieren. Rechtzeitig zur Inbetriebnahme des digitalen Mobilfunkstandards *GSM (Global System for Mobile Communications)* im Jahr 1992 ist in Europa das mit etwa einem halben Kilogramm Gewicht etwas leichtere Pendant unter dem Namen *Motorola International 3200* erhältlich, das ebenfalls das Telefonieren als einzige Funktion anbietet. Doch schon bald wird im Rahmen des GSM ein erster zusätzlicher Service entwickelt, der *SMS (Short Message Service)*. Ursprünglich soll der *SMS* den Handy-Providern ermöglichen, Nachrichten an ihre Kunden zu senden, mit denen sie beispielsweise über bevorstehende Netzstörungen aufgrund von Wartungsarbeiten informiert werden können, auch wenn diese ihr Handy in der Zwischenzeit ausgeschaltet haben. Folglich wird die erste *SMS*-Nachricht mit dem Text „Merry Christmas" im Dezember 1992 auch von einem Computer an ein Handy geschickt. Im März 1994 wird der *SMS* anlässlich der *CeBIT* der Öffentlichkeit zur Verfügung gestellt und ermöglicht auch das Versenden von Textnachrichten von Handy zu Handy. Zunächst ist der damals noch auf 160 Zeichen begrenzte Service kein Erfolg. Erst die starke Zunahme von jugendlichen Handy-Nutzern führt zu einer mittlerweile breiten Akzeptanz des *SMS*. Im Jahr 2004 werden in Deutschland schließlich 20,3 Milliarden Textnachrichten über den *SMS* verschickt. (Bundesnetzagentur 2005) Durch den SMS wird deutlich, dass Nutzer trotz der geringen Größe mobiler Endgeräte durchaus bereit sind, damit Texte zu erstellen und zu bearbeiten. Eine primär textbasierte Nutzung des WWW mit dem Handy wird 1999 mit der Einführung des *WAP (Wireless Application Protocol)* in der Version 1.1 möglich. Der zunehmende Umfang an Funktionalitäten wird schließlich auch äußerlich bei den

Handys sichtbar. Im November 2001 stellt Nokia das Modell 7650 mit einer integrierten digitalen Kamera vor, ein halbes Jahr später kommt es als erstes Handy dieser Art auf den Markt. Mittlerweile hat sich das Handy zu einer Art digitalem Schweizer Taschenmesser entwickelt, sowohl in Bezug auf die Hardware, als auch in Hinblick auf die darin integrierten interaktiven Anwendungen. Trotzdem haben sich dabei die Größe und das Gewicht des Handys im Vergleich zum *DynaTAC 8000x* auf fast ein Zehntel reduziert. Dahinter stehen zwei Entwicklungen, die am Beispiel des Handys besonders deutlich zu erkennen sind, aber grundsätzlich in allen Bereichen der Computertechnik stattfinden. Zum einen ist dies die bereits seit etwa vier Jahrzehnten andauernde kontinuierliche Miniaturisierung der elektronischen Hardware. Bereits im April 1965 veröffentlicht Gordon E. Moore, einer der Gründer des Chipherstellers Intel, seine Beobachtungen und die entsprechenden Schlussfolgerungen. Sie werden später als *Mooresches Gesetz* bezeichnet. Moore geht davon aus, dass sich die Anzahl an Transistoren, die sich bei minimalen Produktionskosten auf einem IC von gleicher Größe unterbringen lassen, pro Jahr etwa verdoppelt: „The complexity for minimum component costs has increased at a rate of roughly a factor of two per year […]. Certainly over the short term this rate can be expected to continue, if not to increase. Over the longer term, the rate of increase is a bit more uncertain, although there is no reason to believe it will not remain nearly constant for at least 10 years." (Moore 1965) Gleichzeitig, so Moore, reduzieren sich auch die minimalen Produktionskosten, und zwar etwa alle fünfzehn Jahre auf ein Zehntel. Auch wenn sich die beiden Schätzungen von Moore später als etwas zu optimistisch herausstellen, so behält er doch prinzipiell Recht. Zudem lässt sich diese Entwicklung nicht nur bei ICs, sondern auch in vielen anderen Bereichen der Elektronik beobachten. Eng verknüpft mit der Miniaturisierung der Endgeräte ist deren Konvergenz. Die Miniaturisierung ist durch ergonomische Aspekte begrenzt, diese Grenzen sind in vielen Bereichen bereits erreicht. Zum Beispiel können die Tastaturen von Handys nicht mehr kleiner ausfallen, da sie sonst, zumindest in der herkömmlichen Art, nicht mehr bedient werden können. Da aber die Miniaturisierung weiter stattfindet, und die Produktionskosten weiter sinken, ist es möglich, nach und nach mehrere verschiedene Endgeräte miteinander zu kombinieren, ohne dass das daraus entstehende Gerät größer oder teurer wird als das ursprüngliche. Die interaktiven Anwendungen zur Bedienung solcher Geräte aber werden dadurch zunehmend komplexer und umfangreicher, entsprechend größer wird die Herausforderung für den Informationsarchitekten, der diese Anwendungen konzipiert. Bei der Entwicklung von Handys schon lange üblich, weichen auch bei anderen Geräten die Grenzen zwischen der häufig noch streng getrennten Gestaltung von Hardware und grafischem Interface zunehmend auf. Bei dem finnischen Handy-Hersteller Nokia zum Beispiel zählen neben visuellen und auditiven Elementen auch ausdrücklich die Tasten des Handys zum User Interface.

(Lindholm et al. 2003) Diese Einbeziehung der Hardware ist bei allen Endgeräten unumgänglich, die nicht über standardisierte Eingabemedien, wie beispielsweise eine vollständige QWERTZ-Tastatur mit F-Tasten und Nummernblock, verfügen. Und in Zukunft werden immer weniger Endgeräte mit den so umfangreichen standardisierten Eingabemedien ausgestattet sein.

Anhang

Quellen

Aarts u. Marzano 2003	Emile Aarts, Stefano Marzano:
	The New Everyday – Views on Ambient Intelligence,
	010 Publishers, Rotterdam 2003

Adorno 1967	Theodor W. Adorno:
	Funktionalismus heute, in: Ohne Leitbild – Parva
	Aesthetica, Suhrkamp Verlag, Frankfurt am Main
	1967

Albus u. Borngräber 1992	Volker Albus, Christian Borngräber:
	Designbilanz – Neues deutsches Design der 80er
	Jahre in Objekten, Bildern, Daten und Texten,
	DuMont, Köln 1992

Apple 2006	Apple Computer, Inc.:
	Apple Human Interface Guidelines,
	http://developer.apple.com/documentation/
	UserExperience/Conceptual/OSXHIGuidelines/
	OSXHIGuidelines.pdf

Arndt 2005A	Henrik Arndt: Anforderungen an einen spezifischen Entwicklungsprozess hochfunktioneller Websites, Workshop-Proceedings der 5. Mensch und Computer, Oesterreichische Computer Gesellschaft, Wien 2005
Arndt 2005B	Henrik Arndt: Die Personalisierbarkeit des Interaktionscharakters internetbasierter Anwendungen am Beispiel des Automobil-Konfigurators der Adam Opel AG, in: Marc Hassenzahl, Matthias Peissner (Hrsg.): Usability Professionals 2005, German Chapter der Usability Professionals Association
Auto-ID Center 2003	Auto-ID Center: Das Neue Netzwerk – Identifizieren Sie jedes Objekt – automatisch und überall, Auto-ID Center 2003
Baddely 1994	A. D. Baddely: The Magical Number Seven: Still Magic After All These Years?, The Psychological Review 101
Balzer u. Deussen 2005	Michael Balzer, Oliver Deussen: Voronoi Treemaps, Department of Computer and Information Science, Universität Konstanz
Bense 1969	Max Bense: Einführung in die informationstheoretische Ästhetik – Grundlegung und Anwendung in der Texttheorie, Rohwolt Taschenbuch Verlag, Reinbek 1969

Bernard 2001	Michael Bernard: Developing Schemas for the Location of Common Web Objects, Proceedings of the Human Factors and Ergonomics Society 45 Annual Meeting
Bernard 2002	Michael Bernard: Examining User Expectations for the Location of Common E-Commerce Web Objectives, Usability News 41, Software Usability Research Laboratory, Wichita State University, http://psychology.wichita.edu/surl/usabilitynews/41/web_object_ecom.htm
Bernard et al. 2001	Michael Bernard, Spring Hull, Denise Drake: Where Should You Put the Links?, Usability News 32, Software Usability Research Laboratory, Wichita State University, http://psychology.wichita.edu/surl/usabilitynews/3S/links.htm
Bernard u. Sheshadri 2004	Michael Bernard, Ashwin Sheshadri: Preliminary Examination of Global Expectations of Users' Mental – Models for E-Commerce Web Layouts, Usability News 62, Software Usability Research Laboratory, Wichita State University, http://psychology.wichita.edu/surl/usabilitynews/62/web_object_international.htm
Berners-Lee 1989	Tim Berners-Lee: Information Management: A Proposal, http://www.w3.org/History/1989/proposal.html

Berners-Lee 1996	Tim Berners-Lee: The World Wide Web – Past, Present and Future, http://www.w3.org/People/Berners-Lee/1996/ppf.html
Berners-Lee et al. 1994	Tim Berners-Lee, Robert Cailliau, Ari Luotonen, Henri Frystyk Nielsen, Arthur Secret: The World Wide Web, Communications of the ACM 37
Bernstein 1988	Mark Bernstein: The Bookmark and the Compass – Orientation Tools for Hypertext Users, SIGOIS Journal 9
Black 1954	Max Black: Metaphor, Proceedings of the Aristotelian Society 55, 1954
Bladh et al. 2004	Thomas Bladh, David A. Carr, Jeremiah Scholl: Extending Tree-Maps to Three Dimensions, Proceedings of the 6th Asia-Pacific Conference on Computer-Human Interaction (APCHI), Springer Verlag, Heidelberg 2004
Blume et al. 2005	Marc Blume, Frauke Seewald, Dieter Stokar; Usability-Evaluation – Egal wer's macht? Usability Professionals 2005, German Chapter der Usability Professionals Association
Bürdek 1997	Bernhard E. Bürdek: Bitte nicht diese Software-Ergonomie, formdiskurs 2/1997, Verlag form, Frankfurt 1997

Bürdek 2005	Bernhard E. Bürdek: Geschichte, Theorie und Praxis der Produktgestaltung, Birkhäuser Verlag, Basel 2005
Bundesnetzagentur 2005	Bundesnetzagentur: Mobilfunkdienste – Teilnehmerentwicklung und Penetration, http://www.bundesnetzagentur.de/media/archive/5549.pdf
Brown 1997	Janelle Brown: Experimental Browser Maps Web's Words, Wired News, http://www.wired.com/news/culture/0,1284,9024,00.html
Bush 1945	Vannevar Bush: As We May Think, The Atlantic Monthly, Juli 1945, Vol. 176, Washington D.C.
Card et al. 1991	Stuart K. Card, Jock Mackinlay, George G. Robertson: Cone trees: Animated 3D visualizations of hierarchical information, Proceedings of CHI 1991, ACM Press, New York
Card et al. 1996	Stuart K. Card, George G. Robertson, William York: The WebBook and the Web Forager – An Information Workspace for the World-Wide Web, Proceedings of CHI 1996, New Orleans
Chao 2001	Dennis Chao: Doom as an Interface for Process Management,

Cockburn u. McKenzie 2000	Andy Cockburn, Bruce McKenzie: An Evaluation of Cone Trees, Department of Computer Science, University of Canterbury Christchurch
Conklin 1987	E. J. Conklin: Hypertext – An introduction and survey, IEEE Computer, Vol. 20
Cooper 1995	Alan Cooper: The Myth of Metaphor, Visual Basic Programmer's Journal, Juni 1995
Colter et al. 2005	Angela Colter, Cheri Smith, Kathryn Summers: Exploring User Mental Models of Breadcrumbs in Web Navigation, University of Baltimore, http://www.angelacolter.com/site/breadcrumbs/
de Saussure 1967	Ferdinand de Saussure: Grundfragen der allgemeinen Sprachwissenschaft, de Gruyter, Berlin 1967
Desurvire et al. 1992	H. W. Desurvire, J. M. Kondziela, M. E. Atwood: What is gained and lost when using evaluation methods other than empirical testing, Proceedings of CHI 1992, Cambridge, Cambridge University Press
Desurvire u. Jeffries 1992	H. W. Desurvire, R. Jeffries: Usability testing vs. heuristic evaluation: was there a contest?, SIGCHI Bulletin Vol. 24

DIN 2004	DIN: DIN-Taschenbuch 354 – Empfehlungen für die Programmierung und Auswahl von Software, Beuth Verlag, Berlin 2004
Doesburg 1921	Theo van Doesburg: Der Wille zum Stil, Bouwkundig Weegblad 1921
Doesburg 1923	Theo van Doesburg: Anti-Tendenzkunst, DeStijl II/23
Eades 1984	Peter Eades: A Heuristic for Graph Drawing Congressus Numerantium Vol. 42
Elm u. Wood 1985	W. Elm, D. Woods: Getting lost: A case study in Interface Design, Proceedings of the Human Factors Society 29th Annual Meeting, Santa Monica
Fischer u. Mikosch 1984	Richard Fischer, Gerda Mikosch: Grundlagen einer Theorie der Produktsprache – Anzeichenfunktionen, HfG Offenbach, 1984
Foss 1989	C. L. Foss Tools for reading and browsing hypertext, Information Processing and Management, Vol. 25
Fruchtermann u. Reingold 1991	Thomas M. J. Fruchtermann, Edward M. Reingold: Graph Drawing by Force-directed Placement

Furnas 1982	George W. Furnas: The Fisheye View – A new look at structured files, Bell Laboratories Technical Memorandum
Furnas 1986	George W. Furnas: Generalized Fisheye Views, Proceedings of CHI 1986
Garrett 2002	Jesse James Garrett: The Elements of User Experience, The Simple Planes Poster
Goulden u. McGroary 2003	Lorna Goulden, Paul McGroary: Experience Design, in: Emile Aarts, Stefano Marzano: The New Everyday – Views on Ambient Intelligence, 010 Publishers, Rotterdam 2003
Grinstein et al. 2003	G. Grinstein, A. Kobsa, C. Plaisant, J.T. Stasko: Which comes first, usability or utility?, Proceedings of Visualization Conference 2003
Gros 1973	Jochen Gros: Erweiterter Funktionalismus und Empirische Ästhetik, SHFBK Braunschweig, 1973
Gros 1983	Jochen Gros: Grundlagen einer Theorie der Produktsprache – Einführung, HfG Offenbach, 1983
Gros 1987	Jochen Gros: Grundlagen einer Theorie der Produktsprache – Symbolfunktionen, HfG Offenbach, 1987

Gros 1987	Jochen Gros: Stilsemantik – Das Ornament im Vorzeichen neuer Technologien, in: Bernhard E. Bürdek: formdiskurs 2/1997, Verlag form, Frankfurt 1997
Hartmann 1991	Petra Hartmann: Wunsch und Wirklichkeit – Theorie und Empirie sozialer Erwünschtheit, Deutscher Universitätsverlag, Wiesbaden 1991
Heer u. Card 2005	Jeffrey Heer, Stuart K. Card: prefuse – a toolkit for interactive information visualization, Proceedings of CHI 2005
Hertzum et al. 2002	Morten Hertzum, Niels Ebbe Jacobsen, Rolf Molich Usability Inspections by Groups of Specialists – Perceived Agreement in Spite of Disparate Observations, Extended Abstracts of CHI 2002, ACM Press, New York
Heuffler 1987	Gerhard Heuffler: Produkt-Design – Von der Idee zur Serienreife, Veritas-Verlag, Linz 1987
Hyun 2005	Young Hyun: Walrus – Graph Visualization Tool, http://www.caida.org/tools/visualization/walrus/index.xml
IBM 2006	IBM: Ease of Use, http://www-3.ibm.com/ibm/easy/eou_ext.nsf/publish/558

IEEE 1998	IEEE: IEEE Recommended Practice for Software Requirements Specifications
Instone 2002	Keith Instone: Location, Path & Attribute Breadcrumbs, 3rd Annual Information Architecture Summit
Johnson 1987	Mark Johnson: The Body in the Mind; The Bodily Basis of Meaning, Imagination, and Reason, University of Chicago Press, Chicago 1987
Johnson u. Lakoff 1997	Mark Johnson, Georg Lakoff: Leben in Metaphern – Konstruktion und Gebrauch von Sprachbildern, Carl-Auer-Systeme Verlag, Heidelberg 1997
Johnson-Laird 1983	Philip N. Johnson-Laird: Mental models – Towards a cognitive science of language, inference, and consciousness, Harvard University Press, Cambridge 1983
Jordan 2000	Patrick W. Jordan: Designing pleasurable products – An introduction to the new human factors, Taylor & Francis, Londo 2000
Kahler 2000	Helge Kahler: Constructive Interaction and Collaborative Work – Introducing a Method for Testing Collaborative Systems, Proceedings of Interactions 2000

Kalbach u. Bosenick 2003	James Kalbach, Tim Bosenick: Web Page Layout – A Comparison Between Left- and Right-justified Site Navigation Menus, Journal of Digital Information Vol. 4, Issue 1, Article No. 153
Kamada u. Kawai 1991	Tomihisa Kamada and Satoru Kawai: A General Framework for Visualizing Abstract Objects and Relations, ACM Transactions on Graphics
Khazaeli 2005	Cyrus Dominik Khazaeli: Systemisches Design – Intelligente Oberflächen für Information und Interaktion, Rowohlt Taschenbuch Verlag, Reinbek 2005
Kearsley u. Shneiderman 1989	G. Kearsley, Ben Shneiderman: Hypertext Hands-On, Addison-Wesley 1989
Kim u. Hirtle 1995	Hanhwe Kim, Stephen C. Hirtle: Spatial metaphors and disorientation in hypertext browsing, Behaviour and Information Technology, Vol. 14
Lakoff 1987	Georg Lakoff: Women, Fire and Dangerous Things – What Categories Reveal About the Mind, University of Chicago Press, Chicago 1987
Lamping et al. 1995	John Lamping, Ramana Rao, Peter Pirolli: A Focus + Context Technique Based on Hyperbolic Geometry for Visualizing Large Hierarchies, Proceedings of CHI 1995

Laurel 1990	Brenda Laurel: Zur dramatischen Interaktion, ars electronica – Digitale Träume Virtueller Welten, Band 02
LeCompte 2000	Denny C. LeCompte: 3.14159, 42, and 7±2: Three numbers that (should) have nothing to do with user interface design, internetworking 3.2
Lida u. Chaparro 2003	Bonnie Lida Rogers, Barbara Chaparro: Breadcrumb Navigation – Further Investigation of Usage, Usability News 52, Software Usability Research Laboratory, Wichita State University http://psychology.wichita.edu/surl/usabilitynews/52/breadcrumb.htm
Lindholm et al. 2003	Christian Lindholm, Turkka Keinonen, Harri Kiljander: Mobile Usability – How Nokia Changed the Face of the Mobile Phone, McGraw-Hill Companies, New York 2003
Lohse et al. 1994	Gerald L. Lohse, Kevin Biolski, Neff Walker, Henry H. Rueter: A classification of visual representations, Communications of the ACM, Vol. 37
Marzano 1998	Stefano Marzano: Creating Value by Design, V+K Publishing, Blaricum 1998

McCarthy et al. 2003	John McCarthy, M. Angela Sasse, Jens Riegelsberger: Could I have the menu please? An eye tracking study of design conventions, Proceedings of HCI 2003, Bath
McLuhan 1995	Marshall McLuhan: Die Gutenberg-Galaxis – Das Ende des Buchzeitalters, Econ Verlag, München 1995
Miller 1956	George A. Miller: The Magical Number Seven, Plus or Minus Two – Some Limits on Our Capacity for Processing Information, The Psychological Review, Vol. 63
Mills 2005	Elinor Mills: Google ETA? 300 years to index the world's info, CNET News.com, http://news.com.com/2102-1024_3-5891779.html
Molich u. Nielsen 1990A	Rolf Molich, Jakob Nielsen: Heuristic evaluation of user interfaces, Proceedings of CHI 1990, Seattle
Molich u. Nielsen 1990B	Rolf Molich, Jakob Nielsen: Improving a human-computer dialogue, Communications of the ACM Vol. 33
Moore 1965	Gordon E. Moore: Cramming more components onto integrated circuits, Electronics, Volume 38, Number 8, 19. April 1965

Morville u. Rosenfeld 2002	Peter Morvillle, Louis Rosenfeld: Information Architecture for the World Wide Web, O'Reilly Media, Sebastopol 2002
Müller-Krauspe 1969	Gerda Müller-Krauspe: Opas Funktionalismus ist tot, form 46, Verlag form, Frankfurt am Main 1969
Mukařovský 1970	Jan Mukařovský: Kapitel aus der Ästhetik, Suhrkamp Verlag, Frankfurt am Main 1970
Munzner u. Burchard 1995	Tamara Munzner, Paul Burchard: Visualizing the Structure of the World Wide Web in 3D Hyperbolic Space, Proceedings of VRML 1995, San Diego
Nelson 1965	Theodor Holm Nelson: A File Structure for the Complex, the Changing, and the Indeterminate, ACM 20th National Conference Proceedings, Cleveland, Ohio
Nelson 1987	Theodor Holm Nelson: Literary Machines, Selbstverlag
Nielsen 1987	Jakob Nielsen: Hypertext 1987 Trip Report, ACM SIGCHI Bulletin 19
Nielsen 1992	Jakob Nielsen: Finding usability problems through heuristic evaluation, CHI 1992 Proceedings, ACM Press, New York 1992

Nielsen 1993	Jakob Nielsen: Usability Engineering Academic Press, San Diego 1993
Nielsen 1994A	Jakob Nielsen: Guerrilla HCI: Using Discount Usability Engineering to Penetrate the Intimidation Barrier
Nielsen 1994B	Jakob Nielsen: Heuristic evaluation in: Nielsen u. Mack: Usability Inspection Methods, John Wiley & Sons, New York 1994
Nielsen 1996	Jakob Nielsen: Inverted Pyramids in Cyberspace, Jakob Nielsen's Alertbox for June 1996, http://www.useit.com/ alertbox/9606.html
Nielsen 1997	Jakob Nielsen: Changes in Web usability since 1994, Jakob Nielsen's Alertbox for December 1, 1997, http://www.useit.com/alertbox/9712a.html
Nielsen 1998	Jakob Nielsen: Cost of User Testing a Website, Jakob Nielsen's Alertbox for May 3, 1998, http://www.useit.com/ alertbox/980503.html
Nielsen 2000	Jakob Nielsen: Why You Only Need to Test With 5 Users, Jakob Nielsen's Alertbox, March 19, 2000, http://www.useit.com/alertbox/20000319.html

Nielsen 2001	Jakob Nielsen: Designing Web Usability, Markt + Technik Verlag, Frankfurt am Main 2001
Nielsen 2004	Jakob Nielsen: Guidelines for Visualizing Links, Jakob Nielsen's Alertbox, May 10, 2004, http://www.useit.com/alertbox/20040510.html
Nielsen 2005	Jakob Nielsen: Top Ten Web Design Mistakes of 2005, http://www.useit.com/alertbox/designmistakes.html
Nielsen u. Landauer 1993	Jakob Nielsen, Thomas K. Landauer: A mathematical model of the finding of usability problems, Proceedings of CHI 1993, Amsterdam
Nievergelt u. Weydert 1980	Jurg Nievergelt, Jean Weydert: Sites, modes and trails: Telling the user of an interactive system where he is, what he can do, and how to get places, Proceedings of IFIP Workshop 1979, Seillac
Norman 1983	Donald A. Norman: Design Principles for Human-Computer Interfaces, Proceedings of CHI 1983, Boston
Norman 2004	Donald A. Norman: Emotional Design – Why we love (or hate) everyday things, Basic Books, New York 2004

Norman u. Draper 1986	Donald A. Norman, Stephen W. Draper: User Centered System Design – New Perspectives on Human-Computer Interaction, Lawrence Erlbaum Associates
Oehlke 1992	Horst Oehlke: Die Gebrauchsfunktion und das semantische Feld von Designobjekten, in: Norbert Hammer, Birgit Kutschinski-Schuster (Hrsg.): Design und Identität, Verlag der Buchhandlung König, Köln 1992
Otlet 1903	Paul Otlet: The Science of bibliography and documentation, in: W. Boyd Rayward 1990: International organisation and dissimination of knowledge – Selected essays of Paul Otlet, FID, Amsterdam
Otlet 1989	Paul Otlet: Traité de Documentation – Le Livre sur le Centre de Lecture publique de la Communauté française
Palo Alto Weekly 1999	Palo Alto Weekly: Their mission: do the crazy things, Palo Alto Weekly, 23. Juni 1999, Embarcadero Publishing Company
Parush 2004	Avi Parush: Interview with Donald Norman on Mental Models, HOT Topics! Publication of the Human Oriented Technology, 25. 02. 2004, Lab Carleton University, http://www.carleton.ca/hotlab/hottopics/Articles/April2004InterviewwithDo.html

Perfetti 2003	Christine Perfetti: Usability Testing Best Practices – An interview with Rolf Molich, http://www.uie.com/articles/molich_interview
Peirce 1983	Charles Sanders Peirce: Phänomen und Logik der Zeichen, Suhrkamp Verlag, Frankfurt am Main 1983
Peirce 1991	Charles Sanders Peirce: Schriften zum Pragmatismus und Pragmatizismus, Suhrkamp Verlag, Frankfurt am Main 1991
Peirce 2000A	Charles Sanders Peirce: Semiotische Schriften, Bd. 1 865 – 1903, Suhrkamp Verlag, Frankfurt am Main 2000
Peirce 2000B	Charles Sanders Peirce: Semiotische Schriften, Bd. 2 1903 – 1906, Suhrkamp Verlag, Frankfurt am Main 2000
Philips 2003	Philips: Das HomeLab wird erwachsen, Philips Pressemeldung, 12. 06. 2003, http://www.philips.at/about/news/index.html
Polly 2004	Jean Armour Polly: Birth of a Metaphor, http://www.netmom.com/index.php?module=ContentExpress&func=display&ceid=3&bid=52&btitle=About%20Net-mom&meid=30

Preece et al 2002	Jennifer Preece, Yvonne Rogers, Helen Sharp: Interaction Design – Beyond Human-Computer Interaction, John Wiley and Sons Ltd., New York
Rams 1981	Dieter Rams: Die Rolle des Designers im Industrieunternehmen, in: Helmuth Gsöllpointner: Design ist unsichtbar, Österreichisches Institut für visuelle Gestaltung, Linz 1981
Rams 1987	Dieter Rams: Funktionales Design ist eine Zukunftsaufgabe, in: Veronika Darius, Nils Jockel: Design Dasein, Museum für Kunst und Gewerbe, Hamburg 1987
Raskin 2000	Jef Raskin: The Humane Interface – New Directions for Designing Interactive Systems, ACM Press, New York 2000
Rayward 1994	W. Boyd Rayward: Visions of Xanadu: Pault Otlet (1868 - 1944) and Hypertext, Journal of the American Society for Information Science, Vol. 45, 1994
RISC 2006	Research Institut on Social Change: The RISC Western Scan, http://www.risc-int.com
Römer u. Domnitcheva 2001	Kay Römer, Svetlana Domnitcheva: Smart Playing Cards – A Ubiquitous Computing Game

Rogers 1995	Everett M. Rogers: Diffusion of innovations, The Free Press, New York 1995
Rosenfeld u. Morville 2002	Louis Rosenfeld, Peter Morville: Information Architecture for the World Wide Web, O'Reilly Media, Sebastopol 2002
Rothaug 2005	Daniel Rothaug: Digitale Akustische Kartographie, Mensch & Computer 2005, Oldenbourg Verlag, München
Saint-Claire 1999	Isla Saint-Claire: Interview with I/O/D, http://bak.spc.org/iod/isla.html
Sartre 1967	Jean-Paul Sartre: Kritik der dialektischen Vernunft, Band 1
Schwenke 1978	Paul Schwenke: Der Kongress für Bibilographie und Dokumentation – Von der systematischen Bibliographie zur Dokumentation, Wissenschaftliche Buchgemeinschaft, Darmstadt 1978
Shneiderman 1992	Ben Shneiderman: Designing the User Interface – Strategies for Effective Humen-Computer Interaction, Addison-Wesley, Boston 1992

Shneiderman 2006	Ben Shneiderman: Treemaps for space-constrained visualization of hierarchies, http://www.cs.umd.edu/hcil/treemap-history/
Sinus Socovision 2006	Sinus Socovision: http://www.sinus-sociovision.de/
Selle 1973	Gert Selle: Ideologie und Utopie des Design – Zur gesellschaftlichen Theorie der industriellen Formgebung, DuMont, Köln 1973
Smith 1987	Randall B. Smith: Experiences with the alternate Reality Kit – An example of the tension between Realism and Magic, Proceedings of Human Factors in Computing Systems and Graphical Interfaces 1987, Toronto
Spool 2002	Jared M. Spool: Evolution Trumps Usability Guidelines, http://www.uie.com/articles/evolution_trumps_usability
Spool u. Schroeder 2001	Jared M. Spool, Will Schroeder Testing Web Sites: Five Users Is Nowhere Near Enough, Proceedings of ACM CHI 2001
Steiner 1993	Peter Steiner: On the Internet, nobody knows you're a dog The New Yorker, July 5, 1993, Vol. 69

Tricot 2006	Christophe Tricot: http://ontology.univ-savoie.fr/tricot/pub/others/SystemFigureDesConnaissancesHumaines/EyeTree/index.html
Tutte 1963	William Thomas Tutte: How to draw a graph, Proceedings of the London Mathematical Society
Ubiquity 2002	Ubiquity: A Conversation with Jef Raskin, http://www.acm.org/ubiquity/interviews/j_raskin_2.html
Vihma 1997	Susann Vihma: Semantische Qualitäten im Design, in: Bernhard E. Bürdek: formdiskurs 2/1997, Verlag form, Frankfurt 1997
von Bonien 1985	Wibke von Bonien (Hrsg.): Aufbruch zum Durchbruch – Neues Deutsches Design, Ausstellungskatalog
W3C 2005	W3C: Ziele, http://www.W3C.de/about/mission.html
Weiser 1991	Mark Weiser: The Computer for the 21st Century, Scientific American Magazine

Westerink et al. 2000	J.H.D.M. Westerink, B.G.M.M. Majoor, M.D. Rama: Interacting with infotainment applications – navigation patterns and mental models, Behaviour and Information Technology, 19. 02. 2000
Wilhelm et al. 2005	Thorsten Wilhelm, Bärbel Jüngel, Miriam Yom: Wording-Studienserie – Special Online-Shops, Hamburg 2005
Windows 2006	Microsoft Windows: The Microsoft Windows Guidelines for User Interface Developers, http://msdn.microsoft.com/library/default.asp?url=/library/en-us/dnwue/html/welcome.asp
Wingler 1962	Hans M. Wingler: Das Bauhaus – 1919-1933 Weimar, Dessau, Berlin
Wurman u. Bradford 1996	Richard Saul Wurman, Peter Bradford: Information Architects, Graphis Press, Zürich 1996
Wolf 1995	Gary Wolf: The Curse of Xanadu, Wired News, http://www.wired.com/wired/archive/3.06/xanadu.html
Yom u. Fehrle 2005	Miriam Yom, Daniel Fehrle: Wording-Studie 2005 – Nutzungsfreundliche Bezeichnung von Navigationselementen im Internet, Hamburg 2005

If you have any concerns about our products,
you can contact us on
ProductSafety@springernature.com

In case Publisher is established outside the EU,
the EU authorized representative is:
**Springer Nature Customer Service Center GmbH
Europaplatz 3, 69115 Heidelberg, Germany**

Printed by Libri Plureos GmbH
in Hamburg, Germany